El arte perdido de educar

MICHAELEEN DOUCLEFF

El arte perdido de educar

Recuperar la sabiduría ancestral
para criar pequeños seres
humanos felices

Traducción de
Carlos Abreu y Alfonso Barguñó Viana

Grijalbo

Papel certificado por el Forest Stewardship Council®

Título original: *Hunt, Gather, Parent*

Primera edición: junio de 2021

© 2021, Michaeleen Doucleff
Publicado por primera vez por Raising Rosy Books, LLC
© 2021, Penguin Random House Grupo Editorial, S. A. U.
Travessera de Gràcia, 47-49. 08021 Barcelona
© 2021, Ella Trujillo, por las ilustraciones
© 2021, Carlos Abreu Fetter y Alfonso Barguñó Viana, por la traducción

Printed in Spain — Impreso en España

ISBN: 978-84-253-6053-4
Depósito legal: B-6.640-2021

Compuesto en Pleca Digital, S. L. U.

Impreso en Gómez Aparicio, S. L.
Casarrubuelos (Madrid)

GR 6 0 5 3 4

En recuerdo de Mango,
el mejor pastor de libros que podría tener una escritora

Para Rosy

Índice

Prólogo

Recuerdo el momento en que, como madre, toqué fondo.
Eran las cinco de una fría mañana de diciembre. Estaba
tumbada en la cama, con el mismo suéter del día anterior. No me
había lavado el cabello en días.

Fuera, el cielo seguía siendo azul oscuro; aún se notaba la luz
amarillenta de las farolas. En casa, el silencio era inquietante.
Todo lo que podía oírse era la respiración de Mango, nuestro
pastor alemán, a los pies de la cama. Todos dormían excepto yo.
Estaba totalmente desvelada.

Me preparaba para la batalla. Cavilaba sobre cómo abordar
mi próxima escaramuza con el enemigo. ¿Qué haré cuando vuelva a atacarme, cuando me pegue, me dé patadas o me muerda?

Es horrible decir que mi hija es «el enemigo». Dios sabe que
la quiero más que a mi vida. Y, en muchos aspectos, es una personita maravillosa. Es muy lista, valiente como pocas, y tiene la
fuerza de un buey, tanto física como mentalmente. Cuando Rosy
se cae al suelo, se levanta de un salto. Ni se queja ni lloriquea.

¿Y he mencionado su olor? Oh, me encanta cómo huele,
sobre todo su cabeza. Cuando estoy de viaje de trabajo para la
NPR, es lo que más echo de menos: su olor, una mezcla de miel,
lirios y tierra húmeda.

Esa dulce fragancia es cautivadora. Pero también es engañosa. Rosy tiene una hoguera en su barriguita. Un fuego vivo que la impulsa, que le hace arrasar el mundo con ferocidad. Como dijo una amiga: es una destructora de mundos.

Cuando era un bebé, lloraba una barbaridad. Durante horas y horas cada noche.

—Si no está comiendo o durmiendo, está llorando —le dijo mi marido, aterrado, a la pediatra.

Ella se encogió de hombros. No era la primera vez que lo oía.

—Bueno, es que es un bebé —respondió.

Pero Rosy ya tenía tres años, y su llanto se había transformado en berrinches y un maltrato constante a sus padres. Cuando tenía una crisis y yo la cogía en brazos, solía darme una bofetada. Algunas mañanas salía de casa con la marca de su palma en la cara. Era algo verdaderamente doloroso.

Aquella silenciosa mañana de diciembre, mientras estaba tumbada en la cama, me permití aceptar una verdad lacerante. Entre Rosy y yo se estaba alzando un muro. Empezaba a recelar del tiempo que íbamos a pasar juntas por lo que pudiera ocurrir: tenía miedo de perder los estribos (de nuevo), miedo de hacerla llorar (de nuevo), miedo de solo empeorar su comportamiento (de nuevo). Y, a consecuencia de ello, temía que Rosy y yo nos volviéramos enemigas.

Crecí en un hogar conflictivo. Gritar, dar portazos, e incluso lanzar zapatos, era el medio de comunicación fundamental entre mis padres, mis tres hermanos y yo. De modo que, al principio, reaccioné a las pataletas de Rosy como lo habían hecho mis padres conmigo: con una mezcla de ira, severidad y, en ocasiones, palabras subidas de tono. Esa reacción era contraproducente: Rosy arqueaba la espalda, chillaba como un halcón y se tiraba al suelo. Además, yo quería hacerlo mejor que mis padres. Quería que Rosy creciera en un entorno apacible, y quería enseñarle formas de comunicarse más productivas que lanzar una bota Dr. Martens a la cabeza de alguien.

Así que consulté al doctor Google, y decidí que la «estrategia educativa óptima» para acabar con los berrinches de Rosy era la «autoritaria». En mi opinión, «autoritario» significaba «firme y amable». De modo que puse todo mi empeño en hacer precisamente eso. Pero nunca fue efectiva puesto que, una y otra vez, la estrategia autoritaria fracasaba. Rosy percibía que yo seguía enfadada y volvíamos a caer en la misma rutina. Mi enfado empeoraba su comportamiento. Entonces, me enfadaba más. Y, al final, sus berrinches llegaban a un nivel nuclear: me mordía, sacudía los brazos y empezaba a correr por toda la casa tumbando hasta los muebles.

Incluso las tareas más sencillas —como prepararse para ir al parvulario por las mañanas— se habían convertido en una guerra abierta. «¿Puedes hacer el favor de ponerte los zapatos?», le rogaba por quinta vez. «¡No!», gritaba en respuesta, y luego procedía a quitarse el vestido y la ropa interior.

Una mañana me sentía tan mal que me arrodillé debajo del fregadero de la cocina y, con la cabeza pegada al armario, grité en silencio: «¿Por qué es tan duro? ¿Por qué no me escucha? ¿Qué estoy haciendo mal?».

Si era sincera, no tenía ni idea de cómo tratar a Rosy. No sabía cómo detener sus berrinches, por no hablar de cómo empezar el proceso de enseñarle a ser una buena persona: una persona amable, útil y preocupada por los demás.

La verdad es que no sabía cómo ser una buena madre. Nunca había sido tan incompetente en algo en lo que quería ser buena.

Nunca la distancia entre la habilidad que tenía y la que quería conseguir había sido tan desoladoramente difícil de salvar.

Así que allí estaba en la cama, antes del amanecer, temiendo el momento en que mi pequeña —la hija querida que había deseado durante tantos años— se despertara. Me devanaba los sesos buscando la manera de conectar con una personita que, muchos días, era una maníaca rabiosa. Quería salir del desastre en el que me encontraba.

Me sentía perdida. Me sentía cansada. Y estaba desesperada. Si me proyectaba hacia el futuro, solo podía ver más de lo mismo: Rosy y yo nos quedaríamos enzarzadas en una batalla constante, y ella crecería y sería más y más fuerte con el paso del tiempo.

Sin embargo, no fue eso lo que ocurrió, y en este libro relato el cambio inesperado y transformador que tuvo lugar en nuestras vidas. Comenzó con un viaje a México, donde una experiencia reveladora dio lugar a otros viajes, a diferentes lugares del mundo, siempre con Rosy como compañera. Por el camino, conocí a un puñado de padres y madres extraordinarios que, generosamente, me transmitieron conocimientos increíbles sobre la crianza. Esas mujeres y esos hombres no solo me enseñaron a capear los berrinches de Rosy, sino también a comunicarme con ella sin gritos, coacciones ni castigos, una forma de criar que refuerza la confianza del niño en lugar de fomentar la tensión y el conflicto con los padres. Y quizá lo más importante es que supe enseñar a Rosy a que fuera amable y generosa conmigo, con su familia y con sus amigos. Y en parte ello fue posible porque esas madres y esos padres me enseñaron a mí cómo tratar bien y querer a mi hija de una forma totalmente diferente.

Como me dijo una madre inuit, Elizabeth Tegumiar, en nuestro último día en el Ártico: «Creo que ahora ya sabes cómo tratarla mejor». Y es cierto.

La educación de los hijos es algo exquisitamente personal. Los detalles no solo dependen de cada cultura, sino también de cada comunidad, e incluso de cada familia. Y, aun así, si viajamos por el mundo actual se puede detectar un hilo común que entreteje la gran mayoría de las culturas. Desde la tundra ártica, pasando por la selva de Yucatán y la sabana de Tanzania, hasta las laderas filipinas, existe una manera común de relacionarse con los niños. Es algo que sobre todo se cumple en las culturas que crían niños especialmente atentos y serviciales, niños que se despiertan por la mañana y, de inmediato, se ponen a lavar los platos. Niños que desean compartir caramelos con sus hermanos.

Esta visión universal de la crianza tiene cuatro elementos fundamentales. En la actualidad siguen presentes en algunas zonas de Europa y, hasta no hace mucho, eran habituales en Estados Unidos. El primer objetivo de este libro es comprender todos los detalles de esos elementos y aprender a aplicarlos en casa para que nuestra vida sea más fácil.

Dada su omnipresencia en todo el globo y entre las comunidades de cazadores-recolectores, este estilo de crianza universal tiene, probablemente, una antigüedad de decenas de miles de años, e incluso de cientos de miles de años. Los biólogos sostienen convincentemente que la relación entre padres e hijos evolucionó para adoptar esa forma. Y cuando vemos este estilo de crianza en acción —ya sea que estemos haciendo tortillas en un pueblo maya o pescando truchas alpinas en el océano Ártico—, experimentamos esa sensación abrumadora de «Oh, de modo que es así como se supone que se educa...». El niño y el padre encajan como en un machihembrado, a caja y espiga, o, incluso mejor, como dos piezas de Nejire kumi tsugi, el arte japonés de las uniones en madera, que encajan entre sí sin clavos ni tornillos. Es precioso.

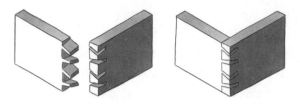

Nunca olvidaré la primera vez que presencié ese estilo de crianza. Sentí que se modificaba mi centro de gravedad.

Por entonces, hacía seis años que era reportera para la NPR. Antes, había trabajado siete años como química, formada en Berkeley. Así que, como periodista, me centré en noticias sobre medicina: enfermedades infecciosas, vacunas y salud infantil. La mayoría de las veces trabajaba en mi escritorio de San Francisco. Pero, de vez en cuando, la NPR me enviaba a algún lugar recóndito del mundo para informar sobre una enfermedad exótica. Fui a Liberia durante el pico del brote de ébola, cavé en el permafrost del Ártico en busca del virus de la gripe en descongelamiento, y me adentré en una cueva de murciélagos de Borneo mientras un investigador especializado en virus me advertía de la futura pandemia de coronavirus (fue en el otoño de 2017).

Después de que Rosy llegara a nuestras vidas, esos viajes adquirieron un nuevo significado. Empecé a observar a los padres y madres del mundo, no tanto como periodista o científica, sino como una madre exhausta que buscaba desesperadamente alguna perla de sabiduría sobre la educación de los hijos. «Tiene que haber otra opción mejor —pensaba—. Tiene que haberla.»

Tiene que haber otra opción mejor.
Tiene que haberla.

Después, en un viaje a Yucatán vi, de cerca y en persona, la forma de crianza universal. La experiencia me afectó profundamente. Volví a casa y empecé a reorientar por completo mi carrera profesional. En lugar de estudiar sobre virus y bioquímica, quería aprender todo lo posible acerca de esa forma de relacionarse con los pequeños humanos: esa manera tan cautivadora y bondadosa de criar niños serviciales y autónomos.

En primer lugar, si estás leyendo este libro, gracias. Gracias por tu tiempo y tu atención. Sé lo valiosos que son para los padres. Con el apoyo de un equipo fantástico, me he esforzado mucho para que este libro valga la pena para ti y para tu familia.

En segundo lugar, lo más probable es que te hayas sentido un poco como yo y mi marido: desesperados por tener mejores herramientas y consejos. Es posible que ya hayas leído varios libros y que, como un científico, hayas experimentado con diferentes métodos con tus hijos. Quizá al principio te emocionaste porque el experimento parecía prometedor, solo para sentirte peor cuando, unos días después, por desgracia, todo se iba al traste. He vivido ese ciclo frustrante durante los dos primeros años y medio de la vida de Rosy. Los experimentos fracasaron una y otra vez.

Uno de los grandes objetivos de este libro es ayudarte a detener ese ciclo frustrante. Al aprender esta forma de educación universal, tendrás una idea de cómo se han criado a los niños durante decenas de miles de años, cómo están diseñados para ser educados. Empezarás a comprender por qué se comportan mal, y tendrás la capacidad de evitarlo cortándolo de raíz. Aprenderás una manera de relacionarte con tus hijos que, durante milenios, padres y madres de los seis continentes han puesto en práctica, una manera que, actualmente, no aparece en los libros sobre cómo educar a los niños.

El problema principal de los consejos sobre la educación de los hijos es que, la mayoría de ellos, provienen de la perspectiva euro-americana. Sin duda, el libro de Amy Chua *Madre tigre, hijos leones: una forma diferente de educar a las fieras de la casa* aportó una mirada refrescante a la educación china para criar bien a los niños, pero, en líneas generales, las ideas contemporáneas sobre la educación se basan casi exclusivamente en el paradigma occidental. De modo que los padres y madres estadounidenses solo ven el panorama de la educación a través de una diminuta ranura. Esta visión estrecha no solo impide ver las zonas más cautivadoras (y útiles) del panorama, sino que tiene implicaciones de largo alcance: es una de las razones de por qué educar a los hijos es tan estresante hoy día, y también de por qué los niños y los adolescentes estadounidenses son cada vez más solitarios, tienen más ansiedad y están más deprimidos.

Actualmente, alrededor de un tercio de los adolescentes tiene síntomas que encajan con los criterios de un trastorno de ansiedad, según un estudio de Harvard.[1] Más del 60 por ciento de los estudiantes universitarios afirman sentir una ansiedad «abrumadora»,[2] y la generación Z, en la que se incluyen los adultos nacidos entre mediados de la década de 1990 y principios del nuevo siglo, es la generación más solitaria de las últimas décadas.[3] Y, aun así, el estilo de educación que predomina en Estados Unidos va en la dirección de exacerbar esos problemas, en lugar de resolverlos. «Los padres han adoptado el modo control —afirmó la psicoterapeuta B. Janet Hibbs en 2019—. Solían incentivar la autonomía [...]. Pero ahora ejercen cada vez más control, lo cual provoca que sus hijos sientan más ansiedad y que estén menos preparados para lo impredecible.»[4]

Si el estado «normal» de los adolescentes en nuestra cultura contemporánea es la ansiedad y la soledad, tal vez haya llegado el momento de que los padres examinen lo que es una educación «normal». Si de verdad queremos comprender a nuestros maravillosos hijos —conectar realmente con ellos—, quizá tendremos que salir de nuestra zona de confort cultural y aprender de otros padres de los que apenas oímos hablar.

Tal vez haya llegado la hora de ampliar nuestro estrecho campo de visión y ver lo hermosa —y poderosa— que puede ser la educación.

Es otro de los objetivos de este libro: empezar a rellenar las lagunas de conocimiento que tenemos sobre la educación. Y, para ello, vamos a fijarnos en culturas que ofrecen una gran cantidad de conocimientos útiles: la de los cazadores-recolectores y otras culturas indígenas con valores parecidos. Esas culturas han perfeccionado sus estrategias educativas durante miles de años. Los abuelos y las abuelas han transmitido sus conocimientos de generación en generación, y han equipado a los nuevos padres y madres con un enorme cofre lleno de herramientas diversas y potentes. De manera que los padres saben cómo lograr que los niños hagan sus tareas sin tener que pedírselo, que los hermanos cooperen (y no se peleen) y cómo disciplinar sin gritar, regañar o aislar. Son maestros de la motivación y expertos en fomentar las funciones ejecutivas de los niños, y les aportan habilidades como la resiliencia, la paciencia y el control de la ira.

Lo más sorprendente es que, en muchas culturas de cazadores-recolectores, los padres crean una relación con sus hijos que es notablemente diferente de la que tenemos en Estados Unidos: se basa en la cooperación en lugar de en el conflicto, en la confianza en lugar de en el miedo, y en las necesidades personales en lugar de unos niveles de desarrollo estandarizados.

Así que, mientras que yo criaba a Rosy con una sola herramienta —un martillo muy potente y ruidoso—, muchos otros padres del planeta cuentan con un conjunto extenso de instrumentos de precisión, como destornilladores, poleas y niveladores, y pueden utilizarlos siempre que los necesiten. En este libro aprenderemos todo lo que podamos sobre estas superherramientas y, en especial, sobre cómo utilizarlas en el hogar.

Y, para ello, accederé a la fuente original de información: los padres y madres. Visitaremos tres culturas —la maya, la hadza y la inuit— que sobresalen en algunos aspectos de la educación que son problemáticos en Occidente. Las madres mayas son unas maestras en la crianza. Han desarrollado una forma de colaboración sofisticada que no solo enseña a los hermanos a llevarse bien, sino también a trabajar juntos.[5] Los padres hadza son expertos mundiales en criar niños desenvueltos y autónomos.[6] La ansiedad y la depresión que observamos en Estados Unidos es desconocida en las comunidades hadza. Y los inuit han desarrollado una manera notablemente efectiva de enseñar a los niños la inteligencia emocional, sobre todo para controlar la ira y respetar a los demás.[7]

En el libro dedicaremos una parte a cada cultura. Y en cada parte del libro, conoceremos a varias familias y sus rutinas diarias. Veremos cómo los padres preparan a los niños para que vayan al colegio, cómo los acuestan y cómo los motivan para que compartan, traten bien a sus hermanos y asuman nuevas responsabilidades de forma personalizada.

Además, a esos superpadres y supermadres les plantearemos un desafío, una encrucijada educativa que deberán resolver delante de mí. Les daremos a Rosy.

Sí, has leído bien. Para escribir este libro, me he embarcado en un viaje épico y, según algunos, descabellado. Con mi hija a la espalda, he viajado a tres comunidades veneradas de todo el mundo, hemos vivido con sus familias y hemos aprendido todos los detalles sobre su forma de educar. Rosy y yo dormimos en una hamaca bajo la luna llena de los mayas, ayudamos a un abuelo inuit a pescar narvales en el océano Ártico y aprendimos a

encontrar tubérculos con
las madres hadza de
Tanzania.

Por el camino,
contacté con antropólogos
y biólogos evolutivos para
comprender cómo estas
estrategias educativas no
son específicas de esas
familias y culturas, sino
que son generalizadas en
el mundo actual y a lo largo de la historia humana. Leerás lo que
psicólogos y neurocientíficos me explicaron al respecto de en
qué manera las herramientas y los consejos pueden influir en la
salud mental y el desarrollo de los niños.

En cada parte del libro encontrarás guías prácticas para
aplicar esos consejos con tus propios hijos. Te ofreceré recomendaciones para que pongas en práctica con tus niños esas
estrategias y veas si funcionan, y también una guía más extensa
para integrarlas en tu vida diaria. Estas secciones prácticas provienen de mi experiencia personal, así como de la de mis amigos,
de educar a niños en San Francisco.

Cuando salgamos de Estados Unidos, veremos con nuevos
ojos la forma de educar occidental. Comprobaremos que nuestra cultura tiene con frecuencia elementos contraproducentes
respecto a los niños: interferimos mucho, no creemos lo suficiente en ellos, no confiamos en su habilidad innata para saber
qué necesitan para crecer. Y, en muchos casos, no hablamos su
mismo idioma.

En particular, nuestra cultura se centra casi completamente
en un aspecto de la relación padres-hijos.[8] Es el control: cuánto
control puede ejercer el progenitor sobre su hijo, y cuánto control

trata de ejercer el hijo sobre su progenitor. Los «estilos» educativos más comunes están relacionados con el control. Los padres «helicóptero» ejercen el control máximo. Los padres «vuelo libre» ejercen un control mínimo. En nuestra cultura, se considera que, o bien el progenitor tiene el control, o bien lo tiene el niño.

Esta visión educativa plasma un problema fundamental: nos predispone a una lucha de poder, con peleas, gritos y lágrimas. A nadie le gusta que lo controlen. Tanto los padres como los hijos se rebelan contra ello. De manera que, cuando interactuamos con nuestros hijos en términos de control —ya sea el progenitor controlando al niño o al revés—, establecemos una relación de adversarios. La tensión aumenta. Comienzan las discusiones. Las luchas de poder son inevitables. Para un niño de dos o tres años, que no puede gestionar sus emociones, esas tensiones provocan un estallido físico.

Este libro te introducirá en una nueva dimensión de la educación que, en gran medida, se ha dejado de lado en Estados Unidos durante el último medio siglo. Es una forma de relacionarse con los niños que no tiene nada que ver con el control, ni en términos de tomarlo ni en términos de ceder ante él.

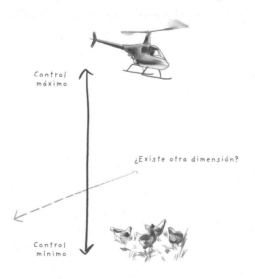

Control máximo

¿Existe otra dimensión?

Control mínimo

Quizá todavía no te hayas percatado de cuántas de tus dificultades como padre tienen su origen en el control. Pero, cuando suprimimos el control de la ecuación educativa (o, al menos, cuando lo limitamos), es increíble lo rápido que se deshacen las dificultades y la resistencia, como la mantequilla en una sartén. ¡Ánimo! Prueba lo que te propongo y comprobarás que esos momentos tan frustrantes —cuando te lanzan los zapatos, cuando tienen una pataleta en el súper, cuando no quieren irse a dormir— ocurren cada vez con menor frecuencia, hasta que acaban por desaparecer.

Por último, unas pocas palabras sobre las intenciones que persigo con este libro.

Lo último que quiero, con cualquier parte de este libro, es que sientas que, como padre o madre, lo estás haciendo mal. Los padres ya tenemos un montón de dudas e inseguridades, y no deseo añadir más. Mi propósito es precisamente lo contrario: empoderarte y apoyarte como padre, al tiempo que te ofrezco un conjunto de herramientas y consejos que actualmente está fuera del debate educativo. He escrito este libro con el propósito de que sea el que me habría gustado tener cuando estaba tumbada en la oscuridad aquella fría mañana de diciembre sintiendo que había tocado fondo como madre.

Mi otro deseo es hacer justicia a los padres que presento en este libro, que nos abrieron sus hogares y sus vidas a Rosy y a mí. Son familias de culturas diferentes a la mía y, probablemente, también diferentes a la tuya. Hay muchas formas de considerar esas diferencias. En Estados Unidos, a menudo nos centramos en los problemas y las dificultades de esas culturas. Incluso censuramos a los padres de culturas diferentes cuando no siguen las normas de la nuestra. En otras ocasiones, nos decantamos en exceso en el sentido opuesto y las idealizamos al creer que poseen una «magia antigua» o que viven en un «paraíso perdido». Ambas líneas de pensamiento están categóricamente equivocadas.

No hay duda de que en estas culturas la vida puede ser difícil, como en cualquier otra. Las comunidades han sufrido y sufren tragedias, enfermedades y tiempos convulsos (a veces, provocados por la cultura occidental). Igual que tú y yo, esos padres trabajan con ahínco, con frecuencia en diversos empleos. Cometen errores con sus hijos y acaban arrepintiéndose de algunas decisiones. Igual que tú y yo, no son perfectos.

A la vez, ninguna de esas culturas es una reliquia congelada en el tiempo. Nada más lejos de la realidad. Las familias de este libro son tan «contemporáneas» (a falta de una palabra mejor) como tú y yo. Tienen teléfonos inteligentes, tienen cuentas en Facebook (a menudo), siguen *CSI*, y les encanta *Frozen* y *Coco*. Los niños comen Froot Loops para desayunar y ven películas después de la cena. Los adultos se apresuran por la mañana para que los niños se preparen para el colegio y comparten cervezas con los amigos durante las relajadas tardes de los sábados.

Pero esas culturas sí poseen algo que falta en la cultura occidental contemporánea: tradiciones educativas profundamente arraigadas y la riqueza de conocimientos que las acompaña. Y no cabe duda de que los padres de este libro tienen una habilidad increíble para comunicarse, motivar y cooperar con los niños. Si pasamos una hora o dos con esas familias, lo veremos con claridad.

Por lo tanto, en este libro, mi objetivo explícito es centrarme en las excelentes habilidades de esos padres. Durante mis viajes, quise conocer a otros seres humanos, conectar con ellos de la forma más auténtica posible y aprender de sus amplias experiencias. Para luego, también, hacerte partícipe de ellas, lector. Al compartir estas historias contigo, quiero honrar y respetar a las personas (y las comunidades) que aparecen en ellas, tan bien como pueda. Y deseo devolverles el favor. Así pues, el 35 por ciento de mi anticipo por este libro irá a las familias y las comunidades que estás a punto de conocer. Para exponer de forma ecuánime las opiniones de todos a lo largo del libro, utilizaré el nombre de cada persona cuando me refiera a ella por segunda vez.

De acuerdo, pues. Pero antes de que nos embarquemos en este viaje y nos sumerjamos en tres de las culturas más venerables del mundo, debemos ocuparnos aún de una cuestión. Tenemos que echarnos un vistazo a nosotros mismos y averiguar por qué educamos a nuestros hijos como lo hacemos. Veremos que muchas de las técnicas y las herramientas que damos por sentadas —y de las que nos enorgullecemos— tienen unos orígenes bastante endebles y sorprendentes.

PRIMERA PARTE

El raro y salvaje Occidente

1

Los padres más raros del mundo

En la primavera de 2018 estaba sentada, casi en un estado de apoplejía, en el aeropuerto de Cancún. Contemplaba los aviones mientras me asaltaban los pensamientos de lo que acababa de presenciar. ¿Era cierto?

¿De verdad la educación podía ser tan fácil?

Solo unos días antes había viajado a un pequeño pueblo maya en medio de la península de Yucatán. Había acudido a documentarme para un reportaje radiofónico sobre la capacidad de concentración de los niños. Un estudio afirmaba que los niños mayas tenían, en ciertas situaciones, mayor capacidad de concentración que los niños estadounidenses, y quería saber por qué.

Pero después de pasar un día en el pueblo, enseguida vislumbré una investigación más importante bajo los techos de paja. Algo mucho más importante.

Dediqué horas y horas a entrevistar a madres y abuelas sobre la crianza de los hijos, y las observé mientras gestionaban los berrinches de los bebés, o motivaban a los niños para hacer los deberes y los persuadían para que se sentaran a la mesa para cenar. Básicamente, un ejemplo de la rutina diaria. También les hice preguntas sobre los aspectos más duros de la educación, por ejemplo, acerca de cómo se preparaban para salir cada mañana de casa y acostar a los niños por la noche.

Lo que presencié me dejó sin palabras. Nunca había visto nada parecido. Era distinto de los métodos empleados por las supermamás de San Francisco, distinto de lo que yo había vivido de niña y prácticamente lo opuesto de lo que estaba haciendo con Rosy.

Mi forma de educar era un descenso aterrador por unos rápidos vertiginosos, con dramas, gritos y lágrimas en abundancia (por no hablar de las rondas inacabables de negociación y disputas por ambas partes). Con las madres mayas, en cambio, me sentí navegar por un río ancho y sereno, serpenteando un valle montañoso, con un cauce constante y suave. Agradable. Fácil. Y con muy pocos dramas. No había gritos, ni se daban órdenes (en ninguna dirección) ni se atosigaban. Pero era efectivo. ¡Muy efectivo! Los niños eran respetuosos, amables y colaboradores, no solo con su madre y su padre, sino también con sus hermanos. Parecía increíble, pues la mitad de las veces los padres ni siquiera tenían que pedir a sus hijos que compartieran una bolsa de patatas fritas con sus hermanos pequeños. Lo hacían voluntariamente.

Pero lo que más me sorprendió fue la buena disposición de los niños. Allí donde fui, vi a niños de todas las edades ayudando de buena gana a sus padres. Una niña de nueve años se bajó de la bici y fue corriendo para abrir la llave de paso de una manguera que su madre se disponía a usar. Otra niña de cuatro años se ofreció voluntaria para ir corriendo al colmado de la esquina y comprar unos tomates (con la promesa de un caramelo, eso sí).

Y después, la última mañana de mi visita, presencié el acto definitivo de buena disposición, y provino de alguien que, en principio, no debía de estar muy predispuesta: una chica preadolescente, durante sus vacaciones de Semana Santa.

Yo estaba sentada en la cocina de esa familia, hablando con la madre, María de los Ángeles Tun Burgos, mientras cocinaba unos frijoles sobre un fogón de carbón. María llevaba su larga melena negra recogida en una elegante cola de caballo y un vestido azul marino acampanado sujeto por la cintura.

—Las dos mayores todavía están durmiendo —dijo María al tiempo que se sentaba en una hamaca para descansar.

Al parecer, la noche anterior ambas chicas se habían quedado despiertas hasta tarde viendo una película de tiburones terrorífica.

—Y las encontré juntas en una hamaca, a medianoche, hechas un ovillo —concluyó María, que rio suavemente y luego sonrió—. Así que voy a dejar que duerman un poco más.

María trabaja muchísimo. Se ocupa de todas las tareas de la casa, prepara todas las comidas —hablamos de tortillas recién hechas cada día, con maíz que muele a la piedra— y ayuda con el negocio familiar. Y, sin importarle el caos que la rodeaba durante nuestra visita, María siempre estaba fresca como una rosa. Incluso cuando advirtió a su hija más pequeña, Alexa, que no tocara el fogón de carbón, se lo dijo con una voz calmada y el rostro relajado. No transmitía ni urgencia, ni ansiedad ni estrés. Y, en contrapartida, sus hijas eran maravillosas con ella. Respetaban sus peticiones (casi todas). No discutían ni le respondían.

Charlamos durante unos minutos más y luego, al levantarme para irme, la hija de doce años de María, Ángela, salió del dormitorio. Llevaba unos pantalones piratas negros, una camiseta roja y unos pendientes dorados, como cualquier preadolescente de California. Pero hizo algo que nunca he visto en California. Pasó entre nosotras y, sin mediar palabra, cogió un balde de agua jabonosa y se puso a lavar los platos del desayuno. Nadie se lo había pedido. No había ningún programa de tareas de la casa colgado de la pared. (De hecho, como veremos, es posible que los programas de tareas inhiban este tipo de actos voluntarios.) En lugar de ello, Ángela, sencillamente, vio que había platos sucios en el fregadero y se puso manos a la obra, a pesar de que estaba de vacaciones.

—¡Caramba! —exclamé—. ¿Ángela se ofrece voluntaria para ayudar?

Yo estaba anonadada, pero María ni se inmutó.

—No lo hace todos los días, pero bastantes sí —respondió—. Si ve que hay algo que hacer, no se lo piensa. Una vez llevé a la pequeña a la 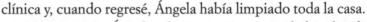 clínica y, cuando regresé, Ángela había limpiado toda la casa.

Me acerqué a Ángela y le pregunté por qué había decidido fregar los platos. La respuesta me derritió el corazón.

—Me gusta ayudar a mi madre —contestó en español mientras lavaba un plato amarillo.

—Y cuando no ayudas a tu madre, ¿qué haces? —pregunté.

—Ayudo a mi hermana pequeña —dijo con orgullo.

Me dejó con la boca abierta. «¿Qué niña de doce años se levanta de la cama y, antes de hacer cualquier cosa, se pone a fregar los platos? —me pregunté—. Y, por si fuera poco, cuando está de vacaciones... ¿Esto está pasando de verdad?»

De modo que, varios días después, mientras esperaba en el concurrido aeropuerto de Cancún contemplando los aviones, no podía dejar de pensar en Ángela, en su deseo auténtico de ayudar y en su adorable amor por la familia. ¿Cómo lo lograban María y el resto de las madres mayas? ¿Cómo educan a unos hijos tan cooperativos y respetuosos?

Esas mujeres hacían que criar a un hijo pareciera, y me atrevo a decirlo, fácil. Y yo quería conocer sus secretos. Quería que mi relación con Rosy fuera igual de calmada y relajada. Quería salir de los aterradores rápidos y navegar por un río ancho y serpenteante.

Después, dejé de observar los aviones y me fijé en los turistas estadounidenses que estaban sentados delante de mí, preparándose para embarcar en el avión hacia San Francisco. Y en ese momento vi la luz: ¿era posible que yo tuviera tantos problemas con Rosy, no porque fuera una mala madre, sino porque nadie me había enseñado a ser una buena madre? ¿Acaso mi cultura había olvidado cuál era la mejor forma de educar a los hijos?

He aquí un experimento rápido. Fíjate en estas dos líneas. ¿Cuál es la más corta? ¿La de la figura A o la de la figura B?

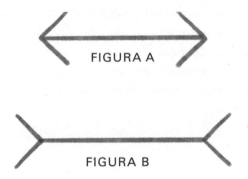

La respuesta es evidente, ¿verdad? ¿O no?

Si se lo preguntáramos a un pastor de ganado de Kenia, ¿qué diría? ¿Y un cazador-recolector de una diminuta isla de Filipinas? ¿Cuál de los dos respondería correctamente? ¿Y a quién le engañaría la ilusión óptica?

En la década de 1880, un joven psiquiatra alemán, Franz Carl Müller-Lyer, se propuso estudiar el modo en que el cerebro humano percibe el mundo.[1] Con apenas treinta años ya era una estrella en su disciplina. En aquella época, las ilusiones ópticas estaban de moda en la psicología. Y Franz pensó que podía revolucionarla. Así que empezó a dibujar. Trazó dos líneas de igual longitud: una con puntas de flecha convencionales, como la figura A, y otra con puntas de flecha a la inversa, como la figura B. Franz se dio cuenta enseguida de que, aunque las líneas tenían exactamente la misma longitud, parecían diferentes. La forma de las puntas engaña al cerebro haciéndole creer que B es más larga que A.

Con ese dibujo creó la que se convertiría en la ilusión óptica más famosa de la historia.

Franz la publicó en 1889 y, de inmediato, los científicos trataron de averiguar por qué la vista —o el cerebro— nos engaña. ¿Por qué no vemos las líneas como son, es decir, de igual longitud? La ilusión revela algo universal sobre la percepción humana.

Después, un siglo más tarde, un equipo de investigadores revolucionó la psicología para siempre y cambió nuestra comprensión de la ilusión Müller-Lyer, lo cual nos ayudó a entender el cerebro humano.

En 2006, Joe Henrich acababa de trasladarse a su nuevo despacho en la Universidad de la Columbia Británica, en Vancouver, cuando, en el pasillo, se hizo amigo de otro psicólogo. Poco podía sospechar que esa amistad iba a provocar un cambio fundamental en los estudios de psicología, o, como dijo el propio Joe, «una verdadera puñalada en el corazón de la psicología».

Joe es un gran pensador. Estudia qué motiva a las personas a colaborar con otras, o, a la inversa, qué las empuja a declararse la guerra, y cómo esas decisiones de colaboración han hecho de nuestra especie la más dominante de la tierra.

Joe también forma parte de una rara estirpe de psicólogos llamados «interculturales». No hace experimentos únicamente con europeos o estadounidenses, sino que viaja a otros lugares, como Fiji o la Amazonia, para estudiar cómo responden a los experimentos personas de otras culturas.

En ese mismo pasillo también trabajaba otro psicólogo intercultural llamado Steve Heine. Estudiaba qué es lo que para las personas da «sentido» a su vida y cómo esa percepción cambia en diferentes lugares del mundo. Igual que Joe, Steve quería saber cómo funciona el cerebro humano, no solo el cerebro occidental.

Puesto que a ambos les interesaban otras culturas, Joe y Steve quedaban para almorzar cada mes. Se iban a la cafetería de la universidad, pedían comida china para llevar y charlaban sobre sus investigaciones en curso. Una y otra vez, Joe y Steve detectaron un patrón: los europeos y los estadounidenses solían comportarse de forma diferente a las personas de otras culturas. «Precisamente, hacíamos experimentos a gente rara —dijo Joe—. Steve y yo estábamos perplejos. Y empezamos a preguntarnos: ¿era posible que los norteamericanos fueran los más raros de todo el planeta?»

En aquel momento, la idea solo era una hipótesis surgida durante un almuerzo. Pero a Joe y Steve les picó tanto la curiosidad que decidieron hacer algunas pruebas. La pareja incorporó al equipo a su colega Ara Norenzayan, un psicólogo que estudia cómo se divulgan las religiones y generan cooperación. Juntos empezaron a revisar metódicamente docenas de estudios en psicología, ciencias cognitivas, economía y sociología.

Desde el primer momento, se dieron cuenta de que había un problema grave. La psicología tiene un sesgo masivo. La gran mayoría de los estudios —alrededor del 96 por ciento— solo examina a personas con ascendentes europeos.[2] Y, sin embargo, los descendientes de europeos únicamente constituyen el 12 por ciento de la población mundial. «De modo que la disciplina completa de la psicología solo estudia una pequeña parte de la humanidad», advirtió Joe.

Ese sesgo occidental no es un problema si el objetivo de la investigación es estudiar cómo piensan y se comportan los occidentales. Pero es un gran obstáculo si el objetivo es estudiar cómo piensan y se comportan los humanos, sobre todo cuando la parte de la humanidad que se estudia es una rareza, como resulta que somos los occidentales. Es como entrar en una heladería Baskin-Robbins y probar solo el sabor de chicle rosa, ignorar el resto y publicar un artículo en el que se afirma que todos los helados tienen trozos de chicle.

¿Qué ocurre cuando también se selecciona el resto de los sabores?

Para saberlo, Joe, Steve y Ara analizaron los pocos experimentos que se llevaron a cabo sobre personas ajenas a Estados Unidos y después los compararon con los que se hicieron sobre los occidentales. Con mucha frecuencia, los resultados no concordaban. Los occidentales se escoraban en un extremo del espectro del comportamiento, mientras que las personas de culturas indígenas solían agruparse en la parte media del espectro.

La conclusión de estos análisis fue sorprendente: las personas de las sociedades occidentales, «incluyendo los niños, están entre las poblaciones menos representativas que pueden encontrarse a la hora de generalizar sobre los seres humanos», escribió el equipo en 2010.[3] Incluso acuñaron un acrónimo pegadizo para describir el fenómeno, y denominaron a nuestra cultura con la palabra WEIRD (rara) que, por sus siglas en inglés, significa Occidental, Educada, Industrializada, Rica y Democrática.

Joe y sus colegas publicaron un artículo de veintitrés páginas titulado «¿La gente más rara del mundo?». Y, en un segundo, la visión etnocéntrica de la psicología se derrumbó. No consistía tanto en que el emperador fuera desnudo, sino que era más como si estuviera bailando con ropa occidental y fingiera representar a toda la humanidad.

Las personas WEIRD son raras en más de una docena de aspectos, concluía el estudio, sobre todo en su forma de cooperar, gestionar el castigo, impartir justicia, pensar en el «yo», elegir valores y ver el espacio tridimensional.

Fijémonos, por ejemplo, en la ilusión óptica de la página 33.

En la década de los cincuenta y los sesenta, los científicos testaron la ilusión de Müller-Lyer en, al menos, catorce culturas, entre ellas, los pescadores de Nigeria, los recolectores del desierto del Kalahari y los cazadores-recolectores de la Australia rural.[4] También la probaron con sudafricanos de ascendencia europea, así como con adultos y niños de Evanston, Illinois.

El experimento era sencillo. Los investigadores mostraban las ilustraciones y les preguntaban qué diferencias veían. Lo que descubrieron fue tan sorprendente que a algunos psicólogos les costó creérselo, y todavía se debate la causa subyacente de los resultados.[5]

Los estadounidenses fueron bastante susceptibles a la ilusión. De media, los voluntarios de Illinois creyeron que la línea B era un 20 por ciento más larga que la línea A. Eran resultados que concordaban con estudios anteriores. Nada nuevo.

Pero cuando los investigadores analizaron los resultados de otras culturas, la cuestión se reveló interesante. En algunas culturas indígenas, como en la de los cazadores-recolectores del sur de África y en la de los agricultores de Costa de Marfil, la ilusión no engañaba a nadie.[6] Veían las líneas tal como eran: de igual longitud. En el resto de las culturas, la susceptibilidad a la ilusión estaba entre los dos extremos: los crédulos estadounidenses y los imperturbables africanos. Los integrantes de las otras catorce culturas pensaron que las líneas eran de longitud diferente, pero no tan diferente como creían los estadounidenses.

La hipótesis de los investigadores fue que los estadounidenses se engañan más porque vivimos en «entornos de carpintero», o de ángulos rectos.[7] Es decir, estamos rodeados de cajas. Allí donde miremos, hay cajas. Vivimos en ellas (casas), dormimos en ellas (camas), cocinamos en ellas (cocinas), nos transportamos en ellas (trenes) y llenamos nuestros hogares de cajas (armarios, escritorios, sofás, cómodas, etcétera).

Los investigadores coligen que esta exposición a las cajas formatea nuestro cerebro para percibir la ilusión Müller-Lyer de forma peculiar: al ver las dos flechas, el cerebro toma un atajo.[8] De manera inconsciente, convertimos las líneas bidimensionales de la página en los bordes de cajas tridimensionales (o, más específicamente, en dibujos de bordes). ¿Por qué esta modificación inconsciente nos hace creer que la línea de arriba es más corta que la de abajo? Imaginemos que las dos líneas son los bordes de un edificio. La línea de abajo, con las puntas hacia fuera, parece un borde que se aleje de nuestro punto de vista, o que está más lejos de nosotros. La línea de arriba, con las puntas convencionales, parece un borde que apunta hacia nosotros, o que está más cerca de nosotros. Por esta razón el cerebro alarga la línea de abajo, porque cree que está más alejada que la de arriba, que percibimos más cerca.

Sin embargo, en muchas otras culturas las personas no están rodeadas de cajas ni de ángulos rectos, sino, por el contrario, de figuras curvadas y romas. Los hogares y los edificios, con frecuencia, tienen diseños parecidos a cúpulas o están fabricados con materiales más maleables, como juncos o arcilla. Y cuando esas personas salen de casa no caminan por una acera con farolas (que forman ángulos rectos), sino que deambulan por la naturaleza. Una naturaleza que es exuberante: árboles, plantas, animales y tierra. Y la naturaleza prescinde de los ángulos rectos: ama las curvas.

De modo que cuando una mujer san del desierto del Kalahari mira las dos líneas de la ilusión Müller-Lyer en un papel, no se deja engañar por las puntas de flecha. Su cerebro no colige de manera automática que esas líneas representan los bordes tridimensionales de una caja. En lugar de ello, ve lo que realmente está dibujado en la hoja: dos líneas de igual longitud.

Al llevar a cabo la prueba Müller-Lyer en diferentes culturas, los investigadores expusieron una fisura colosal en los fundamentos de la psicología. Los descubrimientos mostraron que la cultura y el entorno en el que crecemos pueden configurar profundamente las funciones cerebrales básicas, como la percepción visual.

Si esto es cierto, entonces ¿en qué otros aspectos la cultura modifica nuestro cerebro? ¿Qué otros «universales humanos» o «principios generales» de la psicología no son en absoluto universales, sino exclusivos de la cultura occidental, consecuencia de vivir y crecer en un entorno particularmente WEIRD, raro?

Otra forma de expresarlo: si ser miembro de una cultura distorsiona algo tan simple como la forma en que vemos dos líneas en una hoja de papel, ¿cómo influirá en procesos psicológicos más complejos? ¿Cómo podría estar afectando a nuestra filosofía educativa o a la forma en que consideramos la conducta de los niños? ¿Y si algunas de las ideas que creemos «universales» en la educación de los niños son, de hecho, «ilusiones ópticas» creadas por nuestra cultura?

A mi regreso del pueblo maya de Yucatán, me sentí con una nueva motivación y con más energía para educar. Por primera vez en años, sentí esperanza. Pensé que —quizá, solo quizá—

podría aclararme con todo esto de la educación, que no solo lograría domar a la hiena salvaje que tenía en casa, sino que también podría enseñarla a ayudar y respetar a los demás. Esta perspectiva me cautivó.

Así que comencé a hacer lo que mejor se me da: investigar. Quería aprender todo lo que pudiera sobre el proceso educativo de los padres mayas. Me enfrasqué en la literatura científica, entrevisté a investigadores y leí libros académicos. También estudié con profundidad los libros contemporáneos sobre educación.

Casi inmediatamente me frustré: apenas se podía encontrar información en esos libros sobre la crianza de los mayas. De hecho, me costó muchísimo encontrar cualquier información sobre los estilos educativos de culturas no occidentales. En las raras ocasiones en que los libros educativos mencionaban las prácticas de otras culturas, las trataban más como curiosidades intelectuales que como información valiosa que de verdad podría ayudar a los ajetreados padres.

Fue entonces cuando me percaté de la enorme laguna que hay en la ciencia educativa actual. Casi exclusivamente nos nutrimos de la perspectiva occidental, en la que faltan muchas voces y puntos de vista. Y, aun así, cuando se trata de comprender por qué los bebés no duermen, cómo piensan los niños y qué hacer cuando el crío se tumba boca abajo en la acera (está buscando un amigo), el mundo occidental tal vez no sea el mejor lugar para obtener respuestas.

Para empezar, la cultura occidental es relativamente nueva en la educación de los niños. En el escenario mundial de la educación, somos los ingenuos. La mayoría de nuestros métodos existen desde hace apenas un siglo y, en algunos casos, solo unas décadas. Son prácticas que de ninguna forma han superado la «prueba del tiempo». Con mucha frecuencia, las directrices cambian con tanta rapidez de una generación a otra que resulta desconcertante. Pongamos por ejemplo la posición recomendada para que duerma un bebé. Cuando mi madre dio a luz, los médicos le dijeron que pusiera a la recién nacida Michaeleen a dormir boca abajo. En la actualidad, este consejo se consideraría increíblemente peligroso, incluso negligente, puesto que los recién nacidos que duermen sobre la tripa tienen más riesgo de sufrir el síndrome de muerte súbita del lactante (SMSL).

Además, cuando comparamos las estrategias educativas occidentales con las del resto del mundo —y de la historia humana—, en muchas ocasiones lo que hacemos es bastante WEIRD, raro.

Mucho antes de que Joe, Steve y Ara publicaran su revelador estudio, coronando a la cultura occidental como la más WEIRD del mundo, el antropólogo David Lancy se preguntó si ocurría lo mismo con la educación.[9] ¿Nuestra estrategia es una excepción? ¿Somos un caso aparte?

David se pasó décadas analizando datos antropológicos, descripciones etnográficas y registros históricos, y concluyó que la respuesta era un rotundo «¡Sí!». Muchas prácticas comunes —que consideramos esenciales o cruciales para educar niños— no están presentes en ninguna otra cultura, o solo han empezado a aparecer recientemente. «La lista de diferencias es muy muy larga», me explicó David. Resume estos contrastes en su excelente libro *The Anthropology of Children* [Antropología de los niños]: «Puede que haya entre cuarenta y cincuenta cosas que nosotros hacemos y que son inexistentes en el resto de las culturas».

Por ejemplo, ¿es el elogio la mejor forma de motivar a los niños? ¿La función de los padres es estimular y entretener a sus hijos a todas horas? ¿Las palabras son el medio ideal para comunicarse con los niños pequeños? ¿Las instrucciones verbales son realmente lo mejor para enseñar? De hecho, muchas de estas ideas occidentales dificultan la educación y, con frecuencia, van en contra de los instintos naturales de los niños, según David.

Consideremos la familia nuclear. En la cultura occidental, existe la creencia generalizada de que la estructura familiar ideal consiste en una madre, un padre y sus niños pequeños viviendo bajo un mismo techo. Y para que la estructura sea incluso más ideal, algunos podrían decir que la madre debe quedarse en casa y dedicar toda su atención al cuidado de los niños. Esto es lo más «tradicional», ¿verdad?*

En absoluto. Si nos fijamos en el resto del mundo —e investigamos la historia humana— veremos que la familia nuclear (y una madre cuya única función sea educar a los hijos) es, a buen seguro, una de las estructuras menos tradicionales que se pueden encontrar. Durante el 99,9 por ciento del tiempo en que los humanos han campado por el planeta, la familia nuclear, sencillamente, no existía.[10] «Es una estructura familiar que ocupa un espacio diminuto de la historia humana —afirma el historiador John Gillis, de la Universidad Rutgers, quien lleva estudiando la evolución de las familias occidentales desde hace más de treinta años—. No es antigua. No es tradicional. No tiene raíces reales en el pasado.»

Y, en todo caso, no es como los niños humanos han evolucionado para que los críen. La familia nuclear carece de profesores claves en la vida de un niño. Durante cientos de miles de años, la educación era una cuestión multigeneracional. Los ni-

---

* Tal vez el lector, dependiendo de su contexto, crea que la idea de una madre que se queda en casa es anticuada. Pero hace poco más de catorce años, el 41 por ciento de la población pensaba que las madres que trabajaban fuera de casa eran dañinas para la sociedad, según informó el Pew Research Center en 2007.[11]

ños han evolucionado para aprender de un montón de personas diferentes y de todas las edades: bisabuelos, abuelos, tíos, tías, amigos de la familia, vecinos, primos y el resto de los niños que los acompañan.

Durante los últimos mil años aproximadamente, la familia occidental ha ido encogiéndose, pasando de una especie de bufet multigeneracional a un pincho diminuto, que consiste solo en papá, mamá, dos niños y quizá un perro o un gato. No solo hemos perdido al abuelo, la abuela, a la tía Fay y al tío Bill, sino también a la canguro Lena, al cocinero Dan y a toda la sociedad de vecinos y visitas que se quedaban charlando en el porche o se echaban una siesta en nuestro sofá. Cuando estas personas desaparecieron del hogar, toda la carga de la crianza cayó sobre los hombros de mamá y papá.

El resultado fue que, por primera vez en la historia, las madres y los padres (incluso solo uno de ellos) se ven metidos en este tiovivo desquiciado que llamamos educar a un hijo. «La idea de que dos personas sin ayuda de nadie eduquen a un hijo es absurda. Totalmente absurda —añade John—. Dos personas se ocupan de una labor que deberían compartir con muchas más.»

David Lancy relaciona esta estructura educativa con lo que ocurre cuando una tormenta de nieve deja encerrados y solos a una madre y su hijo. El aislamiento obliga a que la madre sea el único compañero de juegos del niño, la única fuente de amor, de conexión social, de entretenimiento y de estimulación. Estas condiciones pueden generar tensión y cansancio. «Parece muy claro que las condiciones de vida modernas, en las que los niños y los bebés están aislados de sus congéneres en hogares nucleares o monoparentales, generan un efecto en paralelo», escribió David en su libro.[12]

Este aislamiento —dejar atrapadas a las familias en tormentas de nieve virtuales— probablemente no ha sido tan bueno para la salud mental de los padres y los niños. Muchos psicólogos a los que he consultado creen que la erosión de la familia extensa es una de las causas principales de las elevadas tasas de depresión posparto en Estados Unidos, así como de la creciente epidemia de ansiedad y depresión entre niños y adolescentes. Sencillamente, las madres, los padres y los niños se sienten cada vez más solos.

El aislamiento tiene todavía otra repercusión negativa: las madres y los padres también han perdido a sus consejeros. Y quizá se nos ha olvidado lo importantes que son.

En la cultura occidental, solemos pensar en la maternidad como «un instinto que poseen las madres igual que el impulso sexual de los hombres», escribe John Gillis en su libro *A World of Their Own Making* [Un mundo hecho por ellos].[13] Pero, en realidad, ser padre es algo que se aprende. Y las fuentes tradicionales de este conocimiento son las mujeres y los hombres que ya han educado a unos cuantos ensuciapañales: las abuelas y los abuelos, los tíos y las tías, los entrometidos, los vecinos serviciales. Cuando las generaciones mayores desaparecieron de los hogares, se llevaron todos esos conocimientos y habilidades. Los nuevos padres y madres dependen de ellos mismos para descifrar los fundamentos de la crianza, como lograr que un bebé duerma toda la noche, calmar a un niño cuando tiene una rabieta y enseñar a la hermana mayor a querer, y no pegar, a su hermano pequeño.

El resultado hoy es una madre entre la pared y un carrito UPPAbaby: carga con más responsabilidades de crianza que nunca en la historia y, aun así, es quien menos preparada está para la tarea.

«Jamás la carga de la maternidad había sido tan grande para las madres», concluye John.

No es de extrañar, por lo tanto, que los domingos por la tarde, después de pasar un fin de semana con Rosy, yo esté exhausta. Durante dos días enteros, hago el trabajo de tres o cuatro personas. No soy solo su madre, sino también su abuela, un primo y una hermana mayor. Y, para colmo, no hago más que improvisar.

En otras palabras, la creación de la familia nuclear remodeló cómo educamos, pero también cómo aprendemos a educar. Adiós, abuela. Adiós, tía Carol. Y adiós conocimientos y habilidades, brazos extras para sostener al niño, cocinar y frotarle la espalda a la hora de dormir. Hola aislamiento, extenuación y estrés.

¿Por qué soy una madre tan WEIRD, tan rara?

Después de enterarme de lo rara que es mi forma de educar, no pude dejar de pensar que ha de haber una razón subyacente. Por descontado, para algo tan complejo como la crianza, debe de haber muchas razones. Pero seguía preguntándome si un acontecimiento clave había desencadenado un alud de cambios en la cultura occidental y, al final, después de cientos de años, nos había dejado a nosotros, los padres, en este estado de agotamiento y estrés que ahora llamamos maternidad y paternidad.

Durante meses contacté con innumerables historiadores y psicólogos y les hice la misma pregunta: ¿Por qué educamos de forma tan WEIRD, rara?

Cada uno de ellos me dio una respuesta diferente: la Ilustración, el capitalismo, la Revolución Industrial, la reducción de la mortalidad infantil, el hecho de que haya menos niños por familia o nuestro amor por la privacidad.

Es evidente que la respuesta es multifacética.

Pero después hablé con Joe Henrich, uno de los tres psicólogos que acuñó el término WEIRD, y su respuesta me sorprendió. «Bueno, de hecho, estoy escribiendo un libro, titulado *WEIRD*, que trata de explicar por qué los occidentales somos tan raros psicológicamente —me dijo—. La clave está en la Iglesia católica.»

¿Cómo?

En los siguientes veinte minutos, Joe compartió conmigo los fascinantes hallazgos de su nuevo estudio.

Hace unos miles de años, las familias de Europa eran muy parecidas a las de otras culturas actuales: extensas, multigeneracionales y muy unidas.[14] Los hogares familiares eran estructuras porosas en las que los parientes, los criados, los trabajadores, los vecinos y los amigos entraban y salían de forma bastante natural.

Al mismo tiempo, los niños disfrutaban de un alto grado de autonomía. Esta estructura familiar gigante era un caparazón protector para los niños y los bebés. La madre y el padre no debían controlarlos continuamente porque otro adulto —u otro niño más mayor y atento— siempre estaba cerca para ayudar. A consecuencia de esto, los niños de la Edad Media (y durante gran parte de la historia occidental) estaban en gran medida liberados de las órdenes y las instrucciones de los adultos, a partir de los seis años.[15] Es posible que tuvieran obligaciones y responsabilidades en el hogar, pero, en gran medida, disponían de sus propias reglas y decidían por sí mismos lo que iban a hacer a lo largo del día.

No obstante, los padres seguían controlando un aspecto esencial de la vida de sus hijos: el matrimonio. Aunque esta idea pueda chirriarnos un poco debemos ser prudentes, porque los padres tenían una razón de peso para ello.

En muchos casos, los padres incitaban (o coaccionaban) a sus hijos para que se casaran con alguien cercano a la familia; por ejemplo, un primo lejano, un pariente de algún pariente político, o del padrino o la madrina, me contó Joe.[16] Se consideraba que si bien esos matrimonios se llevaban a cabo «dentro de la familia», en la mayoría de los casos no había razón «biológica» alguna para prohibirlos. La novia y el novio no eran parientes de sangre, o su parentesco no era lo bastante cercano para ocasionar los problemas de salud que se derivan de la endogamia.

Esos matrimonios tenían un propósito esencial. Conformaban una especie de hilo que unía a la familia extensa. Con esos hilos entretejidos, las familias creaban tapices resistentes y llenos de color. Permitían que las tierras y las propiedades se quedaran en el clan. Con el tiempo, el clan ganaba dinero, prestigio y poder. Y, lo que quizá sea más importante para nuestros propósitos, el clan proporcionaba a los padres mucha ayuda. Las familias eran numerosas y los niños podían ser autónomos de una manera (relativamente) segura.

Después, en algún momento alrededor del año 600, la Iglesia católica empezó a deshacer ese tejido, y pronto se deshilachó el tapiz.[17]

«La Iglesia católica se obsesionó con el incesto», me contó Joe, o, al menos, lo que ellos llamaban «incesto».

La Iglesia empezó a regular quién podía casarse con quién. Para empezar, prohibieron que los primos hermanos se casaran entre ellos, una restricción razonable puesto que los primos hermanos comparten un 12 por ciento de los genes y la endogamia puede desencadenar problemas de salud.

Pero en el siglo VII, la Iglesia extendió la prohibición a todos los «parientes», sin importar lo lejanos que fueran. Cincuenta años después, la ampliaron a los matrimonios entre parientes de la familia política. De forma que, por ejemplo, una viuda ya no podía casarse con el hermano de su difunto esposo (lo cual era bastante habitual —y biológicamente seguro— para las viudas). La pena por violar esas leyes era severa: entregar todas las propiedades. En el siglo XI, los papas y los reyes de toda Europa habían implementado tantas restricciones que ni siquiera los primos distanciados por seis grados de parentesco podían casarse entre sí. Tengamos en cuenta que esos primos están vinculados tan solo por un tatara-tatara-tatara-tatara-tatara-tatara-buelo. Comparten alrededor del 0,01 por ciento del ADN. Biológicamente, no están en absoluto emparentados.

Esas leyes tuvieron innumerables repercusiones, según informaron Joe y sus colegas en un estudio de 2019.[18] Descompusieron las familias extensas. Hacia el año 1500, la familia ya empezaba a parecerse a la actual. «Al menos en Inglaterra y, probablemente, en Alemania, la forma familiar dominante era la familia nuclear», me explicó Joe.

A esas alturas, las madres y los padres seguían disponiendo de mucha ayuda para criar a sus hijos. Las familias ricas o de clase media contrataban niñeras, cocineros y limpiadores que vivían en el mismo hogar. Y los pobres siguieron viviendo en familias extensas y numerosas durante siglos. Sin embargo, al dividir a las familias y los clanes, la Iglesia activó una cadena de reacciones que cambió lo que las personas pensaban y valoraban. Joe y sus colegas pusieron de relieve en su estudio que cuanto más tiempo se exponía una comunidad a las restricciones matrimoniales de la Iglesia católica, más probable era que pensara como piensan los occidentales: es decir, valoran el individualismo, la no conformidad y otros rasgos psicológicos exclusivos de los occidentales.

No podemos determinar con seguridad que la Iglesia católica sea la razón fundamental de que los padres occidentales sean tan WEIRD, tan raros. Solo porque ambos cambios estén relacionados en el tiempo y el espacio no significa que uno causara el otro. Además, algunas de las prácticas de crianza más raras han aparecido hace poco tiempo. Pero si reflexionamos un poco, sin duda podemos colegir que la reducción de la familia extensa desempeñó un papel primordial en la creación del marcado individualismo que vemos en nuestra sociedad y que generó un cambio radical en nuestra forma de tratar a los niños.

Cuando crecemos en una familia grande y extensa, tenemos un montón de obligaciones y responsabilidades respecto a los demás. Hemos de cuidar de nuestros hermanos pequeños, ayudar a la convaleciente abuela o preparar la comida de nuestros primos. Debemos adaptarnos a las necesidades de los demás. Y no podemos ir a contracorriente. Las necesidades individuales pasan a un segundo plano debido a la socialización y la cooperación. Somos un pececillo en un estanque repleto e interconectado. Cuando la familia se sienta a comer, todos comen lo mismo, de la misma cazuela. No se puede hacer de otra forma.

Ahora bien, cuando reducimos la familia a dos adultos casados y dos hijos, muchas de esas obligaciones desaparecen. La cooperación no es tan necesaria. La privacidad es lo importante. Perdemos las habilidades para tratar y adaptarnos a los demás. Tenemos tiempo y espacio para las necesidades y preferencias individuales. Al final, al cabo de cientos de años, acabamos con la situación que ahora tenemos en casa algunas noches: a la mesa, todos comen un plato diferente, con una salsa diferente y específica, y cada uno tiene su propia opinión sobre cómo se debería preparar y comer. El individualismo reina. Y los niños —¡santo Dios!— pueden volverse muy autoritarios.

2

¿Por qué educamos como lo hacemos?

Cuando Rosy tenía unos seis meses, la llevé al pediatra junto con mi marido, Matt, para que le hicieran una revisión y le pusieran las vacunas pertinentes. Al acabar la consulta, el médico nos dio un diagrama con una lista de «acciones» para ayudar a nuestra querida hija a crecer y desarrollarse. Había información sobre cómo habituarla a los horarios de sueño y de alimentación, y acerca de lo importante que era hablarle.

—Relaten todo lo que hagan —nos dijo el médico—. Por ejemplo, cuando me lavo las manos, le digo a Rosy: «Ahora me estoy lavando las manos con agua y jabón».

—Esto se te dará bien —me dijo Matt mirándome—. Eres una parlanchina profesional.

Y es cierto: como reportera radiofónica, sé muy bien cómo dar rienda suelta a las palabras.

Al volver a casa, colgué el diagrama en la nevera y me dispuse, como millones de padres y madres de Estados Unidos, a criar a mi hija con una estructura, una rutina y un montón de charla. («Ahora, Rosy, voy a abrir la puerta de la nevera. Ahora voy a sacar una botella de vino y servirme una copa. Ahora voy a beberme el vino.»)

«Lo he pillado», me dije. Luego retrocedí un paso y miré con distancia el diagrama de la nevera. Impreso en blanco y negro, en un folio, me recordaba a algo que bien podría haberme dado un

EDAD	DORMIR	COMER
3-6 meses	3 siestas 9-10 horas por la noche	8-12 comidas al día
6-9 meses	2 siestas 10-11 horas por la noche	5-6 comidas al día
9-12 meses	2 siestas 10-11 horas por la noche	Dar de mamar antes de ofrecer comida; inconcebible

empleado del departamento de Recursos Humanos al final de una «sesión formativa». La semilla de una duda germinó en mi cerebro. Empecé a preguntarme: ¿De dónde provienen esas directrices? ¿No hay nada mejor?

Cuando me convertí en madre, al principio creí que nuestra forma de educar es la forma en que siempre se ha educado. Que las madres y los padres siempre han hablado con los bebés y los niños pequeños, igual que hacemos nosotros. Que siempre hemos estimulado e instruido a los niños como lo hacemos ahora. Siempre los hemos colmado de juguetes, chucherías y elogios. Cuando un niño de tres años lleva el plato de la cena hasta el fregadero, los padres siempre dicen, con un tono agudo, algo similar a: «¡Oh, fantástico! Eres un ayudante de primera».

En otras palabras, di por sentado que las directrices del diagrama se habían probado y estaban demostradas, que se habían ido transmitiendo a lo largo de las generaciones. Que en una aldea de Macedonia de hace cientos de años la tatara-tatara-tatara... tatarabuela Doucleff había abrazado a su bebé y había seguido los mismos consejos que el pediatra me dio.

Sí, no cabe duda de que los padres hemos aprovechado algunos descubrimientos y herramientas de la ciencia y la medicina para que nuestra vida resulte más fácil y nuestros hijos estén mas sanos. Lo que a esas innovaciones les faltaba de antigüedad histórica, lo suplían unos buenos datos científicos.

De modo que creía que las recomendaciones de los médicos

y los expertos actuales eran las mejores que habían recibido jamás unos padres. Creía que los padres modernos avanzaban, en masa, hacia un sistema de educación óptimo. Una noche, una amiga mía incluso me dijo, sin tapujos: «Michaeleen, estamos perfeccionando la perfección».

Luego, alrededor de un año después de colgar el diagrama en la nevera, me topé con uno de los libros más increíbles que he leído. No recuerdo dónde lo encontré. No es un superventas. Creo que en la clasificación de Amazon de libros para educar a los niños está en la posición 4.000. Y es bastante denso. Necesité varios meses para leerlo de principio a fin. Pero mereció cada uno de los segundos que le dediqué. Ese libro, sencillamente, cambió mi forma de pensar acerca de los «consejos sobre cómo educar a los hijos», y la perspectiva de nuestra cultura respecto a los niños.

A principios de la década de 1980, la escritora británica Christina Hardyment se encontró en una encrucijada: tenía cuatro niños de menos de seis años.[1] (¿Cuatro por debajo de los seis años? ¿Es eso biológicamente posible? Solo con pensarlo me pongo a temblar.) Se sintió abrumada con los consejos de los médicos, las revistas y los libros. Y al final empezó a sospechar de ellos. «Mmm... —pensó, al igual que yo—. ¿De dónde proviene todo este conocimiento?»

Así que Christina emprendió un proyecto ambicioso. Leyó y analizó más de 650 libros sobre la educación de los niños, remontándose hasta mediados del siglo XVIII; alrededor de esa época, los «expertos» empezaron a escribir manuales para los «padres inteligentes», y el campo de la pediatría comenzó a surgir como una disciplina por sí misma.[2] El libro resultante, llamado *Dream Babies* [Bebés de ensueño], traza la historia de las recomendaciones de crianza desde John Locke en el siglo XVII hasta la aparición de Bill y Martha Sears en la década de los noventa.

La conclusión del libro es desconcertante: gran parte de las recomendaciones actuales sobre la educación de los hijos no se basan en «estudios médicos o científicos» ni en un conocimiento tradicional que se haya transmitido de abuelas a madres durante generaciones. En lugar de ello, gran parte de esos consejos provienen de panfletos de hace siglos —a menudo escritos por médicos, hombres— dirigidos a hospitales de niños abandonados, donde las enfermeras se ocupaban de docenas, cuando no centenas, de niños, todos a la vez. Con esos panfletos, los médicos, esencialmente, querían industrializar el cuidado infantil. Pero sus publicaciones encontraron otro público sediento: los exhaustos padres. Con el tiempo, la cantidad de panfletos y su influencia creció. Al final, se convirtieron en los libros de consejos para padres que leemos hoy, que son los «descendientes abultados de los libritos que los médicos del siglo xviii escribieron para las enfermeras de los hospitales para niños abandonados —escribe Christina—. Las técnicas de cuidado de los niños no han progresado hacia la mejora que sostienen algunos historiadores de la infancia, [sino que] siempre se han ajustado, de forma más o menos atractiva, a los tiempos que corrían».[3]

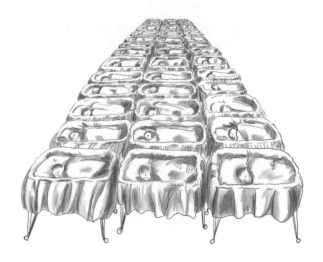

Tomemos, por ejemplo, la idea de que los bebés necesitan alimentarse según un horario: cada dos horas, como me dijo mi pediatra. Es una recomendación que, como mínimo, se remonta a 1748, cuando el doctor William Cadogan escribió un ensayo para las enfermeras del hospital de niños abandonados Coram de Londres, un hospital que admitía a casi cien bebés al día.[4] Era evidente que el personal de Coram no podía alimentar (o abrazar) a tantos niños cuando se ponían a llorar. De modo que el médico propuso que se les diera cuatro comidas al día, y reducirlas a dos o tres al cabo de tres meses. William, que, en principio, era un médico de guerra, se había dedicado a la pediatría después del nacimiento de su hija en 1746. Y llegó a esa disciplina con ciertos prejuicios misóginos: «Me complace presenciar que la preservación de los niños se ha convertido en el cuidado de los hombres sensatos. En mi opinión, esta actividad desgraciadamente se ha dejado en manos de las mujeres, a quienes no se les puede presuponer un conocimiento adecuado para la tarea».[5] (No importa que las mujeres se hayan dedicado a ello durante varios milenios en Europa y durante doscientos mil años en el resto del mundo.)

Unas décadas después de que William publicase sus recomendaciones respecto a los horarios de la comida, los médicos empezaron a dar directrices sobre el sueño, y a advertir sobre la creación de «malos hábitos». En 1848, el doctor John Ticker Conquest despreció completamente decenas de miles de años de historia y advirtió a las madres que no mecieran a los bebés para que se durmieran porque podían volverse adictos a ello. Una mecedora, escribió, es un aparato «ideado y fabricado para calmar a lunáticos furiosos».[6] Los expertos incluso empezaron a recomendar que los bebés estuvieran físicamente separados de sus madres por la noche, e incluso que estas dejaran de darles el pecho. «Aunque se reconoció el anhelo instintivo del niño por estar con su madre, era más importante inculcarle el conveniente hábito de dormir solo en la cuna», escribe Christina.[7]

¿Y qué hay de los hábitos para dormir? ¿Alguien adivina quién propuso esa técnica? Pues un médico reconvertido en escritor sobre armas y caza, como no podía ser de otra manera, que firmaba con el pseudónimo de Stonehenge. Si se deja «a los niños dormir en su cama, y les queda claro que no se saldrán con la suya si lloran, enseguida lo aceptan, y después de muy poco tiempo incluso están más dispuestos a dormir en su cama que en el regazo de su madre», escribió el doctor John Henry Walsh en su *Manual of Domestic Economy* [Manual de economía doméstica] en 1857.[8] Además de repartir consejos sobre cómo deben dormir los niños, John Henry también escribió varios libros sobre armas, entre ellos *The Shot-Gun and Sporting Rifle* [La escopeta y el rifle] y *The Modern Sportsman's Gun and Rifle* [Pistolas y rifles para el cazador moderno]. (Y perdió un buen pedazo de la mano izquierda cuando en una ocasión le explotó una pistola.)

Al final, esos libros influyeron en los padres. Por primera vez, los bebés y los niños no se iban a dormir cuando estaban cansados y se levantaban cuando habían reposado. Ahora los padres tenían que controlar, regular y cronometrar el tiempo de sueño de sus hijos, como hacían con un pavo metido en el horno. De repente, se impusieron todos esos requisitos y reglas sobre el sueño que nunca habían existido. Los padres se convirtieron en la policía del sueño. «La hora de dormir devino entonces una ocasión para demostrar quién era el jefe», escribe Christina.[9] Más tarde, las reglas sobre el horario de sueño adquirieron una pátina moral: si tus hijos no duermen según un horario óptimo, durante un tiempo óptimo, entonces no solo eres una mala madre, sino que —¡atención!— tendrán problemas a lo largo su vida, por ejemplo, problemas en el colegio, problemas para encontrar trabajo, problemas para... En fin, problemas. Muchos problemas.

Cuando acabé la lectura del libro de Christina, tenía una opinión diferente sobre el gráfico de la nevera. Ya no creía que los padres occidentales de hoy cuentan con los mejores consejos, recabados gracias a siglos de experiencia y luego perfeccionados por la ciencia. No estamos educando a nuestros hijos de una manera óptima. Nada más lejos de la verdad. Maldita sea.

Antes bien, en muchos casos, adoptamos cualquier consejo que han impreso en un papel, sin importar lo inefectivo que sea. «¡Rutina del sueño, rutina del sueño, rutina del sueño!», oigo por todas partes, desde a mis amigas hasta al pediatra. Pero si las rutinas del sueño funcionan tan bien, entonces ¿por qué mi casa parece una zona de guerra cada noche a las ocho? ¿Y por qué un libro titulado *¡Duérmete ya, joder!* ha vendido millones de ejemplares la última década?

De hecho, si profundizamos un poco en muchas de las recomendaciones de la educación occidental contemporánea, no sorprenderá lo endebles que llegan a ser sus fundamentos. Arraigaron en los padres no porque fueran efectivas o beneficiosas para los niños, sino más bien porque aprovecharon la oportunidad y se beneficiaron de una buena visibilidad.

Durante los últimos ciento cincuenta años, los padres occidentales han adoptado tres prácticas que se han convertido en fundamentales en nuestra relación con los niños. Son cuestiones que creemos que tenemos que hacer y que las hacemos sin pensar. Cuando nos fijamos en cómo aparecieron esas prácticas, se revela un patrón repetitivo.

N.º 1: Apocalipsis de chismes

Tomemos como ejemplo la plétora de chismes rosas, verdes y azules que se amontonan en un rincón del salón: ese centenar de objetos de plástico que tengo que recoger cada noche. Sí, me refiero a los juguetes (bloques de Lego y de Magna-Tiles, sobre todo). Doy bloques de Lego a Rosy porque creo que la ayudan a crecer y a desarrollarse cognitivamente, y porque quiero mantenerla ocupada. Pero no existe ninguna prueba científica de que los niños necesiten esos cachivaches. De hecho, es bastante probable que a Rosy le vaya mejor en la universidad, en su futuro trabajo y, en fin, en la vida en general, si prescinde de ese aluvión continuo de nuevos juguetes que abarrotan nuestra casa.

Entonces ¿por qué creo que es necesario darle puzles de trenes con letras, juegos de té y comida de madera que puede «cortar» con un cuchillo de madera falso? ¿Por qué todos esos objetos ocupan el apreciado espacio de nuestro apartamento de San Francisco?

La respuesta está más relacionada con la Revolución Industrial —y el creciente consumismo— que con la ciencia cognitiva o el desarrollo infantil.

A principios del siglo xix, todos los niños de Estados Unidos jugaban más o menos a lo mismo. Y es que, sin importar que fueran ricos, pobres o de clase media, no había juguetes en los hogares. Hacían lo que han hecho los niños durante doscientos mil años: creaban sus propios juguetes con objetos que encontraban en la casa o en el campo. «La falta de juguetes prefabricados no era una desventaja —explica el historiador Howard Chudacoff en su revelador libro *Children at Play. An American History* [Juego de niños: Una historia estadounidense]—. Incluso en las familias ricas, los juegos informales tenían más importancia que los juguetes formales. Caroline Stickney, nacida en

Connecticut e hija de un industrial papelero, confeccionaba ropa para sus muñecas con las telas descartadas [...], mientras que innumerables niños se hacían barcos y armas con palos y trozos de madera, y montaban cometas con papel, telas y cordeles que cogían de aquí y allí.»[10]

A mediados de ese siglo, surgió una nueva idea en psicología y se aunó con la Revolución Industrial, y desde entonces los niños occidentales no han vuelto a jugar ya de la misma forma. Los expertos en educación empezaron a defender el «uso de piezas, tanto en la escuela como en casa, para fomentar los valores de orden, así como la habilidad para construir» y el uso de «juegos de mesa para mejorar la capacidad de planificación y orden», escribe Howard.[11]

Unas pocas décadas después, la Revolución Industrial ingenió nuevas maneras de fabricar juguetes, muñecas, puzles y libros: al por mayor. Nunca había sido tan barato fabricar juguetes ni hacerlos tan atractivos para los niños. Eran más coloridos; las muñecas, más creíbles. Y se publicitaban mucho más ampliamente a padres predispuestos y con dinero en los bolsillos. Al mismo tiempo, los psicólogos empezaron a difundir que el juego era importante para el desarrollo infantil.[12] Aconsejaron a los progenitores que dejaran jugar a sus hijos, en lugar de ayudar en las tareas de la casa o en el negocio familiar.

El resultado fue una explosión de juguetes en los hogares de la clase media. Los «buenos padres» ya no dejaban que sus hijos se construyeran sus propios juguetes con retales de tela y trozos de madera, sino que los avasallaban diligentemente con la última versión fabricada de una cometa, una pistola, una muñeca o comida de mentira. Los juguetes, que antaño se habían considerado innecesarios, eran ahora esenciales.[13] Y el juego, antaño considerado la «forja del diablo», era ahora saludable y deseable.

Hay que resaltar que se observa el mismo patrón una y otra

vez en varios aspectos claves de la educación occidental. Aparece una práctica en un momento dado; a continuación los medios, los psicólogos, los pediatras y los expertos en salud la ensalzan, y, después, su importancia se amplifica con un producto que debe comprarse o con un libro de autoayuda que es imprescindible leer. La práctica se introduce en los hogares, colegios, iglesias y centros de salud, y al final está tan arraigada que apenas nos damos cuenta de que existe.

Esto se cumple especialmente en el segundo «fundamento» de la educación, que yo llamo «Aprender a espuertas».

N.º 2: Aprender a espuertas

La idea rondaba la cultura occidental desde hacía un siglo, pero fue en la década de los cincuenta cuando despegó como un cohete.

El 4 de octubre de 1957, la Unión Soviética sorprendió al mundo lanzando a la órbita de la Tierra el primer satélite artificial, el Sputnik 1. El logro «dejó anonadados a los expertos en educación, profesores y propagandistas de la Guerra Fría», escriben las periodistas Barbara Ehrenreich y Deirdre English en su libro *Por tu propio bien: 150 años de consejos expertos a las mujeres*.[14] Un coro de autoridades culpó a los padres estadounidenses de carecer de la destreza de sus homólogos soviéticos, que, a todas luces, habían educado a sus hijos para superar a los niños de Estados Unidos en innovación y conocimientos académicos: «Al menos algunos de los niños rusos eran más creativos e imaginativos que sus homólogos estadounidenses».[15]

El Sputnik 1 generó casi al instante una sensación de pánico y alarma.[16] Los niños de Estados Unidos estaban quedándose rezagados con respecto a los rusos, y si la democracia y el libre

albedrío debían sobrevivir, por Dios, la juventud estadounidense —desde los bebés hasta los adolescentes— tenía que aprender más, más rápido y más pronto. «Johnny tiene que aprender
a leer [...], o acabaremos en un mundo donde ya nadie escriba
en inglés», afirmaba un anuncio estatal en *Newsweek* y *Reader's
Digest* poco después del lanzamiento del satélite.

    ¿Y alguien adivina quién asumió la carga de enseñar al pe-
queño Johnny a leer? Su madre, por descontado. «Su tarea era
mantener el aparato sensorial del niño a pleno funcionamiento a
todas horas», escriben Barbara y Deirdre. Se esperaba que las
madres «crearan un entorno atractivo, lleno de sonidos y color,
y siempre cambiante.»[17]

    Ya no les bastaba a los progenitores con hacer galletas con su
hijo de cuatro años, también había que darle una lección mate-
mática sobre las fracciones. Cada paseo por el bosque se convertía en una clase práctica de ciencia. Cada cuento antes de ir
a dormir era una oportunidad para poner a prueba el vocabulario del niño. Cualquier momento era adecuado para estimularlo,
y cuanto más, mejor. Y si los padres no lo hacían, no solo los
comunistas conquistarían el mundo, sino que el pequeño Johnny no entraría en la universidad.

    En la década de 1960, los expertos en educación utilizaron
la culpa, la vergüenza y el miedo para cargar a los padres con una
nueva tarea: estimular, instruir y enseñar a los niños, en todo
momento. Esta perspectiva que exigía mucha energía y muchas
palabras se enquistó en la cultura estadounidense. Es algo que
damos por sentado. Por supuesto que papá está dando al niño
una lección de física de primer nivel en el parque. Por supuesto
que empecé a leer cuentos a Rosy cuando tenía dos meses y sigo
haciéndolo ahora, cuando tiene tres años. Por supuesto que tenemos 143 libros infantiles en casa. No solo es normal: es beneficioso, es óptimo.

También es agotador (para madres, padres y niños). Y no es suficiente porque, además de la estimulación y las lecturas, tenemos que hacer algo más... constantemente.

N.º 3: Elogios, elogios y más elogios

A finales del siglo xx, la sociedad todavía cargó con otra responsabilidad a los padres. Una responsabilidad verdaderamente delirante.

Los elogios a los niños son tan ubicuos que ni nos damos cuenta. Pero si prestamos atención, incluso si empezamos a contarlos, cuesta creer con cuántos elogios apabullamos a los niños. Vamos a la oficina de Correos, Rosy pone un sello en la carta y el dependiente actúa como si mi hija acabara de lograr la paz en Oriente Medio: «¡Maravilloso! ¿Has pegado el sello en la carta? Qué niña tan buena que eres».

La verdad es que yo elogio a Rosy sin pensarlo. «¡Uau! ¡Has escrito una "R". Es preciosa.» «¡Te has puesto los zapatos! ¡Es hora de bailar!» «¡Has dibujado un corazón! ¡Menuda artista estás hecha!» Y la lista es interminable.

¿Por qué lo hago? Porque los libros, artículos, psicólogos y pediatras de los ochenta y los noventa empezaron a decir a los padres que si no elogiaban a sus hijos *ad nauseam* les ocurriría algo horrible: herirían su incipiente autoestima.

Para definir la «autoestima» se debería escribir otro libro. Pero definámosla de esta manera: la autoestima es una creación cultural, no un universal humano. El concepto se infiltró en la cultura popular estadounidense durante la década de 1960, luego se apropió de nuestras mentes, las escuelas y los hogares dos décadas después, como si fuera una venganza largo tiempo esperada (se convirtió en un elemento clave de la multimillonaria industria de la autoayuda). Probablemente, solo en la cultura occidental existe el concepto de «autoestima», y sin duda la nuestra es la única que exige que los padres la mantengan y la fomenten en los hijos. En Estados Unidos, se hace creer a los padres que deben nutrir una autoestima «saludable» en sus hijos, o en caso contrario estos sufrirán todo tipo de problemas sociales y emocionales, entre ellos, el fracaso escolar, la adicción al alcohol y las drogas, el crimen, la violencia y el embarazo infantil.[18]

Pero si nos fijamos de verdad en los datos que relacionan una autoestima baja con todos esos problemas, los estudios son bastante precarios.[19] Las conexiones causales son endebles, chapuceras o inexistentes. A pesar de ello, la falta de pruebas no impidió que los expertos aleccionaran a los padres al respecto de cómo evitar que ese negro futuro se cerniera sobre sus hijos. Recomendaron una medida sorprendentemente simple: elogiar un montón a los niños e ignorar sus errores. «Conminaron a los padres a que elogiaran a sus hijos en cualquier ocasión, que apenas los criticaran, que solo fomentaran la disciplina si no perjudicaba la autoestima, que los animaran a expresarse y a probar nuevas cosas», escriben las psicólogas Peggy Miller y Grace Cho en su excelente libro *Self-Esteem in Place and Time* [La autoestima en tiempo y lugar], publicado en 2017.[20]

Nadie sabe qué efectos tienen todos esos elogios —y la falta de crítica— en los niños, escribieron. La ciencia no parece ponerse de acuerdo al respecto. En algunos casos, los elogios motivan a los niños para aprender y comportarse. En otros, no obstante, el elogio es desmotivador. El resultado depende de un amplio abanico de circunstancias: qué acciones elogiamos, en qué medida cree el niño que se merece el elogio, cómo los criticamos, la edad y la personalidad del niño, la relación que tenemos con él, etcétera.

Y cuando hay muchos más elogios que críticas —cuando los padres pasan por alto los errores y los defectos—, Miller y Cho temen que los padres se estén complicando la vida a largo plazo.[21] Estarán enseñando a los niños a centrarse en sí mismos y a competir con sus hermanos por los elogios y la atención de los adultos. Es posible que, al crecer, sean más vulnerables a la depresión y la ansiedad.

Según mi experiencia, los elogios solo consiguen que Rosy sea más pesada. Me sigue por todas partes, buscando atención y elogios en todo momento («¡Mamá, mira!»). Además, estimular constantemente su autoestima me resulta agotador. Como señalan Miller y Cho, se exige que los padres «dediquen mucho tiempo y energía a supervisar el comportamiento de los hijos».[22]

Y cuando nos fijamos en otras culturas —y en otros momentos de la historia—, vemos que nuestro método educativo (montones de elogios, poca o ninguna crítica y solicitar a todas horas las preferencias de los niños) es único. Se podría sostener que nadie más actúa así. En otras culturas, los padres elogian muy poco, o no elogian en absoluto. Y, sin embargo, sus hijos crecen con todos los fundamentos de una salud mental robusta, así como con mucha empatía. Es más, como se verá en este libro, los niños que reciben pocos elogios poseen más confianza y fortaleza mental que sus homólogos estadounidenses, a los que los adultos colman con alabanzas.

Francamente, después de leer el libro de Miller y Cho, experimenté un gran alivio. Por primera vez desde que nació Rosy, sentí que no tenía que elogiar cuanto ella hiciera. Que su autoestima no era un huevo de Fabergé que podía romperse en cualquier momento. Podía estar con Rosy y olvidarme de tanta charla. Podía sentarme con ella en el autobús y dejar de sentir la necesidad de decirle «¡Buen trabajo!», o de darle una clase de física sobre el movimiento de las ruedas del autobús. El tiempo que pasamos juntas empezó a parecerse más al tiempo que pasaba con mi abuelo cuando era una niña: calmado, tranquilo, sin presión por hacer nada.

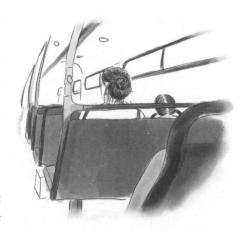

Y ocurrió algo curioso. Después de más o menos una semana sin que le elogiara nada, noté que mis palabras se habían vuelto más efectivas. Cuando le decía algo, mi hija estaba más predispuesta a escucharme. La avalancha constante de elogios enterraba lo que de verdad quería que escuchara. Sin la sobreabundancia de comentarios, para Rosy era más fácil comprender cuándo tenía que escuchar y ser más cooperativa. Incluso me resultó más fácil lograr que se cepillara los dientes por la noche.

En su ensayo superventas *Sapiens*, Yuval Noah Harari sostenía que el progreso de la humanidad era una ilusión. Y, en muchos aspectos, la tecnología y la ciencia han provocado que nuestra vida sea más complicada, no más sencilla. Por ejemplo, el correo electrónico. Es una tecnología que, sin duda, ha hecho que las comunicaciones sean más rápidas, pero ¿con qué coste? ¿Nuestra vida es más relajada ahora? «Por desgracia, no», afirma Yuval. Cada día inundan nuestras bandejas de entrada (y nuestra mente) cientos de correos que esperan una respuesta rápida. «Pensábamos que íbamos a ahorrar tiempo [con las nuevas tecnologías]; en lugar de ello, hemos multiplicado por diez el ritmo de la vida y nos sentimos más ansiosos e inquietos.»[23]

Se podría afirmar lo mismo sobre la educación de los hijos. A medida que hemos acumulado más tecnologías, productos y conocimientos psicológicos, nos hemos complicado más la vida. Esperamos que los niños estén activos en todo momento, que obedezcan de buena gana cada orden y que superen etapas lo más pronto posible. Hemos multiplicado el ritmo educativo por diez y, en efecto, nos sentimos más ansiosos e inquietos.

En otras palabras, después de dedicar cada vez más recursos a los niños, ¿somos mejores padres, o solo padres más agotados? Es posible que en el proceso hayamos perdido conocimientos y algunas técnicas educativas básicas que poseían nuestros ancestros, y también nuestros abuelos. Técnicas que nos permitían criar a los niños con más armonía, calma y eficacia, y que hacían que ser padre o madre fuera algo mucho más placentero.

Ahora tenemos la oportunidad de recuperar esas habilidades, y aprender algunas otras más.

Para ello, vamos a cambiar de perspectiva. Vamos a expandir el círculo de expertos en educación de los niños. En lugar de basarnos únicamente en los expertos en medicina, los científicos y los médicos reconvertidos en escritores de temas de caza, aprenderemos de los superpadres del mundo, cuyas herramientas y técnicas rebosan de lo que carecen las herramientas contemporáneas: tiempo y números. Sus estrategias se han seleccionado y probado con millones de niños durante miles, cuando no decenas de miles, de años, lo cual constituye la mejor prueba e investigación que un progenitor puede desear.

¿La primera parada? La casa de María en Yucatán, donde hemos visto que su hija preadolescente, Ángela, se levantó una mañana e, inmediatamente, se puso a lavar los platos sin que nadie se lo pidiera.

¡Un momento! ¿La ciencia no puede indicarme cómo educar?

Cuando supe que estaba embarazada, me sentí en la Luna. No, mejor, en la Vía Láctea. De verdad. Mi marido y yo habíamos intentado tener un hijo durante seis años. Y, con ayuda de las últimas innovaciones científicas, al final logramos ver aquellas dos franjas rosas en la prueba de embarazo.

Ocho meses después y con veinticinco kilos más, pensaba que estaba lista para ser madre: la mejor madre del mundo. Acababa de volver de hacer un reportaje sobre el brote de ébola, en el que no sentí miedo ni ansiedad. «Ser madre no puede ser más duro que esto», pensé. (Oh, pobre ingenua.)

Además, tenía una estrategia infalible. Resolvería cualquier problema educativo igual que resuelvo todo lo demás: con ciencia. ¿El bebé no duerme? Ningún problema. Habrá un artículo de investigación que me mostrará una estrategia óptima. ¿La niña se agita en plena calle como si fuera un pez fuera del agua? No hay de qué preocuparse. Seguro que los psicólogos han descubierto una manera fácil de parar atajar los berrinches, y sin duda estaba respaldada por un montón de datos de calidad.

Así que, antes de que Rosy naciera, me compré una colección de libros sobre niños, y me tranquilizó ver los montones de referencias que había en las últimas páginas. La ciencia iba a ser mi ángel salvador. (¿O era un canto de sirena?)

Dos meses después de ser madre empecé a toparme con obstáculos, obstáculos graves. Dar el pecho resultó ser imposible. Tanto Rosy como yo necesitamos un esfuerzo hercúleo para sobrevivir a las primeras seis semanas. Después de superar ese escollo, nos dimos de bruces con el siguiente gran problema: dormir. No conseguía que la pequeña diablilla se durmiera. Claro que se dormía sobre mi pecho, en mi regazo e incluso en mi espalda. Pero era dejarla en su cuna y... ¡estallaba la guerra! Incluso nuestro pastor alemán empezó a esconder la cabeza debajo de la cama para huir del escándalo.

Una y otra vez, las estrategias basadas en pruebas no eran de mucha ayuda. Terrible, lo sé. En ocasiones funcionaban durante una semana o un mes, pero el efecto siempre se desvanecía y volvíamos al punto de partida.

Así que empecé a investigar las referencias que aparecían en las notas al final de aquellos libros. Y de inmediato comenzaron a sonar las alarmas en mi cerebro carente de sueño. Tal vez solo había dormido veinte horas durante la última semana, pero mi cerebro científico no era una piltrafa completa. Pude darme cuenta de que muchos de los estudios contenían defectos graves, en diversos aspectos. Empecé a cuestionar esos descubrimientos y a dudar de que las estrategias fueran efectivas. «¿De verdad la ciencia puede enseñarme a ser una madre mejor?», me pregunté. No cabe duda de que la ciencia, con las vacunas y los antibióticos, ayuda a que Rosy tenga una buena salud física. Pero ¿qué ocurría con su salud mental y emocional? ¿La ciencia podía enseñarme cómo conseguir que mi pequeña se durmiera con más facilidad? ¿Cómo evitar que tirara la comida? ¿O qué hacer cuando te levantas una mañana y ves a tu hija de dos años echar a correr por la acera en pelotas? ¿Me enseñaría cómo criar a una niña amable y cooperativa?

Hice esas preguntas al psicólogo Brian Nosek de la Universidad de Virginia. Se rio un poco, y después dijo algo que nunca olvidaré: «Las preguntas sobre cómo educar a los hijos son de las más difíciles de responder para la ciencia. Enviar un cohete a Marte es sumamente fácil en comparación».[24] Los padres esperan demasiado de la ciencia cuando quieren que esta resuelva los berrinches de sus hijos o que enseñe a los críos a ayudar, afirmó. Incluso en el siglo XXI, los científicos carecen de los medios para responder preguntas tan complejas.

Brian me explicó que los estudios sobre cómo educar a los hijos suelen tener un problema básico: se quedan cortos. Es exactamente como me sentía como madre: me quedaba corta. No daba abasto e intentaba hacer más de lo que me permitían las herramientas a mi alcance. Muchos experimentos de psicología adolecían del mismo problema. Trataban de extraer muchas conclusiones con muy poca información.

En muchos casos, los investigadores no experimentan con suficientes niños o familias para saber cuál es la mejor estrategia. A menudo, solo se ocupan de una docena de niños, e incluso los estudios más «amplios» solo se centran en unos pocos centenares, no en los miles o decenas de miles que les permitirían extraer conclusiones reales sobre la educación de los hijos. Estudiando pocos niños, no puede afirmarse con seguridad que algo funciona o no, o qué probabilidades hay de que funcione con otros niños.*

Los estudios poco fundamentados hacen que los datos se distorsionen. En palabras de Brian: «Es como tener un telescopio de corto alcance para estudiar la galaxia».[25] Los objetos del espacio son borrosos, se confunden. Los anillos de Saturno no se distinguen del planeta. Algunas de las lunas de Júpiter desaparecen. Y el cinturón de asteroides se convierte en una franja opaca.

Un investigador puede redactar y publicar esos resultados. Pero ¿y si a alguien se le ocurre utilizar un telescopio más potente? Caramba. Parece que Júpiter sí que tiene lunas y que el cinturón de asteroides no es un cinturón, sino más bien una serie de rocas suspendidas. El primer estudio está totalmente equivocado. Y la conclusión inicial queda descartada.

Lo mismo ocurre con infinidad de estudios sobre la educación de los niños. Los datos que fundamentan las recomendaciones a menudo son tan escasos que cuando aparece otro estudio, más profundo, los científicos no solo deben retractarse de la recomendación inicial, sino que tienen que abogar justamente por lo contrario.

Esos cambios drásticos pueden frustrar a los padres y tener repercusiones graves en los niños.

Es precisamente lo que ocurrió con la alergia al cacahuete. En el año 2000, la Academia Estadounidense de Pediatría recomendó a los padres que no dieran crema de cacahuete a sus hijos porque varios estudios habían apuntado que una exposición temprana podía aumentar el riesgo de desarrollar una alergia a los cacahuetes.[26] Después, no obstante, aparecieron estudios más profundos y extensos.[27] Y demostraban precisamente lo contrario: la exposición a los cacahuetes desde una edad temprana reduce el

---

* Al final, las investigaciones acaban siendo lo que los científicos llaman «irreproducibles». Es decir, si se lleva a cabo el experimento por segunda vez, la respuesta será diferente o los hallazgos no se sostendrán. En 2015, Brian y sus colegas publicaron un estudio según el cual solo el 60 por ciento de las investigaciones son reproducibles. Y la perspectiva de las investigaciones en psicología social —que se ocupa de las relaciones— es todavía peor. Descubrieron que solo el 20 por ciento de ellas son reproducibles.

riesgo de que el niño desarrolle alergias a estos. La recomendación inicial estaba equivocada. Veinte años después, la comunidad médica ha dado un giro de ciento ochenta grados y ahora recomienda que los padres introduzcan la crema de cacahuete en la dieta del bebé, entre los cuatro y los seis meses.[28]

Al final, es probable que la recomendación errónea contribuyera al aumento de las alergias a los cacahuetes durante las últimas dos décadas. Entre 1999 y 2010, han pasado del 0,4 al 2 por ciento, según el Instituto Nacional de la Salud.[29]

Incluso cuando los estudios están bien fundamentados —y cuentan con pruebas sólidas—, en muchas ocasiones no nos dicen a los padres lo que de verdad queremos saber: si una herramienta o una estrategia funcionará con nuestros hijos. Solo porque algo funcione en un laboratorio o con un reducido grupo de niños no significa que sea útil con nuestro hijo, en casa. Como mucho, los estudios sugieren qué puede funcionar, de media. De manera que una herramienta puede servir para una cuarta parte de las familias, pero no para las demás; de hecho, para algunas podría ser negativa.

Por lo tanto, Brian recomienda que los padres seamos cautos con las nuevas ideas que aparecen en los estudios, sobre todo cuando no hay pruebas lo bastante sólidas o cuando el tamaño de la muestra es pequeño.[30] Por su parte, las figuras influyentes como los pediatras, los expertos en salud pública, los periodistas y los autores de libros (como esta humilde servidora) deben ser más prudentes al promocionar tales ideas. Tenemos que comprender la incertidumbre de cualquier conclusión científica. Brian añadió: «Con todo, en la ciencia, la humildad es buena».

SEGUNDA PARTE

El método maya

T rabajar juntos
E
A
M

Si un niño se comporta mal, necesita más responsabilidades.

3

Los niños que más ayudan en el mundo

Una mañana de junio, Rosy y yo nos subimos en un avión en San Francisco y, seis horas más tarde, aterrizamos en el calor abrasador de Cancún. Alquilo un Nissan marrón y nos dirigimos al oeste, hacia el centro de la península de Yucatán. Unas pocas horas después, encontramos un puesto que vendía flamencos de plástico rosas, hay una docena. Reconozco esta amigable fila de soldados de mi último viaje. «Exacto —me digo—, aquí es donde nos desviamos de la carretera principal.»

Giramos a la izquierda, entramos en un camino de tierra y avanzamos sorteando baches a sesenta kilómetros por hora. Pasamos delante de algunas viviendas con techos de paja y con gallinas merodeando alrededor. Pasamos frente a un puesto que vende miel maya y, en un momento dado, paramos para dejar pasar a una familia de cabras.

Me vuelvo y veo que Rosy se ha quedado dormida en el asiento para niños, abrazada a su osito. Con sus rizos rubios y sus mejillas sonrosadas, parece un ángel cuando duerme.

El camino empieza a estrecharse. Las enredaderas y las ramas arañan las ventanillas a medida que trato de evitar los baches. Sin civilización a la vista, empiezo a ponerme nerviosa. «¿Me he equivocado de camino?»

De repente, el camino da paso a un gran claro, del tamaño

de un campo de fútbol, y veo enfrente lo que parece un brontosaurio de dos cabezas. Un brontosaurio rosa. Es una iglesia es-
pañola del siglo XVIII con dos torres que se elevan veinte metros
y están pintadas completamente de rosa.

Siento que mi rostro se transforma en una sonrisa. «Por fin
hemos llegado —pienso—. Y me encanta este lugar.»

Estamos en el centro de Chan Kajaal,* una diminuta aldea
maya ubicada en la selva tropical, no muy lejos de la antigua pi-
rámide de Chichén Itzá. El mercurio llega a los treinta y ocho
grados y el sol de la tarde convierte el ajetreado pueblo en un
horno. En una esquina, un carnicero despedaza un cerdo que
acaban de matar. Al otro lado de la calle, una niña de unos seis
años carga con un saco de maíz para venderlo en la tortillería.
Varios adolescentes charlan alrededor de una ranchera azul brillante. Me fijo en que les sobresalen los móviles de los bolsillos.
Detecto un ligero olor a humo en el aire.

* Para proteger la privacidad de las familias que aparecen en este libro, el
nombre del pueblo es inventado.

Estamos a menos de tres horas del centro turístico de Cancún, pero esta comunidad parece vivir en otro mundo. Aquí no hay aire acondicionado. La conexión wifi no es buena. De modo que la vida tiene lugar en el exterior. Y, con ella, esta sensación cálida y maravillosa de que todos los que te rodean son de tu familia y que puedes contar con ellos.

Allí donde miro, hay personas: paseando, parándose, charlando. Las hermanas mayores acompañan a las menores de casa al colegio, cargando con los libros. Una abuela, con el pelo grisáceo recogido en un moño perfecto, pone semillas de calabaza en la acera para que se sequen. Los niños zigzaguean con los triciclos y las bicicletas. Los chicos pasan volando con las motos. Entre todos ellos, padres y madres montan en grandes triciclos con remolque delantero, lleno de niños, alimentos y garrafas de agua.

La aldea circunda un estanque subterráneo de agua fresca llamado cenote. Durante siglos, las familias mayas han extraído agua para sus nece-sidades, para los animales y los jardines. El agua fresca también nutre la vegetación y la fauna de la zona. Las hojas de las palmeras tienen el tamaño de una oreja de elefante. Enormes mangos se alzan en los patios como globos de hidrógeno. Y los pájaros —¡santo cielo, hay muchísimos pájaros!— cantan con todo su corazón desde todos los árboles.

La mayoría de los hogares familiares son construcciones pequeñas compuestas de varias viviendas de reducidas dimensiones. Por lo general, las cocinas están construidas con tablones de madera a modo de muros y con techos de paja, mientras que los dormitorios se edifican con bloques de hormigón. Con frecuencia, hay un cobertizo en los patios donde se almacena el maíz, un gallinero para las gallinas y unos cuantos árboles frutales, entre ellos bananos, naranjos y guanábanas, que tienen una carne blanca y blanda que es tan ácida como un Sour Patch Kids.

Después de dar una vuelta por el pueblo, nos dirigimos a una callejuela oscura, a la sombra de un framboyán de Madagascar enorme. Siento que nos estamos acercando. En un patio, una mujer joven lava unos tejanos en un balde con agua jabonosa. Un pavo real extiende las plumas de su cola cerca de una valla. Luego, un poco más arriba, la veo: una casa turquesa con ventanas de marco blanco. El corazón se me acelera un poco.

—Despierta, Rosy. Despierta —digo—. He aquí por lo que hemos recorrido cinco mil kilómetros.

—¿Qué, mamá? ¿Qué es? —pregunta.

—Es la casa de María —respondo—. Me va a enseñar todo sobre el «acomedido». Y cómo enseñártelo a ti. ¿Estás lista?

Durante las últimas cuatro décadas, los antropólogos han venido a la aldea de Chan Kajaal para estudiar cómo aprenden los niños de sus familias y la comunidad. Los padres de este lugar han averiguado algo por lo que los padres estadounidenses (entre los que me incluyo) darían su dedo meñique: cómo lograr que los niños hagan sus tareas voluntariamente. Los niños mayas, como los de otras comunidades indígenas en México, hacen un montón de trabajo en la casa. Lavan la ropa, ayudan a cocinar, friegan los platos y cuidan el jardín. También preparan tortillas para venderlas en el mercado el fin de semana, cortan la carne del cerdo y la cocinan, y se ocupan de sus parientes mayores y de sus hermanos pequeños. Son competentes, autónomos y prestan una ayuda increíble. Y, en la mayoría de los casos, hacen todo eso sin que nadie tenga que pedírselo, sin que nadie tenga que amenazarlos o recompensarlos con algo. No hay estrellas de oro. Ni pagas. Ni promesas de un helado.

La psicóloga Lucía Alcalá ha estado en la vanguardia de estas investigaciones, primero como estudiante en la Universidad de California, Santa Cruz, y ahora como profesora en la Universidad Estatal de California, Fullerton. En un estudio, Lucía y sus colegas entrevistaron a diecinueve madres de otro grupo indígena de México, los nahua.[1] Les hicieron una serie de preguntas sobre la ayuda que prestaban sus hijos de entre seis y ocho años en las tareas de la casa. ¿Con qué frecuencia lo hacían? ¿Qué hacían? ¿Y con qué frecuencia lo hacían voluntariamente? Las respuestas de las madres fueron reveladoras.

Una madre contó a los investigadores que su hija de ocho años llega del colegio y le dice: «Mamá, te voy a ayudar con todo». Después «se pone a recoger toda la casa, voluntariamente», refleja el estudio.[2]

A medida que crecen, su ayuda se vuelve más compleja y extensa. «La madre llega del trabajo y está agotada —explica Barbara Rogoff, de la Universidad de California, Santa Cruz, que colaboró en el estudio con madres nahuas de Guadalajara—. La madre cae rendida en el sofá. Y la hija dice: "Mamá, estás muy cansada, pero la casa se tiene que limpiar. ¿Qué te parece si ponemos la radio, yo me ocupo de la cocina y tú del salón, y en un momento lo tenemos todo listo?".»[3]

En general, esos niños han aprendido a realizar tareas complejas, como cocinar y cuidar de sus hermanos, sin la supervisión de un adulto. Tres de cada cuatro madres afirmaron que sus hijos normalmente «tomaban la iniciativa» en las tareas domésticas.[4] El niño ve qué se tiene que hacer, se levanta y lo hace. Ven platos en el fregadero y los lavan. Ven el salón desordenado y lo ordenan. Y si uno de sus hermanos empieza a llorar, van a buscarlo, lo cogen en brazos y se lo llevan afuera para jugar, sin que su madre tenga que mandarles nada.

Lucía me explica que los padres enseñan a sus hijos una habilidad que es mucho más compleja que saber lavar los platos o la ropa: les enseñan a prestar atención a su alrededor, reconocer qué falta por hacer y luego hacerlo.[5]

«Les enseñan a ser miembros de familia responsables. Quieren que entiendan cuándo alguien necesita ayuda, que estén atentos a lo que ocurre a su alrededor, que pasen a la acción —dice Lucía. Y es una habilidad que también les permite saber cuándo no ayudar—. Así no interfieren en la cohesión del grupo ni en su dirección.»

«Es una habilidad que dura toda la vida: comprender lo que te rodea y saber qué hacer», añade.

Esta habilidad —prestar atención y después actuar— es un valor y un objetivo tan importante para los niños que muchas familias en México le han dado un nombre: ser acomedido.[6]

La idea es compleja: no se trata solo de hacer una tarea porque alguien nos lo ha pedido, sino que consiste en saber qué tipo de ayuda es la necesaria en un momento particular, porque estamos prestando atención.[7]

En el mismo estudio, Lucía y su equipo también entrevistaron a catorce madres de Guadalajara que tenían unos antecedentes más occidentales.[8] Es decir, que habían vivido en la ciudad durante varias generaciones y tenían pocos vínculos con las comunidades indígenas. ¿Alguien adivina cuántas de esas madres afirmaron que sus hijos «tomaban la iniciativa» de manera habitual? Cero. Los niños cosmopolitas no solo hacían menos tareas domésticas, y menos complejas, sino que, además, en general había que pedírselo. Alguna madre aseguraba que debía esforzarse para convencer a su hijo de que la ayudara, negociando mucho o pactando programas de tareas. También afirmaban que necesitaban más recompensas o regalos para motivarlos. (Los padres, con independencia de sus antecedentes, decían que a veces debían presionar a los niños privándolos de privilegios, como la televisión.)

Pero esta es la parte que me deja de piedra: en muchos casos, ¡los niños mayas y nahuas disfrutan haciendo las tareas! Los padres no solo les han enseñado a ser acomedidos, sino que los niños saben valorar su trabajo y se enorgullecen de sus contribuciones al hogar.[9] Ayudar con las tareas es un privilegio.

Los padres no tienen que sobornar o presionar a sus hijos porque estos ya sienten una motivación personal para contribuir. Quieren ayudar a sus familias y quieren trabajar juntos como un equipo.

Por esa razón había vuelto yo a Chan Kajaal, para descubrir cómo suscitaban esa motivación en sus hijos. ¿Cómo despiertan su deseo innato de ayudar?

Con el tiempo, descubrí que su método para motivar no es exclusivo de las comunidades mayas o nahuas, en absoluto. Más bien se trata de un método fundamental que los progenitores de todo el mundo emplean para transmitir los valores básicos de su cultura.

Tomar la iniciativa para ayudar en casa es un valor fundamental de las comunidades mayas, algo que padres y madres enseñan intencionadamente a sus hijos. En la cultura occidental también tenemos ese valor, pero, en muchos casos, los padres han olvidado cómo transmitirlo a los hijos. Y esta pérdida ha hecho que nuestras vidas sean mucho más difíciles.

Porque cuando transmitimos el valor de la ayuda a un niño, obtenemos muchos beneficios adicionales. Los niños tienen mejor salud mental y son menos irritantes. ¿Por qué? Porque cuando los niños aprenden a ser serviciales también aprenden a cooperar y a trabajar en equipo con nosotros. Así que, cuando papá se pone la chaqueta por la mañana y sale de casa, el niño lo sigue sin lloriquear ni quejarse.

Cómo enseñar a los niños a que hagan tareas domésticas voluntariamente

> Desde el primer día, cuando son pequeños, empiezas a enseñarles cómo ayudar.
>
> MARÍA

María de los Ángeles Tun Burgos es la supermamá perfecta para enseñarnos cómo criar niños que ayuden en casa y que, además, se enorgullezcan. No cabe duda de que lo ha hecho muy bien con su hija mayor, Ángela, que no solo lava los platos de manera voluntaria, sino que también limpia la casa cuando su madre sale a hacer recados. María tiene dos hijas más —de cinco y nueve años, respectivamente— que están en diferentes fases del proceso de aprendizaje, de modo que podemos observar cómo modifica la formación a medida que las niñas crecen.

Porque hay un requisito para que aprendan a hacer las tareas de manera voluntaria: se necesitan años para aprender, me dice María. «Hay que enseñar lentamente, poco a poco, y, al final, acaban por comprender.»

En este aspecto, enseñar a un hijo a ser servicial se parece a enseñarle a leer o matemáticas. No podemos esperar que dándole algunas instrucciones verbales y colgando una tabla en la nevera nuestro hijo sepa, sin más, que $3 \times 3 = 9$ y que $8 \times 4 = 32$.

Lo mismo sucede con las tareas. No podemos colgar un programa de tareas y esperar que nuestro hijo de cuatro años lave los platos los martes y los jueves sin que tengamos que pedírselo. Como dice María, hay que enseñar poco a poco. Hay que entrenar. El niño no solo tiene que aprender cómo hacer las tareas, sino también cuándo, y por qué hacerlas es importante y beneficioso para la familia, y para él mismo.

Si reflexionamos un poco, un programa de tareas, de hecho, podría impedir que el niño aprenda a ser acomedido. ¿Por qué? Porque el objetivo es que los niños presten atención a lo que los rodea y que aprendan a identificar cuándo hay que hacer algo específico. Si el programa le indica que debe lavar los platos el martes, barrer el miércoles y sacar la basura el viernes, entonces el niño llegará a la conclusión de que solo tiene que hacer esas tareas. Por lo tanto, no prestará atención a cómo está la casa en otros momentos, o incluso supondrá que no debe hacer las tareas que no aparecen en el programa. El niño aprende justamente lo contrario de ser acomedido, es decir: «Tu única responsabilidad es la que está en el programa».

De la misma forma que los padres enseñan a sus hijos matemáticas, María sigue un proceso particular para que sus hijos sean acomedidos. Se puede descomponer en tres ingredientes o pasos clave. Como veremos a lo largo del libro, estos tres ingredientes forman una receta muy efectiva para transmitir valores a los niños. Las culturas de todo el mundo, incluida la occidental, utilizan esta receta para enseñar a los niños cualquier habilidad o valor.

Puesto que son unos pasos esenciales en la educación de los niños, vamos a dedicar un capítulo a cada uno de ellos y luego los retomaremos para recopilar lo que hemos aprendido. Ahora nos ocuparemos del primer paso, y, en los siguientes dos capítulos, del segundo y el tercero.

Vamos allá.

Para una madre occidental como yo, el primer paso va contra toda lógica. Tenemos que hacer casi lo contrario de lo que parece natural: encargar las tareas al miembro menos competente de la familia.

Paso 1: Valora a los Niños Pequeños, S. A.

Cuando pregunto directamente a María cómo educa unos hijos tan serviciales, me presenta el concepto que yo he denominado «Niños Pequeños, S. A.». Sí, me refiero a los niños que balbucean, titubean y caminan como un borracho, los que tienen entre uno y cuatro años. Me refiero a la misma población de humanos diminutos que solemos relacionar más con la palabra «terrible» que «servicial».

María me cuenta que esas torpes personitas son clave para criar personas serviciales hechas y derechas. Para explicarlo, se refiere a su hija pequeña, Alexa.

—Haga lo que haga, Alexa también quiere hacerlo. Cuando preparo tortillas, Alexa empieza a llorar si no le dejo hacer tortillas. Y después siempre me pide la escoba para barrer.

—¿Cómo reaccionas? —pregunto.

—Le dejo hacer las tortillas y le doy la escoba para que barra.

—¿Y de verdad te ayuda y barre?

—No es lo importante. Ella quiere ayudar de alguna manera, así que se lo permito —dice sentada en una hamaca y con las manos en el regazo.

—Siempre que quiere ayudar, ¿se lo permites? —le pregunto, todavía sin comprender—. ¿Aunque lo deje todo patas arriba?

—Sí. Así es como se enseña a los niños.

Si nos fijamos en las familias de diversas partes del mundo —ya sea que cultiven maíz en Yucatán o escriban libros en Silicon Valley—, sus hijos pequeños tienen dos rasgos en común. El primero son las pataletas.[1] Sí, las pataletas son bastante inevitables, vivamos donde vivamos, según revelan los datos etnográficos. Pero el segundo rasgo común es un poco más sorprendente: los niños pequeños de cualquier lugar quieren ayudar, y lo quieren de verdad.[2]

Los niños pequeños son ayudantes natos.[3] Y están impacientes por acabar la tarea y decir: «Lo he hecho yo solo». ¿Hay que barrer la cocina? ¿Lavar los platos? ¿Cascar un huevo? No hay problema. Niños Pequeños, S. A. acudirá de inmediato. ¡Atención! Aquí llegan.

En un estudio se observó que niños de una veintena de meses dejaban de jugar con un juguete nuevo y cruzaban la habitación para ayudar a un adulto a recoger cosas del suelo. Nadie les pidió ayuda y no necesitaron recompensa alguna. En realidad, según ese estudio, era menos probable que ayudaran una segunda vez si se les daba un juguete como recompensa. ¡Eso es ser servicial!

Nadie comprende muy bien por qué los niños pequeños tienen esa motivación para ayudar (ni por qué las recompensas parecen reducir el impulso). Pero podría tener su origen en la profunda necesidad de los pequeños de estar cerca de su familia y conectados a sus padres, hermanos y otras personas cercanas.

«Creo que esta cuestión es realmente clave —señala la psicóloga Rebeca Mejía-Arauz de la Universidad ITESO de Guadalajara—. Ayudar a otras personas les hace felices y es importante para su desarrollo emocional.»[4]

En mi visita a María, en Yucatán, enfatiza esa misma cuestión: «Cuando los niños son pequeños, les gusta hacer lo que la madre hace. A Alexa le gusta jugar a ser mamá con sus juguetes y muñecas», dice.

En otras palabras, los niños pequeños de todo el mundo, Estados Unidos incluido, nacen con todo lo necesario para ser acomedidos. Lo que cambia es el trato de los padres, y es una diferencia esencial ya que seguramente es lo que determina que el niño siga ayudando a medida que crece o que «se le pase», afirma Rebeca.

Muchos padres de ascendencia occidental, entre ellos la madre de San Francisco que escribe estas líneas, a menudo rechazan los ofrecimientos de ayuda de sus hijos. Quiero decir que es posible que el niño quiera ayudar, pero no es de mucha ayuda. Al menos, Rosy no lo es. Es una máquina de destrucción, y que participe en las tareas ralentiza mi trabajo y genera un caos del que luego me toca a mí ocuparme. Así que prefiero que juegue en el salón o que pinte en el suelo de la cocina a mi lado mientras yo hago las tareas. Y no soy la única.

Rebeca me explica: «Las madres nos dicen: "Tengo que hacer alguna tarea con rapidez, y si mi hijo trata de ayudar todo acaba en un desastre. Así que prefiero hacerlo yo y dejar que él juegue"».[5] En muchos casos, los padres con ascendencia occidental dejan que sus hijos jueguen mientras hacen las tareas de la casa. O los ponen delante de una pantalla. Si lo pensamos un poco, estamos diciendo al niño que no preste atención, que no ayude. Les estamos diciendo que la tarea no es asunto suyo. Sin darnos cuenta, sofocamos su impulso de ayudar, y los apartamos de las actividades útiles.

Pero las madres indígenas de México con frecuencia hacen justo lo contrario. «Agradecen la ayuda, e incluso la piden», afirma Rebeca, aunque el niño se comporte mal. Si el niño, literalmente, le arrebata los utensilios para hacer la tarea (¿a alguien le suena?), la madre cede y le deja practicar.[6]

Pongamos por ejemplo a una niña de dos años que quiere ayudar a su madre a arar un campo de maíz de la comunidad Mazahua del noroeste de México.[7]

La madre empieza a desbrozar el campo. De inmediato, la niña imita las acciones de la madre. Luego le pide hacerlo ella sola. La madre se lo permite y espera. Poco después, la niña sustituye a la madre. Cuando esta trata de empezar de nuevo, la niña protesta y pide que le deje hacerlo a ella. ¡Ella sola! De nuevo, la madre cede ante la personita mandona.

Rosy actúa así a menudo. Pide hacer lo que yo hago. Me coge el tenedor cuando estoy preparando huevos revueltos por la mañana. Coge el cuchillo cuando estoy cortando cebollas para la cena. Coge el cuenco del perro cuando voy a llenarlo de pienso, la escoba cuando barro, el ordenador cuando trato de escribir (y se pone a golpear cada tecla lo más rápido posible).

Normalmente, reacciono de la misma forma que reaccionaban mis padres: aparto sus manos regordetas y le digo algo así como: «¡No cojas esto!». Y luego interpreto sus acciones y su comportamiento como desafiantes y controladores (incluso oigo la voz de mi madre en mi cabeza: «Pretende controlarte, Michaeleen»).

Pero a muchos padres indígenas les gusta que su hijo manazas quiera ayudar.[8] Les gusta que tome la iniciativa. Interpretan su insistencia como un deseo de contribuir a la familia. El único problema es que es demasiado pequeño para saber, de buenas a primeras, cómo ayudar de la mejor manera. Solo necesita aprender. «Una madre nos dijo: "Al principio, cuando mi niño lavaba los platos tiraba agua por todas partes, pero yo le dejaba hacer porque es así como se aprende"», explica Rebeca refiriéndose a las madres de cultura nahua de Guadalajara.[9]

A los padres les parece que esas torpezas son una inversión. Si dejamos que el niño torpe lave los platos cuando quiere, entonces se convertirá en un hábil chico de nueve años que seguirá queriendo ayudar y que de verdad podrá hacerlo.

Por ejemplo, según me contó Rebeca: «Hablé con una familia que tenía un puesto de venta de carne. Uno de los hijos se interesó en cocinar cerdo desde que era muy pequeño. La madre lo llevaba encima mientras cocinaba. A veces incluso le dejaba que cogiera algunas porciones que se estaban cocinando y que las pusiera en un plato. Le dije que era arriesgado porque podía quemarse. Y ella respondió: "Lo vigilaba de cerca". Pero, con el tiempo, el interés y las habilidades del chico en el negocio no pararon de aumentar. Cuando cumplió nueve años ya contribuía de manera significativa en el negocio. Incluso podía descuartizar los animales», añade Rebeca.

Ahora bien, hay algunas excepciones. Los padres no aceptan todos los ofrecimientos de ayuda de los hijos ni les dejan hacer lo que se les antoje. Si la tarea es demasiado complicada, la madre no atiende a la petición o le encarga la parte más fácil de la tarea. Si el niño empieza a tirarlo todo, la madre le enseña cómo hacerlo mejor o le dice que se vaya.

En una comunidad maya de Chiapas, México, los padres rechazan intencionadamente los ofrecimientos de ayuda de los niños para aumentar su motivación.[10] Por ejemplo, un niño de dos años, Beto, quiere ayudar a su padre poniendo un suelo de cemento, algo demasiado difícil para el pequeño. Al principio, el padre ignora las peticiones de Beto para ayudar. Después, le dice que tiene que esperar un año para poder hacer la tarea. Ese rechazo implícito alimenta todavía más el deseo de participar del niño. Al final, coge una paleta y empieza a alisar el cemento. Contento de ver a su hijo tan entusiasmado, el padre sonríe. Luego lo observa con atención y le da consejos simples: «Así no, cariño». Cuando Beto comete un error grave y pisa el cemento húmedo, el padre le explica lo que ha hecho mal: «Cariño, mira, lo has pisado... Y lo has echado a perder», y pone fin a la participación de Beto diciéndole que su madre lo está buscando.

Desde muy corta edad, los niños aprenden y practican su función en la familia. Al incluir a los niños en las tareas, el padre está diciendo al niño: «Eres un miembro competente de la familia que ayuda y contribuye siempre que puede».

Los psicólogos creen que cuanto más practica el niño la ayuda a la familia, más probable será que se convierta en un adolescente servicial para quien las tareas son algo natural.[11] Involucrarlo desde corta edad es el camino para que, más tarde, ayude voluntariamente. Transforma su papel tanto en la familia como en la comunidad. Se convierte en un miembro responsable y que aporta.

Por el contrario, si siempre desdeñamos la ayuda de un niño, acaba creyendo que tiene otra función en la familia. Su función es jugar o no estar por el medio. Otra forma de expresarlo: si decimos a un niño «No, tú no puedes formar parte de esta tarea» las suficientes veces, acabará creyéndonos y dejará de querer ayudar. Llegará a la conclusión de que la ayuda no es su responsabilidad.

La psicóloga Lucía Alcalá y sus colegas han documentado ese efecto en sus investigaciones. En un estudio, encargaron a un par de hermanos que llevaran a cabo una tarea de forma colaborativa.[12] Juntos, debían escoger artículos de un supermercado. En el caso de una pareja de hermanos estadounidenses, el más pequeño iba dando sugerencias de qué comprar. «Trataba de ayudar —dice Lucía—, pero su hermano mayor lo rechazaba una y otra vez. En un momento dado, el hermano mayor apartó el brazo del pequeño para que no pudiera señalar uno de los productos.»

Después de intentarlo unas cuantas veces, el hermano pequeño perdió el interés por la tarea. «El hermano pequeño se metió debajo de la mesa y, en esencia, se rindió —recuerda Lucía—. En otro caso, el hermano pequeño se fue y no quiso continuar porque en esa actividad no había espacio para él.»

Lucía cree que se repite la misma situación cuando los padres dicen a su hijo, una y otra vez, que vaya a jugar mientras hacen las tareas domésticas. Esto configura un patrón que enseña a los niños que su función en la familia es jugar con Lego o ver vídeos mientras sus padres cocinan y limpian.

Por suerte, no todo está perdido. En absoluto. Los niños de todas las edades (y también algunos adultos que conozco) son increíblemente maleables, y su deseo de ayudar es tan intenso que ese patrón puede cambiarse con facilidad. La clave es que nosotros, como padres, por nuestra parte cambiemos lo que pensamos de los niños. Tenemos que darles oportunidades a cualquier edad, aplicar las ideas del siguiente capítulo y, antes de que nos demos cuenta, habremos convertido a un preadolescente absorto en sí mismo en una máquina de secar platos.

Hace poco puse a prueba esta idea cuando tuve el placer de

cuidar durante una semana de una niña de nueve años. Es una preadolescente adicta a TikTok que se movía por la casa con el móvil a siete centímetros de la nariz. La primera noche que pasó con nosotros, le pedí que me ayudara a pelar patatas y me miró como si yo fuera una marciana. Pero seguí aplicando las estrategias del siguiente capítulo y, en un par de días, la niña ya había desarrollado un deseo por participar en las tareas del hogar (y fue un modelo a seguir maravilloso para Rosy). Se ofrecía voluntaria para ayudarme a hacer la cama y venía corriendo a la cocina para cortar hortalizas.

El quinto día me seguía por la casa como si fuera mi sombra. «¿Qué más hago, Michaeleen?», preguntaba. No ayudaba todo el rato, pero su contribución era significativa. Y conectamos de verdad. Era evidente que le gustaba formar parte de nuestro equipo y que se enorgullecía de ayudar y de que trabajásemos todos juntos.*

Por lo tanto, el primer paso para criar niños que ayuden puede resumirse en una sola frase: hay que permitirles practicar. Que practiquen limpiando, cocinando, lavando. Tenemos que dejar que nos cojan la cuchara y la muevan en la cazuela. Que cojan el aspirador y lo pasen por la alfombra. Tenemos que dejar que al principio sea un poco desastroso, porque luego lo será un poco menos, a medida que crecen, y cuando lleguen a la preadolescencia contribuirán a que la casa no sea un caos, e incluso se ocuparán de ella bastante bien.

Nunca es demasiado pronto, ni demasiado tarde, para animar a los niños a que ayuden, afirma Rebeca. «Los niños pueden participar en las tareas de la casa mucho antes y hacer muchas

---

* Las técnicas del siguiente capítulo también funcionan con los adultos. Con estas herramientas y un poco de paciencia, he logrado que muchos adultos de mi alrededor ayuden más.

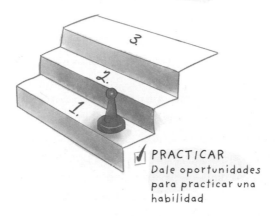

PASOS PARA FORMAR A UN NIÑO

☑ PRACTICAR
Dale oportunidades para practicar una habilidad

más cosas de lo que pensamos.»[13] Con frecuencia, los padres occidentales subestiman la capacidad de un niño, de cualquier edad, para ayudar a la familia. Así que tengamos expectativas altas y dejemos que el niño nos enseñe lo que puede hacer, con sus intereses y peticiones. («Pero ¡mamá, esto puedo hacerlo yo!», me dice Rosy todos los días.)

Por el camino, aprenderemos algo de nuestros hijos y de nosotros mismos. Aprenderemos a trabajar juntos, codo con codo, con un objetivo común.

Consejo práctico 1: Entrena la ayuda

El niño más pequeño, aunque se tambalee, tiene tareas que hacer: llevar agua, pedir madera, coger hojas, dar de comer al cerdo... Aprender a hacer diligentemente estos recados es una de las primeras lecciones de la infancia.[14]

Respecto a pedir ayuda en casa, la cultura occidental lo ha entendido al revés. Tendemos a considerar que los niños pequeños están exentos de las tareas del hogar y de colaborar. A menudo pensamos que son incapaces de ayudar de verdad. Al menos, así es como yo veía a Rosy. Pensaba que le asignaría tareas cuando fuese mayor, pero mientras fuera una niña pequeña no iba a pedirle nada.

Sin embargo, en muchas culturas de cazadores-recolectores adoptan la estrategia opuesta: en cuanto el niño camina, los padres requieren su ayuda con tareas secundarias. Con el tiempo, el niño aprende qué se tiene que hacer. Y, por lo tanto, a medida que crece cada vez hay que pedirle menos cosas (no más). Cuando llega a la preadolescencia, los adultos ya no tienen que pedir nada al niño porque ya sabe lo que tiene que hacer. De hecho, pedir a un niño que ayude podría considerarse una falta de consideración hacia él. Sería como decirle que no ha madurado, que no ha aprendido. Implicaría que todavía es infantil.

La psicóloga Sheina Lew-Levy documentó abundantemente esta estrategia con los cazadores-recolectores bayaka de la República del Congo. Primero, Sheina aprendió a hablar la lengua de la tribu. Después convivió con los niños y los padres durante varias horas cada día y contó cuántas veces un padre o un adulto de la comunidad pedía a los niños que ayudaran con frases como «Sujeta el cuenco de agua», «Ven conmigo a buscar miel», «Carga con estos palos para ir a cazar» o «Ayuda a tu hermana a vestirse».[15]

El descubrimiento de Sheina fue sorprendente: los niños más pequeños, de entre tres y cuatro años, eran los que recibían más peticiones, mientras que los mayores, los ya adolescentes, recibían muy pocas. A medida que crecen, se espera de ellos que sepan lo que tienen que hacer. Las peticiones fáciles y sencillas que les han hecho cuando son pequeños les enseñan qué se espera de ellos. Los padres han transmitido con éxito el valor de la ayuda. «Los niños desarrollan una conducta cooperativa a medida que crecen —concluye Sheina—. Aprenden a realizar las tareas que les piden y a anticipar lo que se tiene que hacer.»

Otra forma de decirlo: los niños mayores ya han aprendido a ser acomedidos. Ya saben prestar atención a las necesidades de los demás y cómo ayudarlos. De modo que nadie tiene que pedírselo. Pedirlo sería poco respetuoso y resultaría vergonzoso. El niño de catorce años pondría los ojos en blanco, como diciendo: «¿En serio, mamá? Eso ya lo sé».

Así que, ¿cómo empezamos a introducir el concepto de «acomedido» en nuestra familia? En realidad, no es difícil. Cuando estés haciendo una tarea y necesites ayuda, pídela. O asegúrate de que tus hijos pueden verte. A continuación, propongo unas cuantas ideas que sirven desde que son bebés hasta que alcanzan la preadolescencia.

Ten en cuenta que los grupos de edad que sugiero son aproximados. Basa tus expectativas en la experiencia que el niño tenga con la tarea, más que en su edad. Si un niño de nueve años no ha pasado mucho tiempo contigo cuando preparabas la cena o lavabas la ropa, no esperes que sepa ya cómo se hace. Empieza encargándole tareas menos importantes (por ejemplo, «Corta la cebolla» o «Pon esta camiseta en la lavadora») y avanza a partir de ahí. Quizá quieras empezar con la parte dedicada a los «Niños pequeños» de la siguiente página. (Es lo que yo hago cuando necesito que un adulto aprenda a ayudar.)

Recuerda que estos consejos solo quieren ofrecerte algunas ideas que vale la pena probar. Observa lo que quiere el niño, o a qué reacciona. Deja que sus intereses e inclinaciones te guíen.

Bebés (hasta que caminan)

Piensa: *Observa e incluye*

«En cuanto pueda sentarse, colócalo a tu lado mientras trabajas para que pueda ver lo que haces», dijo una madre maya a Lucía Alcalá y sus colegas.[16]

Cuando los niños acaban de salir del horno, la mejor manera para que «practiquen» la ayuda es estando cerca de sus padres y mirándolos trabajar. Descartemos la idea de que debemos «entretener» al bebé con juguetes y otros objetos de «enriquecimiento». Las tareas diarias son más que suficiente. Haz lo que tengas que hacer con el bebé a cuestas. Cuando sea posible, permítele ver lo que haces. Ponlo en una silla para que pueda observar cómo lavas los platos, cortas hortalizas o doblas la ropa. Cuélgatelo del pecho cuando barras, pases el aspirador o vayas al supermercado. Inclúyelo en todas las tareas en que pueda ayudarte a ti o a otros miembros de la familia.

Niños pequeños (de 1 a 6 años)

Piensa: *Muestra, anima y pide ayuda*

«Cuando el niño empieza a caminar, puedes comenzar a pedirle ayuda [...]. Por ejemplo, puede traerte los zapatos que están en la habitación», le dijo una madre nahua a Rebeca Mejía-Arauz.[17]

«Cuando me levanto, siempre limpio y preparo el desayuno, y los niños me miran hacerlo. Si les muestras cómo lo haces cada día, al final acaban por hacerlo ellos», me dijo una madre maya.

En esta edad, el objetivo es incentivar el entusiasmo del niño por ayudar, no reprimirlo. He aquí cómo hacerlo:

Mostrar

Igual que con los bebés, debemos asegurarnos de que los niños observan nuestras tareas diarias de forma regular y predecible. No tenemos que mandarlos a otra habitación ni decirles que vayan afuera a jugar. En lugar de ello, lo mejor es invitarlos a estar cerca de nosotros mientras trabajamos para que puedan aprender observando y, ocasionalmente, permitirles participar.

«Muchas madres dirán algo así: "Ven, hijo mío. Ayúdame mientras lavo los platos" —explica Rebeca refiriéndose a sus entrevistas con las madres nahuas—. La invitación siempre es conjunta, para hacer la tarea juntos.»[18]

Animar

Si el niño pide ayudar, ¡permíteselo! Si la tarea es fácil, hazte a un lado y deja que pruebe. No empieces dando órdenes; para los niños pequeños, las palabras son conferencias... y bastante confusas. Observa lo que hace e intenta dar utilidad a sus esfuerzos. Si empieza a ser desastroso o comete errores graves, explícale de manera amable cómo hacerlo bien. Por ejemplo, en la comunidad maya de Chiapas, Beto, de dos años, quiere ayudar a su abuela a pelar judías, pero es muy torpe.[19] El niño coge un puñado de vainas y las tira a la basura. De modo que la abuela lo corrige y le enseña cómo hacerlo. Le coge las vainas antes de que pueda tirarlas y le dice que eso no está bien. Cuando Beto la ignora, le repite cómo debe hacerlo.

Si una tarea es demasiado compleja —o peligrosa— para las capacidades del niño, relájate. Calma. No hay por qué asustarlo. Dile que te observe mientras lo haces. Por ejemplo, una madre maya, mientras freía tortillas, le decía a su hijo: «Mira para que puedas aprender». O busca alguna forma en que al niño le resulte fácil participar de manera segura. Por ejemplo, Rosy sujeta el

plato mientras saco el pollo de la parrilla, o añade sal y aceite a
una olla con pasta.

«Dependiendo de la actividad, los niños a veces observan o
ayudan —me dice Lucía—. Todas las madres saben si su hijo puede hacer una tarea o no.»[20] (¿Y cómo lo saben? Adivina qué hace
la madre cuando el niño ayuda. Sí, vigila. Vigila. Vigila. ¿Te suena?)

Pedir ayuda

*A un bebé con poca movilidad se le puede pedir que coja una
taza de su madre y, con ayuda del círculo familiar, se la lleve
a su padre.*

DAVID LANCY, *The Anthropology of Children*[21]

En la gran mayoría de las culturas del mundo (quizá en todas,
excepto unas raras excepciones), los padres piden a los niños
pequeños que los ayuden con varias tareas a lo largo del día.
David lo denomina el «currículum de tareas», pero quizá en la
cultura occidental deberíamos llamarlo el «currículum de cooperación», porque son tareas que enseñan a los niños a trabajar
con su familia.[22] No me refiero a tareas que los niños ya estén
haciendo por sí mismos, como vestirse o cepillarse los dientes;
sino a tareas pequeñas, fáciles y rápidas que ayudan a otra persona o a toda la familia. Son tareas que hacen junto a los padres
con un objetivo común. A menudo, son partes de una tarea más
importante (por ejemplo, aguantar la puerta cuando sacamos la
basura). Y suelen ser mínimas, y me refiero a realmente mínimas
(como guardar una olla en el armario o sacar un cuenco), pero
son reales. Es una verdadera ayuda.

No hay que pasarse con las peticiones: tres o cuatro al día
seguramente son suficientes. Fíjate en qué necesitas —cuando

tengas las manos húmedas o te sientas cansada— y en qué muestra interés el niño. A continuación, propongo algunas tareas que pueden probarse:

Ve a buscar...

> «Corre y ve a buscar» es una de las frases más comunes que se dirigen a los niños pequeños en Tikopia [Islas Salomón].
>
> RAYMOND FIRTH, antropólogo[23]

A los niños pequeños les encantan las tareas. Pueden ir a buscar cualquier cosa al coche, al garaje o al patio. «Sube la escalera y ve a buscar papel higiénico.» «Ve a la otra habitación y trae la almohada.» «Sal a buscar un poco de menta.» Incluso cruzar la habitación para ir a buscar tus zapatos es una tarea genial para el niño. Corre, corre, corre. A los niños les encanta correr. Aprovecha esa energía mientras les enseñas a prestar atención a las necesidades de los demás.

Sujeta esto

Sujetar un objeto mientras trabajas también es una buena tarea para los niños, de todas las edades. No solo los anima a seguir junto a nosotros para que puedan aprender observando, sino que también nos libera las manos. He aquí algunos ejemplos (fíjate en los verbos; lo importante es hacer la tarea juntos):

- «Sujeta la linterna mientras intentamos arreglar la estufa.»
- «Sujeta el plato mientras sacamos las tortitas de la sartén.»
- «Sujeta la puerta mientras sacamos la basura.»

Remueve esto

Los niños pequeños son grandes ayudantes de chef. Son capaces de hacer todo esto:

- Remover salsas, mezclas de repostería y acompañamientos.
- Cascar huevos.
- Marinar carne y pescado.
- Trocear hierbas.
- Majar algo con el mortero.
- Empezar a cortar y pelar hortalizas. (Más adelante hablaremos de los cuchillos. Por el momento, lo mejor es empezar con un cuchillo infantil para trocear carne o con un pelador pequeño.)

Lleva esto

Llevar cosas puede suponer un esfuerzo familiar. Si tú eres capaz de hacerlo, tu hijo también. Al llegar del supermercado, puede ayudarte a descargar con una mochila pequeña o algún tipo de bolso. Después, podéis guardar juntos los paquetes en la cocina. Esta actividad le servirá para aprender cómo está organizada la cocina y planificar comidas con la familia. Si viajáis, dale una maleta pequeña para que se prepare su equipaje y cargue con ella. En mi casa, cada uno lleva algo siempre que viajamos, vamos de compras o al colegio.

Tareas que impliquen dar amor

A los niños pequeños les encanta ser «la mamá», «el papá» o «el hermano o la hermana mayor». Para que sean buenos con sus hermanos empieza por pedirle que te traiga los pañales, que tire los usados, que recoja los juguetes del bebé, lo distraiga y le dé de comer, e incluso que te ayude a preparar la comida o los biberones. Si el bebé empieza a llorar, espera un instante para ver si tu otro hijo hace algo antes de que tú te muevas.

Por último... Limpiar, limpiar, limpiar

Los niños pequeños son limpiadores consumados. Son capaces de fregar platos, poner detergente en el lavaplatos o en la lavadora, limpiar mesas, pasar el aspirador... Sea lo que sea, los niños lo van a limpiar. Lo que les falta en efectividad lo ganan en interés y diversión. Es posible que después no esté superlimpio, pero lo intentarán con todas sus fuerzas. No interfieras en lo que hacen. Dales algunos utensilios y deja que limpien como quieran.

En general, cualquier tarea secundaria es perfecta para un niño. De nuevo, fíjate en qué se interesa y acepta su ayuda cuando lo pida. Algunos principios a tener en cuenta:

1. La tarea debe ser real y ha de ayudar a la familia. No tiene por qué ser una gran contribución, pero no hay que inventarla. Por ejemplo, pedir a un niño que «barra el salón» después de que lo hayas barrido tú no es una tarea real. Y tampoco lo es pedirle que corte unas hortalizas que luego vas a tirar. Quizá tendrás que acabar de cortar bien las hortalizas o ayudarlo a terminar de barrer, pero es importante que el trabajo del niño ayude a la familia.

Otra cosa a evitar es dar al niño cosas «falsas», comida falsa, utensilios de cocina falsos o herramientas de jardinería falsas. Los niños se percatan de la diferencia. Saben que no están aprendiendo «de verdad». Y no pueden contribuir a un objetivo común si la parte que hacen es «falsa».

Si el niño no está preparado para cocinar con un fogón o coser con agujas muy finas, por ejemplo, puede mirarte mientras tú lo haces. O prueba a darle algo real con lo que se ejercite. Por ejemplo, un trozo de tela e hilo, o una cuchara y un cuenco para que practique cómo se mueve la salsa. En Yucatán, una madre le dio a Rosy una pequeña bola de masa para que probara a hacer tortillas a un lado (lo cual no es lo mismo que crear una tarea artificial para la niña).

2. Las tareas deben ser factibles (o casi). Lo importante es encargarle tareas que se ajusten a sus capacidades. Es mejor equivocarse por ponérselo muy fácil que por ponérselo muy difícil. Si la tarea es muy compleja, se frustrará y perderá interés rápidamente (o requerirá mucha atención o vigilancia por tu parte). Pero hasta la tarea más simple (por ejemplo, salir del supermercado llevando una barra de pan) puede ser emocionante para un niño. Por ejemplo, cuando pido a Rosy que corte una patata con un cuchillo infantil suele frustrarse porque la patata es demasiado dura para ese cuchillo (y si le doy el cuchillo afilado, me inquieta tanto que se corte que no hay forma de que nos relajemos). Pero si le doy un plátano, lo hace de maravilla y pide más.

3. No hay que obligar. Nos ocuparemos en profundidad de esto más adelante. Por ahora, ten en cuenta que forzar a un niño para que haga algo puede dinamitar su motivación. Aprenderemos algunos trucos para lidiar con niños tozudos y problemáticos más tarde, pero obligando solo se consigue minar la noción de «acomedido» y generar tensión. Si el niño dice que no, o te ignora, déjalo estar. Prueba después. Queremos que el niño coopere con sus padres, no que les obedezca. Parte de la colaboración consiste en aceptar la preferencia de un niño cuando decide no ayudar.

Niños: Infancia media (de los 6 a los 12 años)

Piensa: *Animar, activar y dejar que tomen la iniciativa*

«Ahora es cuando de verdad les enseñas lo que tienen que hacer —dice María, refiriéndose a su hija de nueve años, Gelmy—. No les encargas la tarea de una madre, sino algo más

*ligero. La primera vez quizá no presten atención, puede que
tampoco la segunda o la tercera, pero, al final, lo
comprenderán.»*

A medida que crece, aplica los mismos consejos que hemos visto
para los pequeños, alentando su interés por colaborar y pidién-
dole ayuda para realizar tareas menores. El niño aprenderá, y
podrás encargarle cosas más complejas para que vaya aumentando sus habilidades. Fíjate en qué intenta hacer o qué parece
que le interesa. Siempre que muestre iniciativa, déjale un espacio para que pruebe. Aceptar las contribuciones del niño —sin
interferir— es fundamental para que aprenda a ayudar voluntariamente.

1. Sigue centrándote en trabajar juntos. Llama al niño para que
te ayude con las tareas. En lugar de decir: «Recoge el plato después de cenar» o «Dobla tu ropa», debes enmarcar las tareas en
una actividad conjunta, por ejemplo: «Después de cenar, limpia-
remos juntos la cocina» o «Vamos a doblar la ropa de la colada
como una familia».

«La invitación es para hacer algo juntos —explica Rebeca—. En la cultura occidental, a menudo los niños trabajan de
forma independiente: un hermano lo hace el jueves y el otro el
viernes. Pero, para nosotros, es mejor decir: "Hagamos esta tarea juntos y así acabaremos antes".»[24]

En mi casa, los sábados, antes de salir y hacer algo divertido
convoco una fiesta de limpieza. Llamo a Rosy y a mi marido, pongo un poco de música y fregamos juntos la escalera. Después,
siempre digo: «La verdad es que cuando lo hacemos juntos
limpiamos más rápido».

Los domingos aplico una estrategia similar con la colada.
Después de que la ropa se haya secado, llamo a Rosy y a Matt para

doblarla juntos. De nuevo, explico que trabajar juntos es más rápido que hacerlo solos. O comento lo agradable —e importante— que es tener ropa limpia para la siguiente semana.

2. Delegar tareas menores. A medida que los niños crecen y se vuelven más competentes, se les puede encargar algo más complejo. Por ejemplo: «Gelmy [de nueve años] ahora está aclarando los platos mientras Ángela [de doce años] los lava —me dijo María cuando estuve en su casa—. Les enseño así: cada una hace una parte de la tarea. Al final, Gelmy aprenderá a hacerlo todo».

3. Echa mano de la activación. En lugar de pedir explícitamente al niño que haga algo, «activa» su ayuda diciéndole que vas a empezar a hacer una tarea o que se necesita hacer algo. En uno de los estudios de Lucía, el 50 por ciento de las madres nahuas aseguró que a veces utilizan esta técnica para que los hijos las ayuden.[25] «Por ejemplo, una madre afirmaba que, al empezar a preparar la cena, se lo decía a su hija», señala el estudio. La hija ofrecía su ayuda y la madre le pedía entonces que sacara unos tomates, unas cebollas o unas judías. «Ya sabe lo que tiene que prepararme», explicaba la madre.

A veces le digo a Rosy: «Mango tiene hambre» o «El cuenco de Mango está vacío», para que se percate de que el perro necesita comer. O digo: «Hora de sacar la basura», lo cual es una señal para Rosy de que necesito que me abra las puertas. O digo: «Hora del supermercado», para que sepa que debe coger las bolsas reutilizables. Por descontado, no siempre hace lo que espero o quiero de ella. Pero está aprendiendo, poco a poco, sin irritarse ni enfadarse.

Bien, seamos sinceros ahora. A estas alturas, quizá alguien exclame: «¡Santo cielo!» (o incluso: «Maldita sea»), porque quizá este proceso para inculcar tareas le parezca mucho más complicado que, sencillamente, mandar a los niños a jugar y acabar con los platos sucios en cinco minutos.

Y es verdad: es un proceso que requiere un poco de paciencia con los pequeños; más paciencia, de hecho, de la que yo preveía. Cuando Rosy pone sus manitas en los platos o la colada, todo el proceso se ralentiza. A veces dedica un minuto entero a decidir dónde colocar el plato en el lavaplatos. O, después de doblar y guardar la ropa, empieza a sacarlo todo y tirarlo por el suelo. «¡Hagámoslo otra vez, mamá!», chilla. «Pero... pero si acabamos de...», digo con una mueca de tristeza.

Una parte de mí quiere gritarle que salga de la habitación. Otra quiere alzar las manos y dejar que el caos siga su curso. Pero ninguna de esas actitudes enseñará a Rosy a ayudar a la familia. Así que respiro hondo, me armo de paciencia y recuerdo a la abuela maya de Chiapas enseñando a su nieto a no tirar las vainas de judías. «¿Qué haría ella ahora? —me pregunto—. Guiaría a Rosy para que lo hiciera bien.» Amablemente, cojo la ropa de las manos de Rosy y la coloco de nuevo en el armario, y después le digo, con calma: «La ropa doblada va al armario. Volveremos a doblar ropa la semana que viene». Y luego salgo de la habitación.

Dicho esto, hay otra razón que me motiva para seguir con esta estrategia (y mejorar mi paciencia): realmente me ahorra un montón de tiempo. Y no me refiero solo a que me ahorraré tiempo en el futuro, cuando Rosy ayude más. Quiero decir que me ahorra tiempo ahora, cuando todavía es una renacuaja torpe.

En el próximo capítulo explicaré cómo funciona este principio, cuando aprendamos el segundo paso para que los niños ayuden en casa. Es fantástico. Después de verlo en acción, cambié por completo la idea que tenía del papel de Rosy en la familia. No solo enseña a los niños a ayudar más, sino que también es esencial para lograr que sean unos miembros más cooperativos en la familia, incluyendo las relaciones con sus hermanos.

Resumen del capítulo 4:
Cómo educar hijos que ayuden

Ideas que recordar (para niños de todas las edades)

➤ Los niños sienten un deseo innato de ayudar a sus padres. Nacen así. Quizá no lo parezca, pero parecen estar programados para desear formar parte de la familia, y ayudar les da la posibilidad de ganarse un lugar en el grupo.

➤ Con frecuencia, no saben cómo hacerlo, así que parecen incapaces o torpes. El trabajo de los padres es enseñarles.

➤ Cuando el niño ayude en una tarea por primera vez, será torpe y lo dejará todo hecho una pena. Pero, con práctica, aprenderá rápido y conservará su deseo de ayudar.

➤ Nunca hay que rechazar la ayuda que un niño, de cualquier edad, quiere prestar a uno de sus progenitores o a un miembro de la familia. Apartarlo puede socavar su motivación para participar y colaborar. Si la tarea es muy difícil o peligrosa, hay que decirle que observe. O que haga una tarea más adecuada para él.

Hazlo hoy

Para niños pequeños (de 2 a 6 o 7 años):

➤ Pide al niño ayuda para ti o para la familia. No hay que pasarse con las peticiones. Una cada hora es más que suficiente. He aquí algunos ejemplos:
  • Ir a buscar algo que necesites; llevar una bolsa pequeña con artículos del supermercado; remover la olla; cortar una hortaliza; sujetar la puerta; conectar la manguera.

➤ Asegúrate de que las peticiones sean:

- Para tareas reales que ayuden de verdad a la familia, que no sean falsas.
- Para trabajar en equipo, no para que tu hijo lo haga solo.
- Tareas sencillas que el niño pueda comprender y realizar sin tu ayuda (por ejemplo, no le pidas que limpie el salón, pero dale un libro para que lo ponga en la estantería). En todo caso, la tarea tampoco puede ser demasiado fácil.

Para niños más mayores (de más de 7 años):

➤ Si el niño no está acostumbrado a ayudar, ofrécele ocasiones poco a poco. Aplica los consejos de más arriba. Y sé paciente. Quizá no ayude de inmediato, pero al final aprenderá.

➤ Si el niño ya está aprendiendo a ser acomedido, aumenta la complejidad de la tarea a medida que sus habilidades mejoren. Deja que los intereses y las habilidades del niño guíen tus peticiones.

➤ En lugar de decirle lo que tiene que hacer directamente, intenta activarlo de forma indirecta (puedes decirle: «El cuenco del perro está vacío», para recordarle que hay que dar de comer al perro, y «Hora de hacer la cena», para que empiece a sacar comida de la nevera).

Cómo educar niños flexibles y cooperativos

—En la cultura maya existe la creencia de que todas las personas tienen un propósito —me explica la psicóloga Barbara Rogoff.[1]

—¿Y también los niños tienen un propósito? —pregunto.

¿Cuál es el propósito de Rosy
en nuestra familia?

—Sí, ellos también. Y parte del objetivo de la interacción social es ayudar a los demás a cumplir su propósito.

«Mmm... —pienso—. ¿Cuál es el propósito de Rosy en nuestra familia?»

Es la cuarta noche que pasamos en Chan Kajaal, y estoy tan emocionada que no puedo dormir. No paro de removerme en la hamaca. Miro cómo gira el ventilador. Oigo los perros que ladran en la calle. No ayuda que la temperatura en la habitación sea de treinta y cinco grados, a pesar de que ya son las dos de la madrugada.

Por fin, hacia las cinco, antes de que cante el primer gallo, oigo el traqueteo de una camioneta delante de la casa.

Salto de la hamaca, me pongo un pareo rosa y doy a Rosy un beso en su pegajosa frente mientras duerme. Hoy voy a ver lo que llevo un año esperando ver.

Siempre que hablo de las supermadres mayas con amigos o con la familia, cuando les digo lo poco que discuten con sus hijos, me dan muy a menudo la misma respuesta: «Ya, pero no los has visto por la mañana, cuando tienen que ir al colegio. Vuelve allí y observa cómo lo hacen esas madres, seguro que hay conflictos».

Bueno, pues hoy voy a hacer precisamente eso: observar cómo una familia maya gestiona la temida rutina matinal.

Me subo a la camioneta. Al volante está la persona que hace posible todo este viaje: Rodolfo Puch. Es un treintañero apuesto con cejas espesas y brillante pelo negro ondulado y un tanto ahuecado. Lleva una camisa blanca inmaculada con los botones de arriba desabrochados.

—Días —dice como saludo.

—Días —contesto.

—¿Lista para ver cómo Teresa despierta a sus hijos? —pregunta con una gran sonrisa. Rodolfo tiene una sonrisa enorme que se extiende más allá de sus labios, hasta abarcarle las mejillas, los ojos y la frente.

Le digo que estoy impaciente por visitar a la familia de Teresa, y le agradezco de nuevo que me haya concertado la entrevista. A medida que recorremos el pueblo, el sol sigue por debajo del horizonte y el cielo tiene un color anaranjado brillante, como la pulpa de una nectarina madura.

Rodolfo creció en un pueblo parecido a Chan Kajaal y actualmente dirige una empresa de turismo. Lo he contratado para concertar entrevistas y traducir las conversaciones entre el maya y el inglés. Su ayuda no tiene precio. Por muy absurdas que parezcan mis ideas, siempre me responde lo mismo. Asiente y dice: «Sí, se puede. Se puede». Y luego piensa en una solución que sea factible y satisfaga lo que necesito.*

Hoy no es una excepción.

Rodolfo ha convencido a una pareja del pueblo, María Teresa Caamal Itzá (a quien todos llaman Teresa) y Benito Kumul Chan, para que nos permitan entrar en su casa a primera hora y grabar en audio cómo preparan a sus hijos para ir al colegio. Es decir, lograr que un total de cuatro niños se vistan, desayunen y salgan por la puerta antes de las siete.

—Si los niños no llegan al colegio a las siete, no los dejan entrar —añade Rodolfo.

Si voy a ver luchas de poder, si voy a oír gritos, sin duda este es el momento.

Paramos frente a la casa. Las luces están apagadas. El silencio es absoluto. Todos duermen... excepto Teresa, que está en el porche, esperándonos. Va impecablemente vestida. Con una falda de tubo malva y una blusa de encaje rosa, parece que vaya a asistir a una comida de trabajo en Manhattan. Lleva la larga melena recogida en un práctico moño.

—Días —dice con calma, asiente y entramos en el salón.

—Días —respondemos susurrando Rodolfo y yo.

Las tres hijas siguen durmiendo en las hamacas, al otro lado del comedor. Enseguida, Teresa intenta despertarlas. Mueve una de las hamacas.

---

* Como explicaré en el próximo capítulo, este método funciona increíblemente bien con niños pequeños, que suelen tener ideas descabelladas. En lugar de rechazarlas con un «No, no, esto no se puede hacer», la próxima vez podemos probar con asentir y decir: «Sí, se puede», y luego escuchar qué dice. En el 90 por ciento de las ocasiones, el niño seguirá a lo suyo y se olvidará de ello. O es posible que pregunte de nuevo más tarde. Para entonces, puede que lleguéis a un acuerdo adecuado.

—Despierta, Claudia, despierta. Es hora de ir al colegio —dice suavemente a la más pequeña, que tiene seis años y está profundamente dormida—. Despierta, Ay-yai, despierta.

Su voz sigue siendo calmada, pero detecto una pizca de frustración.

«¡Ajá! —pienso—. Es el momento de la lucha de poder entre la madre y la hija.» Acerco el micrófono, lista para documentar cómo Teresa se enfrenta a la desobediencia.

Pero Teresa, literalmente, gira sobre sus talones. En lugar de insistir a Claudia para que se despierte, se da la vuelta y va al otro lado de la estancia. Una vez allí, se detiene un momento antes de hacer algo que nunca he visto hacer a una madre occidental. Teresa se transforma en una directora, o, quizá mejor, en una entrenadora de béisbol que dirige al equipo con discreción desde la banda. En lugar de articular una larga serie de órdenes, amenazas y explicaciones, se comunica con expresiones faciales y gestos de las manos. Si arruga la nariz, significa «Empieza a vestirte»; si se estira la oreja, significa «Cepíllate el pelo»; y si asiente con la cabeza, significa «Buen trabajo». Si no se presta atención, se pierden las órdenes.

Teresa comienza con el jugador de primera base: su hijo de once años, Ernesto. Le encanta el colegio y ya está despierto, vestido y a punto de salir.

—Vuelve aquí, ponte los zapatos, Ernesto —dice Teresa con voz firme.

Ernesto no responde y sale corriendo por la puerta. ¿Acaba de pasar de su madre? No está claro.

Pero a Teresa no parece importarle. Sin inmutarse, se vuelve hacia su mejor lanzadora: Laura. Tiene dieciséis años y conoce bien el juego.

—Tienes que peinar a la pequeña —le dice Teresa.

De nuevo, su tono no es de broma. Aunque no transmite

urgencia ni estrés, tampoco le dora la píldora. No dulcifica el tono ni edulcora la pregunta con un «¿Quieres peinar a la pequeña?», ni siquiera con un «¿Podrías, por favor, peinar a la pequeña?», sino que se lo pide directamente: «Tienes que peinar a la pequeña». Y funciona.

Medio dormida y caminando como una zombi, Laura se acerca a su hermana pequeña, la despierta suavemente y empieza a peinarla. Teresa da a Claudia el uniforme escolar, y la niña se va a la otra habitación para cambiarse. Cuando Claudia vuelve, su hermana mayor lleva a cabo el acto de fraternidad más dulce que he visto nunca. Sin que nadie se lo pida, la chica de dieciséis años va a por un balde de agua y lava los pies a su hermana. Con cuidado y amor, Laura le limpia la tierra de los talones y los dedos de Claudia, y después se los seca. Por último, la ayuda con ternura a ponerse los zapatos.

Se me ocurre que quizá los hijos de Teresa son tan calmados y amables entre ellos porque Rodolfo y yo estamos aquí. Así que le pregunto a Teresa si nuestra presencia está cambiando su conducta. Teresa se ríe un poco, y luego dice:

—Bueno, Laura lavaría los pies de Claudia más rápido si no estuvierais aquí. Estaría diciendo a su hermana que no se moviera para poder acabar antes.

Ernesto aparece en la puerta trasera, todavía sin zapatos. Teresa le pregunta:

—¿Has encontrado los zapatos? ¿Dónde los dejaste ayer?

De nuevo, Ernesto no dice nada y sale por la puerta.

Teresa entonces hace una señal a las niñas para que vayan a desayunar. Se acercan de inmediato y empiezan a comer. Allí, con el micrófono en la mano, me quedo perpleja por lo increíblemente apacible que es la situación. En todo ese tiempo, Teresa solo ha dicho unas pocas palabras. No ha tenido que mostrarse enérgica. Y le han hecho caso. Mientras las niñas desayunan, la estancia está tan silenciosa que incluso se oyen los pájaros que cantan fuera.

El silencio se rompe cuando llega Ernesto corriendo, ¡y todavía no se ha puesto los zapatos! «¡Ah! —pienso—. ¡Teresa ya le ha pedido dos veces que se calce!» Pero no tiene necesidad de endurecer su tono. No convierte la desobediencia en un conflicto. Ni siquiera le recuerda que ya se lo ha pedido en dos ocasiones. En lugar de ello, mantiene la compostura y vuelve a pedírselo con el mismo tono firme:

—Ve a buscar los zapatos.

(También me doy cuenta de que espera cinco minutos enteros antes de repetir la petición. En comparación, yo me espero diez segundos, si llegan.)

Y la paciencia de Teresa le sale a cuenta. ¡Ernesto vuelve a salir y entra con los zapatos!

Luego, Teresa hace otra señal con la mano y los cuatro niños salen por la puerta. Laura se monta en el asiento del triciclo con remolque, sus hermanos se sientan en la plataforma y los lleva a la escuela. Y eso es todo. La rutina matinal no ha durado más de veinte minutos, desde que Teresa ha movido con suavidad las hamacas hasta que los niños han salido de la casa. Ha sido fácil, sin problemas y supercalmado. No ha habido drama. Ni contestaciones. Ni gritos. Ni lágrimas. Ni resistencia.

La locura de la mañana ha sido cualquier cosa menos locura. En gran medida, los hijos de Teresa le han seguido la corriente. Escuchaban y sabían lo que tenían que hacer. Y si no respondían de inmediato a las órdenes, Teresa no los presionaba para que lo hicieran más rápido. Sencillamente, esperaba unos minutos más y volvía a pedirlo con el mismo tono. No dio pie a ningún conflicto.

«Las mañanas son fáciles porque los niños se ayudan unos a otros», dice Teresa. Y, en efecto, no podría tener más razón. Los niños habían sido muy cooperativos. Me di cuenta de que no solo querían ayudar a su madre, sino también a sus hermanos.

Entonces sentí algo allí que he sentido con otras familias de Chan Kajaal. Además de querer ayudarse, Teresa y sus hijos parecían comprenderse a un nivel más profundo que Rosy y yo. Teresa sabía que presionar más a Ernesto no haría que se pusiera antes los zapatos. Sabía que era muy probable que Laura despertara a Claudia. Y Laura sabía exactamente cómo peinar el cabello de su hermana para no tirarle del pelo ni hacerle daño. Todos los miembros de la familia conocían a los demás. A consecuencia de ello, en su hogar había una sensación maravillosa de cohesión y coordinación, una sensación maravillosa de «nosotros», como si dijeran: «En esto estamos todos juntos».

Y entonces lo comprendí: Teresa había enseñado a su familia a trabajar unida como un equipo campeón de las World Series, mientras que yo había hecho justamente lo contrario. Había criado a una anarquista conflictiva y contestataria, cuando no una pequeña libertaria de los Ángeles el Infierno.

¿Por qué Rosy no estaba en mi equipo?

Si pudiera ficharla, ¿se resolverían gran parte de mis problemas? Quizá la rutina matinal sería más fácil. Quizá nos iríamos del parque más rápido. Y quizá —solo quizá— Rosy se iría a dormir sin dramas y llantos. ¿Era posible que todos esos problemas tuvieran una misma raíz?

Paso 2: Dar a los niños su carnet de miembro

Antes de conocer a Teresa y María, organizaba el horario de Rosy como pensaba que lo hacían los buenos padres: cuando mi hija no estaba en el parvulario, yo tenía para ella siempre una actividad «planificada».

Cuando Rosy se echaba la siesta o dormía por las noches, me encargaba de las tareas. Limpiaba el salón y la cocina, hacía la colada y preparaba parte del desayuno y la comida del día siguiente para no tener que ir con prisas por la mañana.

Durante los fines de semana íbamos al zoo, a un museo o a zonas de juego interiores. Quedábamos con otros niños en el parque y hacíamos manualidades en Halloween y Pascua. Los días de lluvia llenábamos el salón de muñecos, juegos, rompecabezas y «herramientas de aprendizaje». Me sentía bien con esas actividades porque pensaba que estaban enriqueciendo la vida de Rosy al exponerla a una gran variedad de experiencias. En la práctica, también la mantenían ocupada, lejos de mí y lo bastante distraída para que no me volviera loca.

Pero, para ser franca, nunca disfruté de esas actividades. Decirlo me hace sentir una mala madre, pero es la verdad. En los lugares pensados para niños, siempre estaba profundamente

aburrida o en exceso mo-
lesta por el ruido, la luz y el
caos. Salía del museo de la
ciencia para niños agotada,
sintiendo que una pequeña
parte de mi alma había
muerto en la barra de la cafetería después de gastarme
diez dólares en una porción

de pizza de *pepperoni* que, encima, tuve que comerme yo porque
Rosy me gritó a la cara: «¡Puaj! ¡No me gusta este queso!».

Jugar con Rosy en el salón de casa tampoco era mucho mejor. Algunas tardes habría preferido arrancarme los ojos antes
que volver a jugar a Princesa Elsa y Ana. Pero me decía: «Esto es
lo que hace una buena madre. Es lo que quiere y necesita Rosy.
Es bueno para ella. Está ayudándola».

¿Le suena a alguien?

¿Existe una manera más
fácil, efectiva y placentera
de estar con un niño?

Pero el tiempo que pasé con María y Teresa en Chan Kajaal
me lleva a reflexionar: ¿Y si todas estas ideas preconcebidas
que me rondan por la cabeza sobre «lo que tiene que hacer una
buena madre» son chorradas? ¿Y si el apretado programa de
actividades logra, de hecho, lo contrario de lo que pretendo y, en
lugar de hacer a Rosy más feliz y mi vida más fácil, empeora su
comportamiento y me complica la existencia? ¿Podría ser que
esas actividades estuvieran erosionando la motivación interna
de Rosy para ser un miembro cooperativo de la familia, para ser

parte del equipo? ¿Podrían estar socavando su confianza y su identidad? ¿Existe una manera más fácil, efectiva y placentera de estar con un niño?

Suzanne Gaskins ha estudiado el modelo de educación de los hijos mayas durante más de cuatro décadas. Es una antropóloga psicológica de la Universidad Northeastern Illinois de Chicago. Pero cada año se establece durante varios meses en Chan Kajaal, donde observa a las familias y entrevista a los padres. Suzanne conoce bastante bien a las familias del pueblo. Y ellos también la conocen bien.

Cuando Suzanne vivió aquí a principios de los ochenta, era una madre primeriza con un hijo de un año. De inmediato, percibió una diferencia esencial entre los padres mayas y sus amigos de Chicago que tenían hijos. Los padres mayas no sienten la necesidad de entretener o jugar constantemente con sus hijos. No les dan juguetes, vídeos y juegos sin parar para estimularlos y mantenerlos ocupados. En otras palabras, los padres mayas no están en el suelo con sus hijos compartiendo juegos de princesas o pasando los fines de semana en exposiciones de museos para niños y comiendo porciones de pizza de diez dólares.

Suzanne denomina estas actividades «centradas en niños». Es decir, los padres no las harían si no tuvieran hijos. Suzanne descubrió que los padres mayas no tienen la necesidad de programar prácticamente ninguna de esas actividades.

En lugar de ello, proporcionan a los hijos una experiencia mucho más rica, algo de lo que carecen muchos niños occidentales: la vida real. Los padres mayas aceptan a los niños en el mundo adulto y les permiten acceder a sus vidas, incluyendo su trabajo.

Los adultos viven su vida —limpian, cocinan, dan de comer

al ganado, cosen, erigen casas, arreglan bicicletas y coches, cuidan de sus hermanos— mientras los niños juegan a su lado y observan las actividades de los adultos. La vida real es una «actividad enriquecedora». Es el entretenimiento de los niños, y las herramientas para aprender y crecer, física y emocionalmente.

Los niños pueden observar, participar y ayudar cuando se los necesita.[2] Con el tiempo, aprenden a tejer una hamaca, criar un pavo, cocinar tamales en un horno bajo tierra o reparar una bicicleta.

Puede observarse este tipo de aprendizaje en todo Chan Kajaal. Una tarde, María empezó a limpiar maíz en un cubo, un paso necesario para hacer la masa de las tortitas. El maíz ha de lavarse con agua fresca. Inclinada sobre el cubo azul, María removía el maíz en el agua. Inmediatamente, sus hijas pequeñas, Alexa y Gelmy, se acercaron a mirar. María vertió el agua y pidió ayuda a Gelmy.

—Ve a abrir la llave de la manguera —dijo a su hija de nueve años.

Gelmy abrió la llave. Mientras tanto, Alexa observaba a su madre y a su hermana mayor.

—En tareas de ese tipo, les digo que miren y aprendan —me contó luego María, en un descanso—. Es lo que les digo siempre: «Esto es importante. Mirad».

De modo que los padres mayas —de nuevo, como la gran mayoría de los padres de todo el mundo— organizan los horarios de sus hijos para darles oportunidades de estar con la familia, o cerca, cuando esta lleva a cabo sus rutinas diarias. Los niños siempre están alrededor cuando los adultos arreglan cosas en la casa, se ocupan del negocio familiar o cuidan del jardín... Sea donde sea, los niños son bienvenidos.

Y, de hecho, a los niños pequeños les encantan esas actividades. Desean hacerlas. Los niños no ven la diferencia entre el trabajo de los adultos y el juego, afirma la psicóloga Rebeca Mejía-Arauz.[3] «Los padres no tienen por qué saber cómo jugar con los niños. A estos les parece un juego involucrarse en las actividades de los adultos.» Y más tarde relacionan las tareas con la diversión, con una actividad positiva. Las relacionan con jugar.

«Los padres no obligan a sus hijos a hacer las tareas, sino que organizan el hogar y el contexto para que los niños puedan desarrollar esas actividades —declara la psicóloga Lucía Alcalá—. Es una manera bastante sofisticada de considerar el desarrollo infantil.»[4]

No hay duda de que incorporar a los niños en el mundo adulto hace que resulte mucho más fácil que aprendan a realizar las tareas. Si están cerca de nosotros cuando preparamos el desayuno o lavamos la ropa, rápidamente comprenderán cómo hacer huevos revueltos o separar las prendas blancas de las de color.

Pero esta estrategia también tiene otras ventajas. En primer lugar, proporciona a los padres margen de maniobra. En vez de tener que programar, pagar y participar en actividades infantiles interminables, los progenitores pueden seguir con su vida cotidiana —trabajando o relajándose— mientras tienen a los niños a su lado, aprendiendo. En lugar de organizarnos la vida alrededor de los niños, podemos incorporarlos a nuestra rutina.

Además, es muy probable que los niños hayan evolucionado para aprender imitando a sus padres; así hemos aprendido durante doscientos mil años (como veremos en el próximo capítulo). De modo que, para muchos críos, aprender así es más fácil y menos estresante que a través de actividades centradas en los niños. Y genera menos conflictos y resistencia.

¡Y qué manera más maravillosa de aprender! No hay presión por asimilar una habilidad más rápido de lo que eres capaz, no hay lecciones ni exámenes al final del semestre. Los niños pueden aprender a su ritmo estando cerca de los adultos, observando y ayudando.

Pero lo más importante quizá sea que les proporciona algo que les falta a muchos niños estadounidenses: el carnet de miembro del equipo.

En Occidente, solemos emplear dos tipos de motivación: los premios (por ejemplo, elogios, regalos, medallas, pagas semanales) y los castigos (por ejemplo, gritos, aislamientos, reprimendas, amenazas). Pero en muchas otras culturas las madres y los padres apelan a otro tipo de motivación: el deseo del niño para integrarse en la familia y trabajar como un equipo. El deseo de sentirse parte de algo.

Es una motivación poderosa, realmente poderosa. Sin ella, los padres educarían a sus hijos con las manos esposadas a la espalda. Esta motivación no solo provoca que los niños se activen y hagan tareas voluntariamente, sino que también los ayuda a ser más cooperativos y flexibles en general. Hace que por la mañana se preparen para ir al colegio, que vayan corriendo al coche cuando están en el parque y es hora de volver a casa, que coman lo que tienen en el plato y que no se hagan de rogar cuando les pedimos que pongan la mesa.

Los niños realizan esas tareas, con relativa facilidad, porque están comprometidos con su familia. Si formar parte de la familia supone que hay que lavar platos, entonces el niño lava platos. Si supone que hay que limpiar la casa, el niño también la limpia.

Están predispuestos a ese tipo de cooperación. Es uno de los rasgos que nos hace humanos. Nos hace sentir bien trabajar con las personas que nos quieren, y ayudarlas.

Niños de tan solo ocho o nueve años son totalmente conscientes de esta motivación, afirma Lucía. «Preguntamos a los niños mayas por qué ayudan en casa. Varios respondieron que lo hacían porque eran parte de la familia y se trataba de una responsabilidad compartida. Todos ayudan.» Un niño contestó: «Bueno, vivo allí. Por lo tanto, tengo que ayudar». Otro dijo: «Puesto que también como en casa, tengo que ayudar a mi padre».[5]

Pero para que los padres puedan activar este tipo de motivación hay un requisito esencial: los niños deben sentir que son miembros de la familia contribuyentes y de pleno derecho. Han de sentir que sus contribuciones son importantes y tienen un impacto real. Por ejemplo, si un niño se ocupa de su hermana menor, es realmente responsable de su bienestar.

Los niños son conscientes por completo de sus relaciones con los demás: saben quién está en su equipo y quién no.[6] Incluso los más pequeños son conscientes de sus interdependencias y conexiones con los demás; saben quién los ayuda y a quién ayudan.

También tienen muy claro qué papel desempeñan en el equipo. ¿Soy un receptor de béisbol que está implicado en casi todas las jugadas, o un jugador de campo que apenas entra en acción? O, más concretamente, ¿soy un espectador VIP que está en la tribuna comiendo un perrito caliente y bebiendo un zumo de manzana?

Al permitir que los niños entren en el mundo adulto, les confirmamos que pertenecen al equipo de la familia. Metafóricamente, les estamos dando el carnet de miembro que llevan en el bolsillo trasero de los pantalones. Es un carnet que les ofrece pleno acceso a los beneficios —y las responsabilidades— del equipo. Les dice: «Hago lo que hacen los adultos porque formo parte del grupo. Cuando mi familia hace la colada, yo hago la colada. Cuando la familia limpia, yo limpio. Cuando la familia se va de casa por la mañana, me voy con ellos. Cuando la familia...». Sea lo que sea, el niño lo hará.

Cada vez que implicamos a un niño en una tarea adulta —ya sea algo tan sencillo como sacar la basura o tan complejo como llevárnoslo a Yucatán para escribir un libro—, le estamos diciendo que forma parte de algo mayor que él mismo. Forman parte del «nosotros». Y están conectados con el resto de los miembros de la familia. Lo que hacen ayuda o perjudica a los demás.

Por el contrario, cada vez que elegimos una actividad dedicada al niño y centrada únicamente en él, le estamos quitando el carnet. Le decimos que es diferente a los otros miembros de la familia, que es como un VIP, que está exento del trabajo familiar, de las actividades de los adultos. Reprimimos su motivación para trabajar como un equipo.

Era precisamente lo que estaba ocurriendo entre Rosy y yo. Estaba enseñando a mi hija que su papel en la familia era jugar con Lego, ver vídeos educativos y que le sirvieran la comida (sobre todo, pasta sin salsa y tostadas con mantequilla). Mi papel era limpiar, cocinar, lavarle la ropa y llevarla de una actividad a otra. Entonces ¿por qué diablos iba a ponerse los zapatos cuando yo se lo pedía por las mañanas? ¿Por qué iba a comerse el brócoli que le había preparado? ¿O irse a la cama cuando todos estábamos agotados?

En muchos aspectos, Rosy era como el CEO de una empresa tecnológica, y yo, su directora de actividades. Mi función era planificar sus jornadas y garantizar que se lo pasaba bien.

Pero después de pasar aquella mañana con Teresa y de mis conversaciones con Suzanne sobre las actividades centradas en los niños, reflexioné y concluí lo siguiente: nunca más. Nunca más. Nunca más voy a comprar una porción de pizza de diez dólares en un puesto atiborrado de niños para tener que comérmela yo. Nunca más haré la colada mientras mi hija ve *Los Osos Berenstein* en YouTube. Nunca más cocinaré un plato especial para ella. Son tiempos que ya no volverán a la familia Doucleff.

Decidí dejar de ser la directora de actividades de Rosy y darle la bienvenida a mi mundo. Decidí dejar de entretenerla y aprender, sencillamente, a estar con ella.

Al volver a casa después de Chan Kajaal, llevé a cabo tres grandes transformaciones en la familia Doucleff:

1. **Reconfiguré totalmente el horario de Rosy.** Descubrí que los fines de semana y las tardes después del colegio eran momentos ideales para que Rosy se ganara su carnet de socia, para que presenciara el funcionamiento interno del hogar y contactara con el mundo adulto. Nada de museos para niños, ni zoos ni parques de atracciones. Incluso limité las fiestas de cumpleaños, excepto las que pasábamos con amigos de la familia con quienes Matt y yo queríamos charlar un rato. Lo mismo hice con los encuentros para que los niños jugaran: si yo no quería pasar tiempo con la madre o el padre, no íbamos, o bien la dejaba en casa de su amiga, con la otra familia. Lo que descubrí es que a Rosy le va muy bien tomarse un descanso de Matt y de mí. Incluso cuando solo tenía dos años y medio se lo pasaba de maravilla sin mí. Siempre que se sintiera segura con otro adulto, no tenía problema alguno.

Cuando tenemos tiempo libre, hacemos actividades que toda la familia disfruta, cosas que hacíamos antes de que Rosy naciera. A veces tenemos que modificar un poco la actividad para que Rosy pueda sumarse (por ejemplo, la excursión deberá ser más corta, o cambiaremos la ruta en bici o evitaremos una segunda ronda de copas en la cena). Pero las actividades no están centradas en ella, no son para ella, y tampoco son exclusivas de los niños. Son actividades del mundo adulto, y Rosy participa plenamente.

Y he aquí el gran cambio: en lugar de esperar a que Rosy se eche la siesta para limpiar la casa, lo hacemos cuando está despierta. Los sábados por la mañana cocinamos algo divertido para desayunar y limpiamos la casa todos juntos, Matt tampoco se escapa. Los domingos por la mañana hacemos la colada todos juntos, de nuevo, y después de comer vamos al supermercado. Los domingos por la tarde cuidamos el jardín, damos un paseo con el perro o visitamos a unos amigos.

¿Y qué hago ahora cuando Rosy duerme? ¡Santo cielo, me relajo! Leo un poco, doy un paseo, veo algo en Netflix o tengo una conversación excelente y sin interrupciones con mi marido. Y, en ocasiones, duermo una siesta o me baño sin mirar el reloj.

2. Cambié mi visión sobre lo que representaba su ayuda. Aunque lo pusiera todo perdido, rompiera algo o me arrebatara un utensilio, me recordaba a mí misma. Pensaba: «Rosy trata de ayudar, pero no sabe cómo. Tengo que enseñárselo. Y me llevará tiempo». Me apartaba un poco, le dejaba hacer lo que quería y trataba de minimizar mis instrucciones y comentarios. Daba la bienvenida a cualquier interés en hacer las tareas que mi hija demostrara, incluso cuando parecía que solo estaba jugando o no se lo tomaba en serio.

3. Le di tanta autonomía como pude. Profundizaré más en esto cuando visitemos a los hadza. Por el momento, quiero enfatizar que respetar la autonomía del niño —es decir, minimizar las actitudes autoritarias— es necesario para que este sistema funcione.

Consejo práctico 2: Entrena la cooperación

En la cultura occidental nos esforzamos mucho por trazar una línea entre el mundo de los niños y el de los adultos. Los niños van al colegio; los padres van a trabajar. Los niños se van a dormir temprano; los padres se van a dormir tarde. Los niños comen comida de niños; los padres comen «comida de adultos» (como me dijo mi sobrina de nueve años el verano pasado). La separación es clara. Pero no tiene por qué ser así. Nuestra tarea es encontrar posibilidades de combinar ambos mundos. Y hay muchas muchas posibilidades. Solo tenemos que aprender a verlas.

Se debe tener en cuenta que a algunos niños quizá les cueste más adaptarse al nuevo entorno, sobre todo a aquellos más mayores que no hayan tenido mucha experiencia con el mundo adulto. Al principio, es posible que no sepan muy bien cómo comportarse. Y quizá sea necesario introducir las nuevas experiencias a lo largo de varias semanas o varios meses.

«El problema, me parece, es que los niños solo se han criado en lugares a prueba de niños — afirma Barbara Rogoff—. Después, cuando llegan a algún lugar que se rige por reglas diferentes, como un entorno adulto de clase media, a veces no saben cómo encajar. Otros adultos se enfadan. Y los padres se rinden.»[7]

Pero ¡no hay que rendirse! Debemos tener un poco de paciencia. Recordemos que estamos enseñándoles una nueva habilidad.

Con tiempo y práctica, los niños aprenden a comportarse correctamente en los entornos adultos, dice Barbara. «Si comenzamos pronto, o los acostumbramos, aprenden. Son muy buenos distinguiendo el mundo adulto del de los niños.»[8] También son buenos discerniendo qué reglas se aplican en cada entorno.

Si lo pensamos un poco, ¿cómo esperamos que los niños aprendan a actuar con madurez si no los exponemos a los adultos maduros de forma regular? Si Rosy se pasa todo el rato jugando con otros niños de tres años, ¿acaso puedo esperar que actúe de forma más madura que un niño de tres años?

Exponerlos al mundo adulto también es bueno para el colegio. Les enseña a ser más pacientes, silenciosos, respetuosos, y además aprenden a mirar y escuchar.

He aquí cómo empezar.

Para empezar

• **Convierte el sábado o el domingo en el día de la familia.** En este día, todos los miembros de la familia reciben el mismo trato y participan en las mismas actividades. Sustituye las actividades o

PASOS PARA FORMAR A UN NIÑO

DEMOSTRAR
Demuéstrale el comportamiento
que quieres, y no el opuesto

PRACTICAR
Dale oportunidades para
practicar una habilidad

el entretenimiento centrado en los niños (incluyendo la tele, YouTube o los juegos) con actividades adultas centradas en la familia. Intenta introducir al niño en el mundo adulto. Haz tareas domésticas, en el jardín o en el despacho. Id a comprar al súper todos juntos. Id al parque y disfrutad de una merienda con amigos o familiares. Id a pescar. Id a la playa y leed o trabajad mientras el niño juega. Organizad una fiesta e involucrad a los niños en la planificación, en cosas como escoger las servilletas, el menú, las bebidas y todos los preparativos agradables. Participad en una actividad de la parroquia para todas las edades. O sed voluntarios en actividades que también puedan hacer los niños, como colaborar en un banco de alimentos, un comedor social, un huerto comunitario o un grupo de conservación de los senderos. A lo largo del día, piensa: «No es mi trabajo entretener al niño. Su trabajo es formar parte del equipo».

• **Date un descanso de entretener y enseñar a tu hijo.** Se puede empezar con poco, unos cinco minutos cada vez. Luego podrás ir ampliando el tiempo hasta pasarte todo el sábado y el domingo sin tener que mandar nada al niño.

Durante esos descansos, deja que vaya a su aire. No le des órdenes, no le expliques nada, no le des muñecos con los que jugar. Que lo piense por él mismo. Haz lo que quieras y deja, si lo desea, que te siga por todas partes. Lleva a cabo tareas de la casa. Trabaja. No hagas nada. Túmbate en el sofá y hojea una revista. Al principio, quizá te resultará más fácil probarlo fuera de casa. Puedes llevarte el niño al parque y ponerte a leer un libro o adelantar trabajo. Siéntate en un banco y no hables. Si el niño se queja porque está aburrido, ignóralo. Ya encontrará la forma de entretenerse, sin necesitarte a ti ni una pantalla. Y a medida que mejoren sus habilidades, la vida será más fácil, más tranquila, más apacible.

Si te ayuda, piensa en 20-20-20: durante veinte minutos al día, estoy a no menos de veinte pasos de ellos (unos siete metros), y durante veinte minutos guardo silencio.

20   20   20

minutos   pasos   minutos
cada día   de silencio

Para profundizar

- **Minimizar (incluso descartar) todas las actividades centradas en los niños.** No te preocupes, el niño seguirá participando en un montón de actividades de esas en el colegio, con los amigos y la familia. Pero ponte como objetivo decir no a las fiestas de cumpleaños, a las visitas al zoo, a las citas para jugar o a excursiones de cualquier tipo. Los niños pequeños no necesitan esas actividades.

En cuanto a los que son más mayores, ayúdalos a hacerse responsables de sus actividades. Enséñales a planificar, organizar y llevar a cabo sus propias actividades. Deja que programen sus encuentros y visitas con amigos. Muéstrales cómo inscribirse en algún deporte, clases de música y otras actividades extraescolares. Enséñales a acudir a ellas ir en bici, en autobús o andando. El objetivo es minimizar tu implicación en las actividades centradas en niños y maximizar su autonomía.

Recordemos que las actividades centradas en los niños son las que los padres solo hacen por ellos; no estarían allí si no fuera por sus hijos, y no disfrutan de la actividad. Lo que quede fuera de esa categoría dependerá de los padres y de las actividades. Por ejemplo, los deportes de equipo suelen estar pensados para los niños, pero a menudo implican a otros miembros de la familia o a amigos cercanos. Muchas familias se juntan para animar y dar apoyo. De modo que solo tú puedes decidir qué es una actividad «centrada en los niños».

Personalmente, me pregunto si asistiría a una actividad determinada si Rosy estuviera enferma. Por ejemplo, en su clase se organizan cenas semanales con otras familias. Son noches en las que me lo paso bien. Tengo una relación de amistad con los otros padres y también forman parte de nuestra red de apoyo. Valoro y quiero reforzar esas conexiones. Así que, aunque las cenas son para el colegio de Rosy, en mi mente las considero «centradas en la familia», así que asistimos. También me encantan las zonas de juego de los parques, no miento. Me gusta mirar los pájaros, leer un libro o escribir en un cuaderno. Se juntan allí niños de todas las edades. Pero no me gusta jugar con ellos. En mi mente, la actividad pasa de estar centrada en la familia a estar centrada en el niño. Así que Rosy y yo vamos al parque, pero yo trabajo mientras ella juega. Y punto.

Una buena prueba es observar cómo se comporta el niño después de la actividad. ¿Está más calmado, más cooperativo, o más inquieto y molesto? Si ocurre esto último, es mejor dejar de lado esa actividad. Perjudica su motivación de equipo. Y si la actividad, de alguna manera, desencadena conflictos, discusiones o resistencias, descártala. Ninguna actividad compensa un conflicto. Los niños necesitan menos (no más) conflictos.

Por otro lado, después de pasar una tarde trabajando juntos en casa, ¿el niño se muestra más agradable, cooperativo y es más capaz de entretenerse solo? ¿Cómo está el nivel de estrés en casa? ¿Hay menos conflictos y resistencias?

Personalmente, creo que Rosy tiene una especie de «resaca» desagradable después de participar en actividades intensas centradas en niños. No se portará demasiado bien durante una hora más o menos, a medida que vuelve a la vida centrada en la familia, donde debe seguir con la rutina y ser cooperativa. También me parece que las actividades exclusivas para niños la desconectan de la familia y la estimulan en exceso. Suelen ser actividades centradas en el «yo», y lo que mi hija de verdad necesita y desea son actividades centradas en el «nosotros».

- **Maximiza su exposición al mundo adulto.** Lleva al niño a lugares que, si bien no son habituales para él, le muestren cómo funciona el mundo adulto. Llévalo al supermercado, a la consulta del médico, a la del dentista, al banco, a la oficina de Correos, a la ferretería, a la copistería... Básicamente, a cualquier lugar que tengas que ir por trabajo o por una cuestión familiar.

Al principio, no esperes que se comporte a la perfección. Hay que habituarlo, poco a poco, de manera progresiva. Empieza por algo breve —quince minutos— y ve aumentando el tiempo. O deja que el niño te guíe. Observa y fíjate en cuánto rato soporta estar en un lugar adulto. Rosy es muy buena haciéndome ver cuándo ha llegado al límite en el mundo adulto. Por el contrario, a veces me ha sorprendido lo paciente y calmada que puede ser. La semana pasada, Rosy se pasó tres horas (!) en una visita al oculista armando muy poco jaleo.

Pero cuando le entra una rabieta, le recuerdo: «Este no es un lugar para jugar. Es un privilegio estar aquí y, si no eres una niña lo bastante mayor, tendrás que irte». Cuando toca algún aparato o juguetea con él, le recuerdo: «Esto no es un juguete. Este es un lugar para niñas mayores en el que no se juega».

• **Tira los juguetes y los objetos pensados para niños.** Vale, no hay que tirarlos absolutamente todos. Pero sí puedes limitarte a tener unos pocos libros, lápices, rotuladores y quizá una caja de Lego (o un juguete con el que tu hijo suela entretenerse). Y puedes dejar de comprarle juguetes nuevos. No los necesita. Además, los amigos y los familiares le darán regalos suficientes para que la casa esté llena de objetos de plástico rosa y ositos azules.

Tener menos juguetes, y ocuparse menos de ellos, supone un montón de ventajas. Ahorrarás tiempo limpiando y ordenando. Tendrás más espacio y menos trastos. La casa parecerá menos infantil (por ejemplo, si tienes una sala de juegos podrás utilizarla para una actividad centrada en los adultos, como coser o tallar madera). Y, una vez que empieces a ver los juguetes como algo innecesario y prescindible, podrás enseñar a tu hijo otras habilidades, como ayudar y compartir.

- **Usa los juguetes para enseñarle a ser acomedido.** Si los juegos y los juguetes ya no son esenciales en casa (sino un privilegio del niño), entonces los padres no tienen por qué recogerlos, al menos no personalmente. Ahora podrás establecer una serie de reglas útiles respecto a esos objetos. Enséñale, por ejemplo, cómo recogerlos o a hacerlo juntos. Y si el niño no participa o no los recoge regularmente, puedes tirarlos o donarlos a una organización caritativa. Esta idea proviene de una madre nahua que aparece en un estudio de Lucía. Cuando el niño se niega a recoger los juguetes, la madre lo amenaza con «tirarlos». Y el niño los recoge de inmediato.[9]

Si tengo que pedir a Rosy más de tres veces que recoja un juguete (o veo que suelo acabar por recogerlo yo), lo tiro a la basura. O lo meto en una caja que, al final de la semana, llevamos a la parroquia. En ocasiones, se lo advierto con una frase como: «¡Última oportunidad para recogerlo o lo tiro a la basura!». O lo tiro, sin preámbulos. Ni una sola vez ha vuelto a pedirme los juguetes que he descartado. Rápidamente, hemos ido seleccionando los juguetes y solo tiene los que de verdad le gustan. Y ha mejorado en la limpieza.

- **Utiliza los juguetes para enseñarle a compartir.** Cuando visites a unos amigos, pide al niño que escoja un libro o un juguete para dárselo a la otra familia. O repasa los juguetes cada mes y dona la mitad a una organización caritativa. Me apuesto un dedo a que a tus hijos les encantará compartir los juguetes con amigos y personas necesitadas, y empezarán a hacerlo voluntariamente al cabo de pocas semanas.

- **Reconsidera tu papel como madre y el papel de tu hijo en la familia.** ¿Tu papel consiste en entretener y dar al niño cosas que hacer? ¿O es enseñarle habilidades cotidianas y cómo trabajar con otros?

Ahora, piensa en el papel de tu hijo en casa. ¿Es el beneficiario de un entretenimiento continuo o tiene un propósito más allá de él, que es ayudar y cooperar, o trabajar como un equipo? ¿Cómo contribuye o cómo quiere contribuir?

Los niños pueden ayudarnos en las tareas diarias como cocinar, limpiar, hacer la colada y cuidar de las mascotas. Pide a tu hijo que observe o participe, o que, sencillamente, esté a tu lado cuando realizas esas tareas. Si se resiste, recuérdale que forma parte de la familia y que las familias trabajan juntas.[10]

Cuando le pidas ayuda, recuerda que es para trabajar juntos. No le estás pidiendo que haga algo solo. Puedes decir algo como: «Vamos a doblar juntos la ropa de la colada, así lo haremos más rápido». Cualquier tarea es una oportunidad para trabajar juntos y reforzar la pertenencia del niño a la familia. (También debes recordar que la invitación a ayudar no es una orden. El niño puede negarse.)

• **Empieza a formar un compañero de trabajo.** Si de verdad quieres que tu hijo sienta que es un miembro de pleno derecho de la familia, implícalo en tu actividad profesional o en tu trabajo.

• Llévalo de forma regular a tu oficina o lugar de trabajo (tanto como te permitan tus jefes, pero deberían ser unas pocas horas cada semana). Deja que esté cerca de ti mientras trabajas. Puede colorear, dibujar o leer. Si le interesa lo que haces, dale una tarea fácil que pueda realizar. Por ejemplo, a Rosy le encanta hacer unas maravillosas tarjetas de agradecimiento a las personas que entrevistamos. También grapa contratos, escanea documentos y pega sellos en las cartas.

• Durante los fines de semana en casa, si tienes que trabajar, propón al niño que esté cerca de ti. No tienes que decirle qué hacer. Sencillamente, di algo como: «Ahora vamos a trabajar y hay que guardar silencio». A Rosy le encanta estar sentada junto a mí cuando escribo, aunque lo único que yo haga sea mirar fijamente la pantalla. Se pone a mi lado y descansa. O colorea mientras «lee».

• Sé creativa. Busca formas de incluir al niño en tu trabajo, aunque solo sea de cuando en cuando. Por ejemplo, llévatelo de viaje, o a una cena o celebración de empresa. Pídele consejo sobre algún problema o encargo que te hayan hecho. Habla de trabajo durante la cena o mientras conduces, y pídele su opinión. O, sencillamente, muéstrale lo que haces: las presentaciones con diapositivas, los proyectos, las tablas de contabilidad. Indícale en un mapa dónde trabajas, dónde están tus clientes. Muéstrale todo lo que puedas. Incorpóralo a tu mundo.

Con frecuencia, entrevisto a Rosy para alguna sección de la radio, aunque no sea sobre la educación de los hijos. ¿Por qué? Porque le encanta que la grabe y le encanta oír su voz. Pero también porque tiene una visión interesante sobre lo que ocurre. Es muy buena resumiendo ideas. Y, más adelante, quiero que me ayude a transcribir entrevistas y editar textos, así que tengo que implicarla tan pronto como sea posible.

Sin embargo, cuando volví de Chan Kajaal y puse en práctica estas innovaciones, ¿cambió todo de forma milagrosa? Pues no. Me costó meses de práctica dejar de entretener a Rosy, dejar de ser su directora de actividades. Todavía hoy, de vez en cuando, me sorprendo organizándole alguna actividad o convirtiendo el paseo por el parque en una clase de biología. Pero, sobre todo, lo que he conseguido es que nuestras vidas sean mucho menos estresantes. Mi marido y yo no estamos corriendo de una actividad para niños a otra durante todo el fin de semana. Tenemos mucho más tiempo para nuestros intereses y aficiones, como el senderismo, la jardinería, la lectura y pasar toda una tarde de sábado holgazaneando en la playa. Y a Rosy le encanta saber qué nos interesa. Si algo nos gusta, ¡a ella también! Además, es una nueva oportunidad para mejorar nuestras habilidades para colaborar.

Y desde entonces no he vuelto a comer una porción de pizza de diez dólares.

Introducción a la educación en equipo: Una forma mejor de estar juntos

Son las siete de la mañana de un caluroso día de julio de 1954. Durante el verano no hay clases en Alton, Illinois, una pequeña ciudad del Medio Oeste junto al río Mississippi. Mickey Doucleff, de nueve años, ya está despierto, vestido y listo para trabajar. Unos minutos antes, su padre lo había «llamado».

«Solo tenía que decir "Mickey" con su voz profunda, y yo ya sabía qué significaba eso. Me despertaba de inmediato», recuerda más tarde.

El joven Mickey se pasa el peine por su pelo a lo militar y baja corriendo la escalera. El aroma de azúcar con canela impregna el aire.

El padre de Mickey está en la cocina preparando rollitos de canela y colocándolos en la bandeja del horno. Una mezcladora enorme, del tamaño de un buzón, remueve quince kilos de masa blanca que, cada pocos segundos, impacta en los costados de la máquina con un rítmico bam, bam, bam.

—Buenos días, papá — dice Mickey.

Pasa al lado de su padre para dirigirse a la parte frontal de la tienda. En el escaparate se ven rosquillas de chocolate, magdalenas con arándanos y pastelitos de albaricoque. Detrás del mostrador, hogazas de trigo integral, centeno y pan *babka* se amontonan en las estanterías. Ya hay varios clientes haciendo cola para recoger los pedidos.

Mickey se pone el delantal blanco y se lo anuda alrededor de su delgada cintura, dispuesto a trabajar.

—Buenos días —dice—. ¿En qué puedo ayudarle? ¿Se ha fijado en que tenemos en oferta la docena de rosquillas a solo diez céntimos?

Si observamos el mundo actual, en los seis continentes habitados, veremos que existe una forma común de criar a los hijos. Es una manera de relacionarse con los niños a la que han vuelto los padres y las madres una y otra vez, en zonas y sociedades totalmente diferentes, desde los cazadores-recolectores del desierto del Kalahari, pasando por los pastores de Kenia y los agricultores del Amazonas, hasta los panaderos del Mississippi. Es una estrategia que, seguramente, lleva entre nosotros decenas de miles de años, puede que cientos de miles de años. Y no hace tanto también la ponían en práctica los estadounidenses. Pero en el último siglo alguien ha convencido a los padres de este país de que tenemos que hacerlo de un modo diferente. Así que esa dinámica empezó a desaparecer de muchas comunidades estadounidenses.

Ahora vamos a aprender cómo recuperarla.

Consiste en cuatro elementos esenciales que conforman los fundamentos de la relación padre-hijo. Yo los resumo en el acrónimo inglés equivalente a EQUIPO: TEAM, de *Togetherness, Encouragement, Autonomy, Minimal Interference*, que vienen a significar: Trabajar juntos, Estimular, dar Autonomía y ofrecer una Mínima interferencia. De este modo, cuando tengo un conflicto con Rosy (o si el infierno se desata en el hogar de los Doucleff), puedo recordar fácilmente los elementos esenciales y utilizarlos para controlar el caos.

Vamos a profundizar en cada uno de esos conceptos. Comencemos por «trabajar juntos».

La sociedad occidental se esfuerza mucho en enseñar a los niños a ser independientes: vestirse solos por la mañana, ordenar su habitación, hacer los deberes, etcétera. Pero es probable que esta línea de pensamiento vaya en contra de cientos de miles de años de evolución. Los seres humanos tenemos un deseo extraordinario de estar con los demás y ayudarlos: es una de las características clave que nos diferencia de otros primates. Y es posible que sea una de las razones por las que los *Homo sapiens* han sobrevivido durante los últimos doscientos mil años, mientras que otras siete especies de *Homo*, al menos, se extinguieron. «Aparte del lenguaje [...], la última gran diferencia entre nosotros y otros primates es un curioso conjunto de atributos hipersociales que nos permite detectar el estado mental y los sentimientos de los demás», escribe la bióloga evolutiva Sarah Blaffer Hrdy en *Mothers and Others: The Evolutionary Origins of Mutual Understanding* [Las madres y los otros: Los orígenes evolutivos de la comprensión mutua].[11]

Es más, este impulso de ayudar aparece muy pronto. En un estudio se observó cómo unos niños pequeños ayudaron voluntariamente a un adulto en cuatro tareas diferentes: fueron a buscar un objeto que el adulto no alcanzaba, abrieron un armario cuando el adulto tenía las manos ocupadas, corrigieron el error de un adulto y apartaron un obstáculo de su camino. Para poder ayudar en estas situaciones, los niños deben poseer ya una cantidad extraordinaria de empatía, de habilidades para leer la mente de los demás y de motivación para cooperar.[12]

El impulso de ayudar a los demás está en nuestro ADN. Como dice Lady Gaga, hemos «nacido así».

De modo que, cuando los padres insisten en que los niños trabajen solos, están reprimiendo su deseo innato —incluso la necesidad— de estar con otras personas y colaborar. Acabamos generando tensión entre nosotros y los niños, y nos predisponemos a originar luchas y conflictos.

Pensemos en los desencadenantes de los berrinches o la ansiedad. En muchas ocasiones, son momentos del día en que el niño ha de separarse de su cuidador, como cuando lo llevamos al colegio, tiene que echarse la siesta o irse a dormir, o cuando uno de los padres se va de viaje.

Para comprender mejor lo que trato de decir, pongamos a nuestro perro, Mango, como ejemplo. Es un pastor alemán de doce años, un perro amable y maravilloso. Pero, por Dios, ¡arma mucho ruido! Ladra a todo: cuando suena el timbre, cuando alguien camina por la casa, cuando dos personas se abrazan, cuando alguien baila... Creo que ya se entiende. Su reacción por defecto es ladrar. Al principio, tratamos de adiestrarlo para que no ladrara, lo cual comportó mucho esfuerzo. Y todas las soluciones eran a lo sumo temporales. Al final comprendí que era algo que Mango llevaba en los genes. Había nacido para ladrar. Y, además, sus ladridos eran una forma de protegernos, de ayudarnos, de mostrarnos amor. Así que decidí adaptarme a los ladridos de nuestro perro en lugar de luchar contra ellos.

Los niños y su deseo de cooperar y participar pueden considerarse de igual modo. Los niños pequeños, en muchos aspectos, están diseñados para rodearse de gente y colaborar. Es su modo por defecto y su forma de amarnos. No solo les permite establecer vínculos sólidos con los adultos a quienes aman, sino que también los ayuda a desarrollarse cognitiva y emocionalmente. Tienen que trabajar con los demás para gozar de buena salud.

En todo el mundo, las supermadres y los superpadres no luchan contra ese instinto, sino que lo aprovechan. Saben que hacer tareas juntos es tan valioso —si no más— que hacerlas solo. Si un niño necesita o pide ayuda, la madre y el padre se la proporcionarán. Por ejemplo, si un niño de cinco años necesita ayuda para vestirse por la mañana, entonces los padres lo ayudan, y lo hacen de buena gana, aunque el niño sea muy capaz de hacerlo solo. No lo obligan constantemente a ser independiente ni a acelerar el proceso. En lugar de ello, le dan tiempo y espacio para que se desarrolle a su propio ritmo.

Si lo pensamos un poco, ¿cómo podemos esperar que un niño nos ayude si no lo ayudamos cuando lo necesita? (¿Y cómo podemos esperar que ayude a su hermano?)

Por su parte, las supermadres y los superpadres no tienen reparo alguno en pedir ayuda a los niños cuando la necesitan, aunque sean pequeños. En casa, los ejemplos podrían ser: «Ve a buscarme un vaso de agua», «Ve a pedir un poco de madera al vecino», «Ayúdanos a preparar el maíz», «Abre la llave de paso de la manguera del jardín» o, incluso, «A ver si te enteras de si la tía Mary y el vecino Bob tienen una aventura...». Sí, entre la tribu ese'ejja de cazadores-recolectores en la Amazonia boliviana, los niños son los cronistas de sociedad porque pueden colarse en las casas sin ser vistos mientras los adultos hablan.[13]

Bien, hora de una nueva confesión: cuando leí por primera vez lo importante que era trabajar juntos, me pareció un nuevo modelo de infierno. Estar con Rosy ya era agotador. Algunas noches, después de la cena, me escabullía de la cocina al cuarto de baño y cerraba la puerta para tener unos pocos minutos de paz y silencio. Lo último que quería era estar pegada a ella como dos piezas de velcro durante varias horas cada día.

Pero en Chan Kajaal tuve la oportunidad de observar a María y a Teresa, y me di cuenta de que lo hacía todo mal. Para empezar, me complico demasiado la vida. Sí, demasiado. Por esta razón no puedo aguantar más de una hora o dos con Rosy. Y me centro demasiado en mí. Entendía al revés el quién y el qué del concepto «trabajar juntos».

TRABAJAR JUNTOS

TODOS pueden hacerlo. La abuela, el tío, una prima, un vecino, la canguro.

No es necesario hacer planes especiales (o entretener). Haz lo que tengas que hacer y deja que el niño esté contigo.

Cohabitación pacífica. Calma. Buen rollo. Relajación. SILENCIO.

• **Quién.** Estar juntos no es una actividad exclusiva del padre o la madre. En muchos casos, los padres no pintan nada. Cualquiera que ame al niño puede estar con él. En las comunidades tradicionales, como en Chan Kajaal o Kugaaruk, siempre se ve a alguien además de la madre o el padre del niño: la abuela y el abuelo, la tía y el tío, un hermano, un cuidador, un amigo. Quien sea. Estar juntos, trabajar juntos, es que la hermana mayor, Laura, ayude a vestirse a su hermana pequeña, Claudia. Es que la abuela Sally se lleve a Tessa, de tres años, a coger bayas a la tundra. Es que la canguro Lena vaya con Rosy al parque de Golden State. Es un hermano mayor durmiendo con el hermano pequeño. Un vecino abrazando a un bebé. Un amigo dándole la mano. Es, en definitiva, el círculo de amor que rodea al niño, vaya a donde vaya.

Como seguiremos viendo, todos esos otros cuidadores son un componente esencial del equipo. Y hace que criar a los hijos sea mucho más fácil (y menos agotador para mamá y papá).

• **Qué.** Cuando están con los niños, los padres y los otros cuidadores no dan órdenes ni reparten advertencias constantemente. Tampoco los estimulan sin parar, jugando con ellos o impartiendo lecciones educativas. Trabajar juntos es lo opuesto de esta dinámica. Y creo que es un modo de educar a los hijos mucho menos exigente y agotador.

Significa permitir que el niño esté con nosotros, o muy cerca, siempre que hagamos lo que queremos o lo que necesitamos hacer. Lo aceptamos en una tarea y luego dejamos que se ocupe por sí mismo. Si se nos acerca y quiere ayudar o mirar, se lo permitimos. Pero si no es así, tampoco hay problema. El niño está en nuestro mundo realizando sus actividades. Dos individuos —el cuidador y el niño— comparten espacio, pero no se exigen atención mutua. Más tarde profundizaré sobre cómo enseñar esta habilidad a un niño exigente. Por el momento, basta con saber que cuanta menos atención pidamos que nos preste el niño —con órdenes, instrucciones y correcciones—, menos nos reclamará él.

Estar juntos, trabajar juntos, es fácil. Es relajante. Fluye. Es lo que ocurre cuando no nos empecinamos en controlar las acciones de los demás y, sencillamente, los dejamos estar. La supermadre inuit Elizabeth Tegumiar me resumió esta idea una noche, en un baile de tambores de Kugaaruk. Yo no dejaba de explicar a Rosy qué era lo que tenía que hacer mientras jugaba con otros niños. Elizabeth me miró y dijo: «Déjala estar. No se queja. Está bien».

Rosy y yo vimos esta forma de estar juntos, relajada y tranquila, en todos los lugares a los que fuimos para escribir este libro. En Chan Kajaal, las madres mayas dan de comer a las gallinas o tejen hamacas mientras los niños trepan por los árboles cercanos. En el poblado ártico de Kugaaruk, las madres y los padres inuit van al río a sacar las redes de pesca mientras los niños juegan entre las rocas próximas. Otro día, dos madres evisceraron a un narval en el jardín mientras Rosy y otros críos iban en bicicleta y jugaban en un arroyo cercano. De vez en cuando, uno de los niños se paraba para echar un vistazo al *muktuk* (carne de ballena). Pero los padres nunca les daban explicación alguna, a menos que el niño mostrara interés o que el padre necesitara ayuda. Los padres y los hijos, sencillamente, cohabitan juntos.

Al mismo tiempo, es evidente que los niños van asimilando todo. «Así se hace. Así lo hacemos nosotros.» Están aprendiendo.

No hace demasiado tiempo, los adultos estadounidenses también se lo enseñaban todo a sus hijos estando juntos, trabajando juntos. De este modo aprendió mi abuelo a cultivar cacahuetes en Georgia, así como los conocimientos de carpintería para fabricar muebles. De esta manera aprendió mi abuela a hornear, cocinar, coser y hacer punto. Y así aprendió mi madre a freír pollo y coser un botón. También fue así como Mickey Doucleff aprendió a ser panadero.

Mickey es mi suegro. Cuando le explico cómo los padres mayas de Chan Kajaal enseñan a sus hijos a hacer las tareas, inmediatamente sabe a qué me refiero. «Se parece mucho a como crecí yo —dice—. Así aprendí todo en la panadería.»

El padre de Mickey era un inmigrante de Macedonia. Y, en 1951, abrió la panadería Duke en Alton, Illinois (cerca del lugar donde Abraham Lincoln debatió con Stephen Douglas antes de la Guerra Civil).

Desde el primer día, la familia daba por descontada la contribución de Mickey al negocio. Su primer trabajo, a los cuatro años, fue doblar las cajas de los pasteles. «Se suponía que me pagaban un centavo por caja, pero no recuerdo que nunca me dieran nada. Era una especie de aliciente», dice riendo.

Pasaba en la panadería casi todo el tiempo libre. «Jugábamos dentro, fuera y alrededor de la panadería todos los días», explica Mickey. Él y su hermano no tenían canguro, ni se iban de campamento ni recibían clases de kárate. Después del colegio, durante los fines de semana y en verano, el entretenimiento de los niños era estar juntos, en la panadería, mientras la familia trabajaba.

«Mi hermano y yo íba-
mos cada día, excepto cuando el tiempo era muy bueno
y los niños del barrio querían jugar.»

Durante aquellos años,
Mickey aprendió a elabo-
rar todo lo que se vendía
en la panadería, desde el
pan *babka* hasta el pas-
tel Mississippi. Y apren-
dió con solo dos herra-
mientas: observar y experimentar. «Trabajando —dice Mickey—. Probando diferentes tareas.»

El padre de Mickey era un hombre de pocas palabras y, como Teresa, las escogía cuidadosamente. En lugar de dar una clase magistral sobre cómo debía hacerse algo, dejaba caer correccio-nes breves, como: «Hay demasiado azúcar en el pan de canela», «Has amasado la masa demasiado» o «¿Te has acordado de comprobar el pan?». Pero, en general, dejaba que Mickey y su hermano cometieran errores, hicieran pastelitos imperfectos y tartas deformes. Y dejaba que rondaran por allí. «Nunca nos presionó para trabajar. Nunca —dice Mickey—. Nadie nos gritó ni se enfadó si nos poníamos a observar.»

Cuando Mickey cumplió nueve años, ya había aprendido lo suficiente para contribuir significativamente al negocio familiar. «Casi siempre trabajaba en el mostrador, atendiendo a los clientes», afirma. Pero también estaba perfeccionando sus conocimientos sobre la panadería.

Por esa época, recuerda, su tío Nick le pidió que le hiciera una hogaza de canela. «Apenas sobrepasaba la mesa de trabajo, pero me halagó que mi tío quisiera algo de mí. Así que le dije: "Por supuesto".»

Al día siguiente, cuando Mickey volvió del colegio, su padre le preguntó: «Mickey, ¿recuerdas lo que le prometiste al tío Nick?».

«Así que, de inmediato, me metí en la trastienda donde mi padre me había dejado una porción de masa madre. Colocó una caja en el suelo para que me subiera a ella y pudiera maniobrar mejor en la mesa de trabajo.»

Mickey amasó la masa, añadió azúcar con canela, le dio forma de hogaza y la metió en el horno.

«No estaba muy orgulloso de su aspecto. Y se me olvidó dejar que reposara. Podía haber sido mucho mejor, pero creo que estaba bien para mi edad. Y el tío Nick estaba encantado. Estaba feliz y me dijo que le había gustado.»

Todo eso preparó a Nick para que se hiciera cargo de la panadería cuando acabó sus estudios universitarios. Trabajó allí durante casi cincuenta años, hasta que se jubiló en 2019. Pero ser un miembro de pleno derecho de la panadería, junto con su familia, le supuso otro regalo incluso mayor: una sensación de orgullo por el trabajo y la contribución a la familia. «Inmenso —dice con lágrimas en los ojos este hombre de setenta y cuatro años—. Mi padre nunca rechazó a nadie que quisiera trabajar, aunque fuera un niño pequeño.»

Ahora podemos vislumbrar una nueva dimensión de la educación de los hijos, en la que no se contempla el control. Podemos ver una forma de colaborar con los hijos que supone combinar nuestras agendas y lograr un objetivo común. Lucía lo denomina colaboración «fluida» y, en los próximos capítulos, aprenderemos más sobre cómo funciona esta colaboración. Veremos cómo minimizar la oposición de los niños mientras abrimos canales para la comunicación y el amor.

Resumen del capítulo 5:
Cómo educar niños que cooperen

Ideas que recordar

➤ Los niños tienen una motivación sólida y natural para trabajar en equipo y cooperar. Considerémoslo «presión social», si bien en el ámbito familiar.

➤ Las actividades centradas en los niños, pensadas solo para ellos, erosionan esa motivación de equipo y les da la impresión de que están exentos de las responsabilidades familiares.

➤ En cambio, cuando incluimos a los niños en las actividades adultas, mejoramos su motivación para cooperar y hacer lo que hace la familia. El niño se siente un miembro de pleno derecho del equipo, con los beneficios y las responsabilidades que comporta.

➤ Con frecuencia, los niños se portarán peor cuando deban pasar del mundo infantil (incluyendo el entretenimiento para niños) al mundo adulto.

➤ En la gran mayoría de las culturas del mundo, los padres no estimulan ni entretienen constantemente a los niños. Esta forma de educar puede ser agotadora y estresante tanto para los niños como para los padres.

➤ Los niños no necesitan ese entretenimiento o estimulación. Están completamente preparados para entretenerse y hacer cosas solos. Lo hacen con muy poca intervención de los padres y sin los artefactos que solemos tener en casa.

Hazlo hoy

Para todos los niños:

➤ Minimiza las actividades centradas en los niños. Asegúrate de que tu hijo conoce tu vida y tu trabajo, y que está cerca cuando haces tareas domésticas o actividades adultas. Tus actividades son suficiente para entretenerlo y estimularlo.

➤ Minimiza las distracciones como las pantallas y los juguetes. Cuantos menos objetos de «entretenimiento» tenga, más atractivo le parecerá tu mundo y más probable será que se interese en ayudarte y estar contigo.

➤ Maximiza su exposición al mundo adulto. Haz lo que tengas que hacer y llévate al niño. Que te acompañe a hacer recados, citas, visitas a amigos, incluso a la oficina, siempre que puedas.

➤ Durante los fines de semana, escoge actividades que tú quieras hacer, que harías aunque no tuvieras hijos. Ve a pescar, a pasear, a dar una vuelta en bici. Ocúpate del jardín. Ve a la playa o al parque. Visita a los amigos.

Para niños más mayores (>7 años):

➤ Deja que un niño mayor planifique y organice sus propias actividades (por ejemplo, deportes, clases de música o arte, u otras actividades extraescolares). Anímalo a gestionar la logística, como organizar las reservas, el transporte, etcétera.

➤ Poco a poco, ve aumentando sus responsabilidades en casa: que cuide más a sus hermanos y que contribuya en la cocina y la limpieza. Piensa en cómo puede ayudarte en tu trabajo.

➤ Si un niño mayor ha tenido poca exposición al mundo adulto, ve introduciéndolo por fases. Llévatelo a la oficina. Si se porta mal, explícale cómo debe comportarse en el mundo adulto.

➤ Si el niño sigue sin adaptarse, sé paciente. No te rindas. Prueba otra vez. Aprenderá.

Motivadores fundamentales:
¿Qué es mejor que el elogio?

Cada día por la tarde, cuando alguien pasa por delante de la casa de María, se oye un sonido que proviene de la cocina. Tap, tap, tap. Tap, tap, tap. Luego hay una pausa de unos veinte segundos. Y de nuevo: Tap, tap, tap. Tap, tap, tap.

¿Está colgando algo de la pared? ¿Montando un mueble?

Tap, tap, tap. Tap, tap, tap. Dura unos quince minutos, quizá más.

A medida que me acerco a la puerta, noto el aroma: maíz dulce con mantequilla que se va caramelizando sobre un fogón de carbón.

María se sienta a la mesa de la cocina con un gran montón de masa de color amarillo pálido. Coge una bolita de masa del tamaño de una nuez y, con las yemas de los dedos, la aplasta hasta convertirla en un disco perfecto. Tap, tap, tap. Tap, tap, tap. Después lo pone en una sartén caliente durante un minuto más o menos, hasta que se hincha como un pez globo, y le da la vuelta. Las tortillas tienen un sabor celestial: están calientes, blanditas, suaves. Nunca comeré una tortilla mejor.

Luego Alexa, la hija de cinco años de María, acude a ayudarla y lo que presencio es una clase magistral sobre cómo motivar a los niños. Los deditos de Alexa son torpes, lentos y a duras penas logran hacer lo que deben. Pero María no se lo impide.

No interviene ni le coge la mano para mostrarle cómo hacer mejor las tortillas. En lugar de ello, se mantiene al margen y deja que Alexa se equivoque, que lo haga lo mejor que pueda. Le deja practicar. Y cuando la niña se cansa, María no la fuerza a quedarse para acabar. Alexa salta de la silla y se va afuera mientras María sigue trabajando.

Entonces aparece Gelmy, la segunda hija. Tiene nueve años y estaba jugando fuera con una amiga. Ahora quiere ayudar. Comparada con su hermana pequeña, Gelmy es una profesional haciendo tortillas. Pero todavía tiene mucho que aprender. Hacerlas como María es increíblemente difícil. Se necesitan años de práctica.

Así que la mayoría de las tortillas de Gelmy son un poco defectuosas. Lo intenta una y otra vez para hacer una perfecta. Y entonces, *voilà!* ¡Lo consigue! Crea una preciosidad: un disco pequeño y perfecto, incluso en grosor, redondo como la luna.

¿Alguien adivina qué hace María? O, más exactamente, ¿qué no hace?

En la década de 1970, un psicólogo estadounidense llamado Edward Deci se fijó un objetivo ambicioso: averiguar qué motiva a una persona para actuar voluntariamente. Hasta aquel momento, los psicólogos se habían centrado en un tipo diferente de motivación, configurada y controlada por fuerzas externas, como las recompensas (por ejemplo, dinero), los castigos (por ejemplo, el aislamiento) y el reconocimiento. Pero Ed quería saber qué causa que las personas actúen sin esas fuerzas externas. ¿Qué motiva naturalmente a alguien a buscar un nuevo desafío o a ayudar a los demás cuando no hay una recompensa obvia en el horizonte? ¿Qué empuja a alguien a hacer algo cuando nadie está mirando? ¿Qué alimenta su motor interior?

Por ejemplo, cuando empecé a escribir este libro parecía una locura dedicarle tantos esfuerzos. Básicamente, doblaba mi carga de trabajo cada semana y los viajes me estaban dejando la cuenta a cero. Al mismo tiempo, no sabía si le interesaría a alguien esta historia o si recuperaría el dinero. Fuera como fuese, seguí dedicando mi tiempo libre a escribir e investigar. ¿Por qué? Porque me gustaba de verdad. Me encantaba quedar con las personas que aparecen en este libro y aprender de ellas. Y sentía que a lo largo del proceso estaba creciendo como escritora y como periodista.

Tenía lo que Ed denomina motivación «intrínseca»: el impulso de escribir provenía de mí misma, no de ninguna recompensa exterior. Con la motivación intrínseca, la actividad se disfruta *per se*; la recompensa es «interna».[1]

La motivación intrínseca hace que alguien baile en el salón por la noche, cuando nadie está mirando. Hace que Rosy se ponga a colorear de inmediato nada más despertarse. Y hace que Gelmy deje de jugar con sus amigas para ayudar a María con las tortillas.

En muchos aspectos, la motivación intrínseca es mágica. Permite que las personas crezcan, aprendan y trabajen sin (demasiada) resistencia. Y, probablemente, dura más que su compañera, la motivación extrínseca.[2]

Las influencias externas, como las recompensas y los castigos, en realidad pueden debilitar la motivación intrínseca.[3] Programas de tareas, promesas de helados, aislamientos, amenazas de castigo a menudo «dinamitan este tipo de motivación».

En otras palabras, si diéramos a Gelmy diez pesos —o una estrella de oro en un gráfico— por cada tortilla que hace a la perfección, con el tiempo dejaría de hacerlas voluntariamente. Pero sin recompensa alguna, la pequeña acude de buena gana a la cocina para ayudar a su madre, día tras día. ¿Por qué? ¿Con qué se alimenta la motivación intrínseca?

Hasta la fecha, los psicólogos han publicado al menos mil quinientos estudios en torno a esa pregunta. Y es posible hallar notables paralelismos entre sus hallazgos y el modo en que los padres tratan a sus hijos en las comunidades mayas, como la de Chan Kajaal. La psicología occidental considera que hay tres ingredientes que desencadenan la motivación intrínseca. Del primero ya hemos hablado: sentirse conectado a los demás.

Ingrediente 1: Sentirse conectado a los demás. Es la sensación de estar cohesionado con los demás, de pertenecer a un equipo o una familia. Los estudios demuestran que cuando un niño se siente conectado con el profesor se esfuerza más en clase.[4] Lo mismo ocurre con los padres. Cuanto más conectado con su familia se sienta un niño, más colaborará en los objetivos y las tareas comunes. Una forma genial de conectar con los hijos es darles el carnet de miembro: acogerlos en nuestro mundo e incorporarlos a la familia para lograr objetivos comunes, como hacer tortillas para desayunar. Trabajar juntos es más agradable y, por lo general, más rápido.

Ingrediente 2: Sentirse autónomo Ya he mencionado la autonomía, y es tan importante (tan tan importante) que más adelante le dedicaré un capítulo entero. Pero en la situación que he descrito un poco más arriba, la autonomía puede percibirse en las interacciones entre María y sus hijas. Al no obligarlas a hacer tortillas con ella —y al no obligarlas a quedarse cuando pierden el interés—, María estaba respetando la autonomía de las niñas.

Ingrediente 3: Sentirse competente. Para mantener la motivación en una tarea, el niño debe saber que es lo bastante competente para llevarla a cabo. Nadie quiere seguir trabajando en algo si se frustra continuamente o ve que no progresa. Por otro lado, una tarea demasiado fácil resulta aburrida. De modo que se debe encontrar el punto medio: la tarea ha de ser lo bastante exigente para mantener el interés del niño, pero lo bastante fácil para que pueda hacerla. En este punto medio es donde se origina la motivación.[5]

María y otras madres mayas tienen varios trucos para que los niños sientan que son competentes cuando hacen tareas domésticas o adultas. Nos ocuparemos de todas esas técnicas en un momento. Pero, primero, unas palabras sobre una técnica que no utilizan: el elogio.

Durante mi estancia en Chan Kajaal, nunca oí a un padre elogiar a su hijo; en todo caso, nunca un elogio desmesurado como: «¡Oh, Ángela, es increíble que hayas lavado los platos sin que nadie te lo haya pedido! ¡Eres una hija maravillosa!», ni siquiera cuando los niños se comportaban de tal forma que se me derretía el corazón.

Los padres no dicen «Buen trabajo» ni ninguna frase parecida. «En ocasiones, se sirven de expresiones faciales para mos-

trar su aprobación. Y esas expresiones no verbales son importantes. Son señales claras de aprobación», afirma la psicóloga
Rebeca Mejía-Arauz.[6] Mientras hablo con María, noto que a mí
también me hace esas señales. Alza las cejas para confirmar que
la estoy entendiendo, o asiente con la cabeza y dice: «Mmm».

Respecto a la falta de elogios, los padres mayas no son los
únicos. En todos mis viajes fuera de Estados Unidos, nunca he
oído que un padre elogiara a su hijo. Y sin duda no he escucha-
do una retahíla constante de elogios como la que suele salir de
mi boca cada día. (Por Dios, a veces incluso felicito a Rosy por
haberse equivocado: «¡Bien, bien por haberlo intentado!». Pero
¿qué es esto?)

He oído tan pocos elogios en mis viajes que he empezado a
dudar de su utilidad. Creo que los elogios causan a los padres
más problemas que beneficios.

El elogio es un animal escurridizo. Puede ser contraproducente con un niño por varias razones, sobre todo si percibe que
no es auténtico, cuando no está justificado o si se lo elogia continuamente. Cuando todas las acciones positivas de un niño se
ganan un «Buen trabajo» o un «Bien hecho», entonces el elogio
puede socavar su motivación intrínseca, de manera que será
menos probable que vuelva a hacerlo en el futuro.

El elogio también supone otra trampa, una trampa enorme.
Puede provocar desavenencias entre los hermanos, porque incita a la competición. Los psicólogos han descubierto que, cuando un niño crece oyendo muchos elogios, aprende, desde muy
temprana edad, a competir con sus hermanos por la aprobación
y la atención de los padres.[7] La falta de elogios sería una razón
de que los hermanos mayas colaboren (y se peleen menos que
los hermanos estadounidenses). No deben competir entre ellos
por las alabanzas verbales.

Entonces, si los padres mayas no utilizan los elogios, ¿qué

hacen? Resulta que tienen un buen puñado de alternativas. La primera es tan bella que, cuando comprendí cómo usarla, mi relación con Rosy floreció como una magnolia en primavera.

La técnica en cuestión es el «reconocimiento».

Paso 3: Reconocer la contribución del niño

En lugar de elogiar a los niños, las madres mayas reconocen o aceptan la propuesta o la participación de un niño en una actividad, sin importar lo inconsecuente, ridícula o defectuosa que pueda ser la contribución (o la tortilla).[8]

Las madres mayas permiten que el niño haga una contribución significativa a las tareas diarias y no esperan que cumpla con las expectativas de un adulto. Valoran que el niño barra como mejor pueda, que haga una tortilla amorfa o que lleve a cabo cualquier propuesta. Valoran su visión. Y la respetan.

El reconocimiento de los padres promueve el interés del niño, afirma la psicóloga Lucía Alcalá. «Creo que los motiva para ayudar más. El niño percibe que su contribución importa y que está ayudando a la familia. Es algo más poderoso que el elogio.»

Por ejemplo, cuando Alexa hace una tortilla imperfecta, María la retoca un poco antes de ponerla en la sartén. Pero no intenta que Alexa haga una tortilla mejor. No le da una lección de cómo hacerlo. Y no la coge de la mano para guiarla.

En lugar de ello, María reconoce y valora la contribución de Alexa al desayuno aceptando que haga las tortillas a su aire. María confía en que, al final, Alexa aprenderá a hacer tortillas mirando y practicando. ¿Por qué acelerar el proceso? (Solo generaría conflicto y estrés.) Hasta que Alexa tenga más experiencia, María fomenta poco a poco su sensación de competencia que, a su vez, fomenta la motivación de la niña para volver a probarlo al día siguiente.

Lo contrario también se cumple. Si un padre rechaza la idea o la contribución del niño, erosionará su sensación de competencia y lo desmotivará. La resistencia de los padres puede adoptar muchas formas, como ignorar la idea, rechazarla de plano (al decir algo como: «No, no, esto no se puede hacer» o «No, no lo hacemos así. Lo hacemos asá»), o dándole una lección sobre la manera «correcta» en que se hace algo. También pueden resistirse no utilizando lo que el niño ha hecho, rehaciéndolo por completo o quitándole el utensilio y haciéndolo uno mismo.

Las madres mayas y los de otras culturas no oponen resistencia: no intervienen cuando el niño está ayudando. «Las madres no impiden que el niño haga algo, aunque lo haga mal», afirma Rebeca, refiriéndose a las madres nahuas. En cambio —¡y esta es la clave!—, los progenitores prestan atención a lo que su hijo hace y siguen a partir de la idea del niño. A consecuencia de ello, la madre pone en marcha un precioso ciclo de colaboración, en el que el padre o el niño contribuyen con una idea y el otro la retoma y la desarrolla. Lucía lo llama «colaboración fluida».[9] Se da cuando dos personas trabajan juntas sin problemas, como un solo organismo con cuatro brazos. En esos momentos, hay el mínimo conflicto, la mínima resistencia y las mínimas palabras.

En ciertos aspectos, las madres mayas tratan al niño como un copartícipe de la actividad. Creen que el conocimiento no es unidireccional, y que no solo fluye del padre al hijo. Más bien, aceptan que el conocimiento es bidireccional. Las ideas y la información también pueden provenir del niño.

Después de mi conversación con Rebeca, sus palabras resonaron en mi cabeza durante días, puede que semanas: «No impiden que el niño haga algo, aunque lo haga mal». Me repito esta

FLUJO DEL CONOCIMIENTO

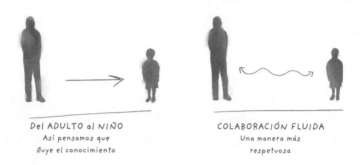

Del ADULTO al NIÑO
Así pensamos que
fluye el conocimiento

COLABORACIÓN FLUIDA
Una manera más
respetuosa

frase una y otra vez cuando intento colaborar con Rosy. Al instante me doy cuenta de que he estado haciendo justo lo contrario. Interfiero en sus contribuciones (no una vez, sino todo el tiempo). Me resisto a sus ideas, e incluso las ignoro completamente. Y, sin lugar a dudas, nunca he creído que pudiera aprender de Rosy, y mucho menos en la cocina. Creo que el conocimiento solo fluye de mí hacia ella y no a la inversa.

Hay tantos ejemplos de esto que es difícil escoger uno. Pero una ocasión se me ha quedado grabada en la mente, quizá porque ocurrió justo antes de que empezara a escribir este capítulo. Para ser sincera, me avergüenza contarla porque me hace parecer tonta e infantil. Pero la compartiré de todas formas porque es un ejemplo vívido de la gran diferencia que supone el reconocimiento —y mi valoración de las ideas de Rosy— en nuestra relación.

Un domingo por la tarde Rosy está coloreando en el salón y yo estoy preparando unos kebabs para la cena. Es una tarea perfecta para una niña de tres años, pues lo único que hay que hacer es ensartar trozos de pollo y de hortalizas —calabacín, setas y pimientos— en los pinchos. Así que invito a Rosy:

—Cariño, ven. Ayúdame a preparar los kebabs.

Viene corriendo y se sube a un taburete a mi lado. Yo sigo

con los kebabs. Inmediatamente, empieza a ir a lo suyo. Insiste en hacer un pincho solo de pollo. Mi reacción visceral es impedírselo. Hacer que cambie de opinión. Forzarla a que su idea se ajuste a las expectativas que yo tengo de los kebabs.

—Pero no es lo que estamos haciendo —le digo—. Nos quedaremos sin pollo para los otros pinchos.

Se desencadena una discusión. Al final, Rosy se echa a llorar y se va, bastante enfadada, a colorear de nuevo en el salón.

«Bueno, ha sido un completo fracaso», pienso. Y acabo los kebabs sola. Decido dejarlo pasar y olvidarme de la discusión. No es la primera vez que un intento de colaboración acaba en llanto. En esta ocasión, al menos, no lloro yo también.

Unas semanas después, cuando me siento a escribir este capítulo, escucho de nuevo las entrevistas que hice a María, Teresa, Rebeca y Lucía. Y empiezo a detectar los errores. Pensaba que a Rosy le costaba colaborar conmigo, pero, en realidad, el problema era yo. No colaboro con ella. Me resisto a sus ideas y no las valoro. En muchas ocasiones, no escucho lo que me dice.

Así que decidí darme otra oportunidad para colaborar con Rosy. Volví al supermercado, compré más ingredientes y organicé la misma escena: domingo por la tarde haciendo kebabs, Rosy coloreando en el salón. De nuevo, la llamo:

—Rosy, mi amor, ven a ayudarme con los kebabs.

Pero Rosy no se mueve. De hecho, ni siquiera aparta la mirada del cuaderno. «Mmm, no está muy motivada», pienso. Entonces reconozco ante ella el error de la última vez:

—Puedes hacer el pincho que quieras, incluso solo de pollo. Viene corriendo.

—¿De verdad?

—Sí.

Se sube al taburete y se pone manos a la obra. Hace un kebab gigante de pollo y pimientos, con ocho trozos de pollo apelotonados. No se lo impido; al contrario, reconozco su contribución, pero sin palabras, solo con acciones. Cojo el kebab acabado y lo coloco junto a los otros. Y el reconocimiento funciona. Rosy me sonríe y empieza a hacer otro pincho. «Oh, no —me digo—, nos vamos a quedar sin pollo.» Pero no es lo que ocurre. Para mi sorpresa, Rosy cambia de estrategia y colabora. Presta atención a lo que hago y me ayuda. Hace kebabs que se parecen más a los míos, con calabacín y setas. Empezamos a trabajar de manera fluida y orgánica, como un organismo con varias extre-

midades. La ayudo a ensartar algunas setas y ella me pasa un trozo de pollo cuando lo necesito. Trabajar juntas es fácil, rápido y divertido, hasta que se cansa, se va corriendo y se pone a colorear de nuevo. Pero, esta vez, nadie llora. De hecho, las dos nos sentimos muy bien.

Incluso detecto una sonrisa minúscula en mi cara. Valorar y reconocer sus ideas ha supuesto una gran diferencia y ha cambiado por completo la experiencia.

¿Y sabes qué? El kebab con pollo y pimientos, el que hizo ella, estaba francamente bueno. La próxima vez haremos unos cuantos así, junto con los de vegetales mezclados.

Consejo práctico 3: Aprende a motivar a los niños

Los padres tenemos al alcance muchas formas de reconocer las ideas de nuestro hijo sin hacer lo que dice, en realidad. A veces, un simple comentario como «Qué buena idea» es todo lo que el niño necesita para sentirse incluido y motivado, aunque no pongas su idea en práctica. Una madre maya diría «*Uts xan*», que, literalmente, significa «No está mal».[10] Un adulto lo interpretaría como «No me convence», pero para un niño es una aceptación.

Como ya he explicado, el intérprete Rodolfo Puch utilizó esa estrategia conmigo cuando concertamos las entrevistas en Chan Kajaal. Yo le proponía ideas descabelladas como: «¿Es posible que Rosy y yo nos mudemos a casa de Teresa hasta que acabe el verano?», y Rodolfo nunca las rechazaba de plano. Jamás puso los ojos en blanco ni me dijo: «¡Eso es imposible, mujer gringa! No podemos entrometernos así» (una respuesta que, con razón, podía haberme dado). Más bien reconocía la idea. Asentía y decía: «Sí, se puede. Se puede». Después, se ponía a pensar en otras cosas hasta que yo volvía a recordarle la idea. Y para entonces Rodolfo ya había pensado cómo satisfacer mi petición de una manera factible y respetuosa.

Los padres nahuas a veces reconocen la contribución de sus hijos con algún regalo modesto (aunque no suelen dar premios por una tarea específica, explican Lucía y sus colegas).[11] Pero los regalos no están vinculados a ninguna tarea particular, como en un pacto de «si me ayudas a lavar los platos, te compro un helado», sino que son una recompensa por la ayuda en general del niño, «como miembro que aporta a la familia», en palabras de Lucía y sus colegas. No son regalos extraordinarios, sino que, por ejemplo, cocinan un plato especial o compran al niño algo que necesita, como unos calzoncillos.

En muchas culturas, los padres reconocen las contribuciones del hijo relacionándolas con la madurez, con el hecho de hacerse mayor y empezar a aprender. Por ejemplo, una madre contó a Lucía y sus colegas de qué manera reconocía la ayuda de su hijo en casa: «Cuando hace algo bien, algo que tiene que hacer, le digo: "Oh, hijo mío, ya sabes cómo trabajar", y se pone muy contento». Otras madres dicen que «felicitan» al hijo «por crecer», a medida que su contribución en el hogar es mayor. Una madre, por su parte, da un abrazo a su hija y le reconoce «el papel tan maduro que desempeña en la familia». (Lo probé anoche con Rosy después de que barriera el salón por iniciativa propia, ¡y le encantó!)

Reconocer la ayuda general del niño le ofrece más información que elogiarlo por una tarea específica. En lugar de centrarnos en un solo acto, ayudamos al niño a aprender un valor fundamental.

La antropóloga Jean Briggs ha documentado un mismo tipo de reconocimiento entre los padres inuit.[12] En un caso, describe cómo los padres muestran reconocimiento hacia su hija de cinco años porque está aprendiendo a ser generosa y compartir un caramelo con su hermano: «Una niña de cinco años ya es lo bastante espabilada para saber que tiene que dar todo o casi todo el caramelo a su hermano de tres años; así lo hace, y los adultos dicen: "Fíjate, se lo ha dado. Qué generosa es"».

Muchos padres de todo el mundo dan un paso más allá y relacionan el comportamiento cooperativo con ser un «niño o niña mayor». En el Ártico, una madre inuit relaciona pegar a un hermano pequeño con ser un «bebé», mientras que relaciona ser amable y generoso con «no ser un bebé».[13] Es una técnica tan potente en mi hogar que volveremos a hablar de ella en la próxima parte del libro.

Veremos a continuación cómo poner en práctica estas estrategias con niños de todas las edades, desde que son pequeños hasta que son adolescentes.

Para empezar

• **Céntrate en la ayuda (y en la falta de ella).** En lugar de elogiar al niño por ayudarte con algo, empieza a reconocer su ayuda en general. No exageres ni lo halagues con demasiada frecuencia. Una frase simple como «Qué buena ayuda» es todo lo que necesitas cuando un niño es acomedido o ayuda voluntariamente. También puedes esperar hasta el final de la semana para reconocer ante el niño la ayuda general que ha prestado. Céntrate en el aspecto del aprendizaje o de la contribución a la familia: «Ya estás empezando a saber ayudar» o «Empiezas a ser una niña mayor que contribuye al funcionamiento de la familia».

Para que el niño comprenda mejor lo que significa ayudar, puedes hacerle ver la ayuda que prestan otras personas. Le transmitirá que valoras esa cualidad y que es importante para ti. Al reconocer la ayuda, pones de relieve que el trabajo conjunto facilita la vida a todos. Por ejemplo, una mañana de camino al colegio con Rosy, dije:

—Papá ha sido muy acomedido esta mañana. Estaba atento y echaba una mano cuando se necesitaba.

—Sí, y yo también lo soy —respondió al instante.

• **Evidencia también los comportamientos que no ayudan.** No temas poner de relieve que el niño no está ayudando. «Con frecuencia, los padres dicen sarcásticamente: "No seas tan acomedido" o "No ayudes tanto" —afirma Lucía—. Es para que el niño comprenda que tiene que ayudar.»

También puedes evidenciar cuándo otra persona no es acomedida. Ayudará al niño a aprender qué no debe hacer. Y céntrate en por qué no valoras ese comportamiento. De nuevo, utiliza frases simples para que quede claro. Por ejemplo, una tarde una amiga de Rosy no nos ayudó a recoger los juguetes del salón.

Así que dije: «No ha sido muy acomedida. Si nos hubiera ayudado, habríamos acabado antes».

• **Deja de recompensar o castigar por tareas específicas.** Es algo que, sencillamente, no funciona cuando queremos enseñar a los niños a hacer las tareas domésticas (o cualquier cosa) de manera voluntaria. En muchos casos, socava el impulso del niño para ayudar.

En lugar de castigos o premios, prueba con estas técnicas de motivación:

• **Explica a tu hijo el valor que la tarea tiene para toda la familia.** Intenta explicarle por qué es tan importante —o esencial— ayudar en casa. Una madre nahua dijo a Lucía que nunca castiga a su hija: «Pero sí que me enfado y la reprendo». Cuando la niña no quiere recoger los juguetes, la madre le dice: «Tienes que esforzarte más». La mujer explicó a Lucía: «Se lo digo para que vea que nosotros también nos estamos esforzando mucho con lo poco que podemos darle, para que ella también se esfuerce».[14]

Es algo que me funciona bien con Rosy, sobre todo cuando ve que estoy agotada y estresada. Le digo: «Rosy, tu padre y yo nos estamos esforzando mucho para que esta casa sea un buen lugar para todos. Hacemos todo lo que podemos. Como miembro de la familia, tú también debes esforzarte más y hacer las cosas lo mejor que puedas».

• **Relaciona la ayuda con la madurez.** Si un niño toma la iniciativa y hace una tarea voluntariamente, reconoce su trabajo y sus progresos con frases como: «Oh, estás aprendiendo a contribuir» o «Has recogido los juguetes porque eres una niña mayor».

También hago ver a Rosy cuándo actúa como un bebé.

Por ejemplo, si no recoge los juguetes o no me ayuda a lavar los platos, digo: «Oh, ¿no lo has hecho porque todavía eres un bebé?». Es un comentario que a menudo nos lleva a un debate sobre qué hacen los bebés y qué hacen las niñas mayores. Por ejemplo: «¿Los bebés pueden montar en bici?» o «¿Los bebés pueden comer helado?». Al final, Rosy quiere ser una niña mayor y recoge los juguetes.

• **Deja que el niño se divierta con la tarea.** No soy muy partidaria de hacer que las tareas sean «divertidas» ni de convertirlas en un juego. No puedo mantener la misma energía todo el rato, y no me gusta actuar como una niña de tres años. Pero si a Rosy se le ocurre algo para que la tarea resulte divertida, no se lo impido. Por ejemplo, una tarde, mientras colgábamos la ropa de la colada, empezó a tirarla por el porche. Así que decidí incorporar su «juego» a la tarea. Le dije: «Ponte donde está el colgador y yo te lanzaré la ropa para que la vayas colgando». ¡Y le encantó! Quiso que nos pasáramos la ropa una y otra vez. Al final, acabamos la tarea. Nos llevó un poco más de tiempo, pero su motivación para hacer la colada se disparó. Ahora viene corriendo cuando la llamo (a veces), y hemos incorporado la idea a otras tareas, como recoger las piezas de Lego y ordenar los libros. Le digo: «Rosy, ve a la estantería y te lanzaré los libros». ¡Es algo que me garantiza su ayuda!

• **Amenázalo solo con consecuencias lógicas.** Si utilizas una amenaza, procura que sea lo más parecido a una consecuencia lógica. Por ejemplo, a veces le digo a Rosy: «Si no limpiamos la cocina, la encimera se llenará de hormigas. ¿Quieres que tengamos hormigas en la comida?». O también: «Si no lavas la tartera, mañana tendrás que comer de una tartera sucia y apestosa. ¿Es eso lo que quieres?».

• **Hazle ver en qué momentos lo ayudas.** Con Rosy me he dado cuenta de que poner de relieve nuestra responsabilidad recíproca la motiva mucho. Por ejemplo, una noche no quiso ayudarme a lavar los platos. Alegó que estaba cansada y se fue. Diez minutos después, volvió y me preguntó si podía ayudarla a encontrar su muñeco. Entonces le respondí: «Un momento, ¿acaso me has ayudado tú con los platos hace un rato?».

Para perfeccionar

• **Aprende a valorar la contribución del niño.** Cuando un niño se acerca a ti para ayudar con una tarea, debes escuchar sus ideas, reconocerlas de algún modo, ya sea probándolas, incorporándolas a la actividad, asintiendo con la cabeza o diciendo: «Sí, se puede». Si el niño actúa, no se lo impidas. Más bien, presta atención y observa cómo trata de contribuir. Luego piensa en alguna manera de aprovechar la contribución o de mejorarla.

Hagas lo que hagas, refrena el impulso de resistirte. Evita interferir o cambiar sus acciones. Si le ofreces espacio y permites que se «ocupe» de la tarea, el niño se sentirá mucho más motivado para ayudar en el futuro que si rechazas, ignoras o restas valor a sus ideas y contribuciones.

• **Fíjate en cuánto elogias a tu hijo (y en cuánto te opones a él).** El móvil es un dispositivo ideal para analizar los hábitos que tenemos con nuestros hijos y para disponer de una perspectiva nueva. Deja el móvil grabando en la cocina o en el comedor la conversación que mantienes con tu hijo, durante treinta minutos o una hora. Después, escucha con atención la grabación.

¿Cuántas veces has elogiado al niño por algo insignificante o por algo que debería hacer sin necesidad de elogios? ¿Cuántas veces te has opuesto a sus ideas? ¿Cuántas veces lo has ignorado cuando quería colaborar? ¿Cuántas veces interfieres en sus acciones para que actúe de forma diferente?

Una noche llevé a cabo, sin proponérmelo, este experimento cuando dejé encendida mi grabadora en la cocina mientras Rosy y yo hacíamos la cena. Escuchar después nuestra conversación fue una experiencia dura. De hecho, me hizo llorar. A medida que la oía, me percaté de que no solo me resistía a las ideas y contribuciones de Rosy, sino que ni siquiera escuchaba lo que me decía. Muchas veces intentaba decirme X, mientras que yo estaba tan convencida de que la respuesta correcta era Y que no me molestaba en prestarle atención. Realmente pensaba que sabía la respuesta y que no tenía que escuchar a mi hija. Rosy trataba de transmitirme con tanta insistencia sus ideas que, al final, se ponía a llorar. Y el dolor y el desgarro de su voz era tan triste que me rompió el corazón. Me di cuenta de que tenía que dejar de hablar tanto (incluidos los elogios) y esforzarme mucho para prestar atención a sus acciones y sus palabras. (La antropóloga psicológica Suzanne Gaskins me había dado un consejo parecido unos meses antes: «Los padres estadounidenses tienen que dejar de hablar tanto y empezar a escuchar a sus hijos».)

- **Establece días libres de elogios.** Cuando sepas cuánto elogias al niño, puedes empezar a limitar los elogios. Empieza poco a poco: pon un temporizador durante quince minutos e intenta no elogiar verbalmente al niño hasta que pase ese tiempo. Después, increméntalo a dos horas y, por último, a días enteros. Fíjate en cómo te sientes después de esos momentos sin elogios. ¿Te resulta menos estresante, menos agotador? ¿Cómo reacciona el niño? ¿Requiere menos tu atención? ¿Es menos exigente? ¿El tiempo que pasáis juntos es un poco más relajante? ¿Se pelea menos con sus hermanos?

A continuación destaco los tres ingredientes o pasos que se necesitan para que el niño ayude más. Como veremos en las dos partes siguientes, los padres pueden utilizar estos pasos para transmitir cualquier valor a sus hijos. En todo el planeta, las culturas han aplicado esta «fórmula» para comunicar valores como la generosidad, el respeto y la paciencia.

PASOS PARA FORMAR A UN NIÑO

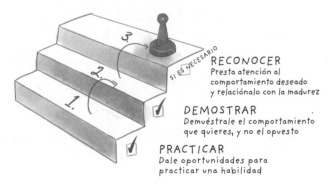

LOS PASOS SON: PRACTICAR, DEMOSTRAR Y RECONOCER.

1. Practicar. Dale todas las oportunidades que puedas para que colabore en casa, sobre todo si es pequeño. Asígnale tareas, invítalo a observar y alienta su deseo de participar.

2. Demostrar. Dale su carnet de miembro. Incorpóralo en tu vida diaria para que, poco a poco, aprenda las tareas mediante la observación y pueda sentir que es un miembro de la familia de pleno derecho.

3. **Reconocer.** Si un niño intenta ayudar, acepta sus contribuciones y valora sus ideas. Respeta su visión. Dile cuándo está aprendiendo un valor. Señala la presencia (o la ausencia) de un valor en las acciones de otros. Relaciona ese aprendizaje con «hacerse mayor» o con la madurez.

Resumen del capítulo 6:
Cómo motivar a los niños

Ideas que recordar

➤ Para motivar a los niños sin premios ni amenazas, estos deben sentir:
- Que están conectados con otra persona cercana.
- Que toman la decisión de hacer la tarea y nadie los obliga.
- Que son competentes y que se valora su contribución.

➤ Los elogios pueden desmotivar a los niños y generar competitividad (y peleas) entre los hermanos.

➤ Los padres pueden aprender mucho de un niño. El conocimiento debe fluir en ambos sentidos. No des por supuesto que tu visión o estrategia es la mejor. Cuando prestes atención a las ideas de tu hijo, es muy probable que descubras que aporta información útil y valiosa.

➤ Aceptar el conocimiento, la idea o la contribución de un niño es una manera efectiva de motivarlo.

Hazlo hoy

Para niños de todas las edades:

➤ Resiste el impulso de corregir al niño, sobre todo cuando esté participando o ayudando a la familia. Déjale espacio y permítele que haga la tarea sin interferir, aunque no la ejecute como querrías ni la haga a la perfección.

➤ Si el niño se resiste a una petición (por ejemplo, para lavar los platos), seguramente es que estás forzando demasiado la situación. El niño sabe qué quieres. Deja de pedírselo y espera a que tome la iniciativa.

➤ Presta atención a cómo trata de contribuir y luego aprovecha sus ideas en lugar de oponerte a ellas.

➤ Ayúdalo a aprender dejando que practique; no le des una lección ni le expliques cómo hacerlo. Emplea, en cambio, pocas palabras, y solo de vez en cuando, mientras el niño lleva a cabo algo.

➤ Acepta la contribución del niño a una actividad, aunque no sea lo que esperas o quieres.

➤ Elogia con moderación. Y cuando lo hagas, relaciona los elogios con un valor superior (por ejemplo: «Estás aprendiendo a ayudar») o con la madurez (por ejemplo: «Te estás convirtiendo en una niña mayor»).

TERCERA PARTE

Inteligencia emocional inuit

T
E_{stimular}
A
M

Si un niño se comporta mal, necesita más calma y más contacto.

7

Nunca con ira

A primera vista, la pequeña población ártica de Kugaaruk se parece a cualquiera de las que podría encontrarse en la costa de Nueva Inglaterra. Un puñado de casas de madera —pintadas de rojo, verde y marrón— suspendidas sobre pilotes a unos pocos metros de una playa de guijarros. Frente a cada una de las casas hay una o dos lanchas motoras. Los niños dejan las bicis en las escaleras. Nunca cierran con llave las viviendas, y los pequeños van de una casa a otra, de familiares o vecinos, que les dan bocadillos con crema de cacahuete y vasos de Tang para almorzar.

Pero, al inspirar el aire, se detecta un aroma único, una mezcla de algas y estofado de ternera. En uno de los patios cuelga de la puerta del cobertizo un costillar de caribú que se está curando con la brisa salada. Al otro lado de la calle, en la entrada de una casa familiar, hay tres cráneos de oso polar sobre un banco, con unos caninos blancos y brillantes más largos que un pulgar. Y si entráramos en una cocina cualquiera y abriéramos el congelador, seguramente encontraríamos un pedazo de foca que se reserva para futuras cenas.

Esto no es Nueva Inglaterra. Está mucho mucho más lejos. Tan lejos que, en la década de 1960, cuando una joven antropóloga de la Universidad de Harvard se aventuró hasta aquí, muchos pensaron que no sobreviviría al viaje.

«Quería ir al norte, al lugar más remoto e incomunicado —dijo después Jean Briggs—, para contactar con los pueblos menos influenciados por nuestra cultura.»[1]

Ese deseo la llevó a la cima del mundo, más allá del círculo polar ártico y a casi cuatrocientos kilómetros de la bahía de Hudson. En esa zona, la tierra se fractura en cientos de fragmentos, de tal forma que, en un mapa, es difícil discernir qué es una isla y qué es el mar. Esta vasta extensión de tierra es el país de los inuit, y su presencia aquí se remonta a hace más de mil años.

Para una estudiante occidental de antropología, era un viaje arriesgado. Para una antropóloga en la década de los sesenta, era un viaje descabellado e insensato, según sus colegas. En invierno, las temperaturas fácilmente pueden caer por debajo de los treinta y cinco grados. No había carreteras, ni sistemas de calefacción eléctricos ni tiendas donde comprar alimentos. Jean podía haber muerto, no cabe duda.

Pero el riesgo mereció la pena. Durante los diecisiete meses que pasó en la región, Jean hizo unas observaciones reveladoras que acabarían por transformar la concepción de las emociones según la psicología occidental, sobre todo de la ira.

Hace un millar de años, solo vivía una tribu a lo largo de la frontera entre Alaska y Rusia. Ese grupo de personas, llamados inuit, había desarrollado unas técnicas extraordinarias que les permitían prosperar en uno de los entornos más hostiles de la tierra. Criaron perros específicamente para tirar de los trineos, confeccionaron pantalones impermeables con piel de foca y construyeron unos elegantes kayaks desde los que podían cazar a los animales más grandes del planeta. La tribu era tan fuerte, tan hábil, que las familias eran capaces de cruzar cientos de kilómetros por el círculo ártico. Durante los siguientes siglos, los inuit cubrieron un amplio territorio, de unos cuatro mil quinientos kilómetros, desde el estrecho de Bering hasta Groenlandia.

En la década de 1960, muchas familias inuit vivían igual que sus ancestros siglos antes, como cazadores-recolectores nómadas. El mar era su supermercado; la tundra, su jardín. Las familias iban de un asentamiento a otro en busca de animales. Arponeaban a las focas en invierno, a través del hielo, pescaban grandes truchas árticas cuando remontaban el río en primavera, y acechaban a los caribús cuando emigraban de una zona a otra en verano. Las pieles de los animales les servían para hacer botas, parkas, ropa de cama y tiendas. Quemaban grasa de ballena y de foca para cocinar e iluminar sus hogares.

En agosto de 1963, un avión dejó a Jean sobre un peñasco de granito desde el que se veían los rápidos de un río ártico. Varias familias habían acampado en la ribera para pasar el verano. Al principio, la vida de Jean en el campamento parecía bastante fácil. La tundra, de color óxido, estaba repleta de arándanos, y en el río había infinidad de truchas plateadas. «A menudo, un solo hombre puede pescar veinte, e incluso cuarenta truchas, de entre cinco y veinte kilos», escribió Jean.[2] Pero, a principios de octubre, el río empezó a congelarse. Nevaba cada día. El invierno se acercaba con rapidez. Jean se dio cuenta de que, para sobrevivir, necesitaba la ayuda de una familia inuit. Convenció a una de las parejas del asentamiento, Allaq e Inuttiaq, de que la «adoptaran» y «trataran de mantenerla con vida».

Allaq e Inuttiaq fueron extremadamente amables y generosos con Jean. Le enseñaron un dialecto del inuit, el inuktitut. Le enseñaron a pescar y compartieron con ella sus reservas de comida para el invierno. También le permitieron dormir en el iglú familiar y acurrucarse debajo de las mantas de caribú junto con sus dos hijas, Raigili, de seis años, y Saarak, de tres. (La hija adolescente de la pareja estaba fuera, en un internado.)

Al principio, la intención de Jean era estudiar el chamanismo. Pero, después de unas semanas viviendo con Allaq e Inuttiaq, se percató de que había algo mucho más interesante en aquella familia y la comunidad.

«Jamás actuaron con ira hacia mí, aunque los irrité bastante», recordó más tarde.[3]

Observó que Allaq e Inuttiaq tenían una capacidad sorprendente de controlar sus emociones. Nunca perdían la compostura, ni se enojaban ni expresaban una leve frustración, a pesar de que vivían en un iglú diminuto a más de treinta grados bajo cero con sus dos hijas y, en aquel momento, se había sumado una estudiante universitaria a la que tenían que formar (y quien más tarde reconoció que en ocasiones había sido «complicada»).

«Conservar la serenidad en circunstancias difíciles es la señal esencial de madurez, de haber crecido», escribió Jean en *Never in Anger* [Nunca con ira], el libro en el que relata su experiencia con la familia de Allaq e Inuttiaq.[4]

En su hogar, se pasaban por alto los errores menores. Las quejas por insignificancias no existían. Incluso los contratiempos graves suscitaban poca reacción. Una vez, por ejemplo, el hermano de Allaq tropezó con el fogón y tiró la tetera hirviente al suelo. Nadie parpadeó. Ni siquiera apartaron la mirada de lo que estaban haciendo, a pesar de que el agua caliente derretía el suelo del iglú. En lugar de ello, el joven comentó: «Vaya desastre», y se puso a limpiarlo y a reparar el suelo. «Ni siquiera percibí una intensidad inusual en el murmullo general de las risas», escribió Jean.[5]

En otra ocasión, Allaq, esposa y madre de la familia, se había pasado varios días trenzando un hilo de pesca con tendones de caribú. Cuando su marido lo utilizó por primera vez, se rompió al instante. Nadie mostró señal alguna de frustración por ese revés. En lugar de actuar emocionalmente, Allaq e Inuttiaq se centraron en ser productivos. En la descripción de Jean, Allaq rio un poco y su marido le devolvió el hilo sin reproche alguno, diciendo únicamente: «Trénzalo».[6]

Al leer esto, me quedé de piedra. ¿Cómo sería vivir en un hogar tan calmado y libre de ira?

Cuando un adulto tenía un momento de debilidad y no lograba contener sus emociones, los demás se burlaban amablemente de su conducta. Por ejemplo, un día Inuttiaq «disparó de manera impulsiva a un pájaro» que pasaba por allí. Desde la distancia, Allaq comentó: «Igual que un niño».[7] Con lo cual quería decir: la falta de paciencia es característica de los niños, no de los adultos.

A pesar de que procuraba contener sus emociones, Jean parecía una niña alborotada en comparación con Allaq e Inuttiaq. Nunca podía estar a la altura del autocontrol de los inuit. Los adultos incluso consideran que las muestras leves de irritación o queja —tan leves que los occidentales apenas las notan—

son señales de inmadurez. «Mi forma de actuar era mucho más cruda, menos considerada y más impulsiva —afirmó Jean después—. A menudo, mi impulsividad tenía un carácter antisocial. Me enfurruñaba o chascaba la lengua, o hacía cualquier otra cosa que ellos no hacían.»[8]

En el relato de Jean, sobre todo es Allaq el sumum de la calma y el aplomo, incluso durante los partos. Por imposible que parezca, muchas mujeres inuit no gritan ni montan mucho escándalo cuando dan a luz. Allaq tuvo a su cuarto hijo mientras Jean vivía con la familia. Y la autora hace una descripción cómica de la poca importancia que le daban:

> Allaq se pasó la tarde friendo *bannock* [pan] para todos [...]. Comió con nosotros, bromeó como siempre con sus hermanas, que habían venido a compartir el *bannock*, acunó a Saarak en su pecho para que se durmiera, apagó la lámpara y, aparentemente, se puso a dormir. Esto ocurría a las 23.30. A la 1.30 me despertó el llanto de un recién nacido.[9]

Al dar a luz, Allaq había sido tan silenciosa que Jean ni siquiera se dio cuenta del parto.

Después del nacimiento, surgió un problema grave. La placenta seguía adherida al útero, lo cual suponía el riesgo de que Allaq sufriera una hemorragia fatal. Inuttiaq, el único adulto presente, hizo algunas «exhortaciones» a la placenta, pero no gritó en ningún momento. No hubo un drama entre el equipo médico de urgencias. En lugar de ello, Inuttiaq encendió la pipa, rezó y, al final, la placenta salió.

Bien, a estas alturas, mientras leía el libro de Jean, empecé a pensar que sus observaciones eran difíciles de creer. ¿Ni un grito durante el parto? ¿Las madres no alzan la voz durante meses a pesar de vivir en un iglú con niños pequeños? En San Francisco gritan diariamente: en casa, fuera de casa, en Twitter. Y yo grito a Rosy... Dios, me avergüenza demasiado contar lo mucho que grito a Rosy. No cabía duda de que Jean había exagerado en la descripción del autocontrol familiar.

Y si lo que describió era verdad, ¿cómo lo hizo Allaq? Me pica la curiosidad no solo que Allaq y las otras madres inuit mantengan la compostura en condiciones tan difíciles, pero también que logren transmitir esa calma a sus hijos. ¿Cómo lo hacen para convertir a un niño de tres años, con mal carácter y berrinches continuos, en un tranquilo y manejable niño de seis años? ¿Podrían ayudarme a domar a mi fierecilla?

Y, de este modo, casi seis décadas después del viaje de Jean, Rosy hace su maleta de *Frozen* y volamos a la ciudad de Kugaaruk, Canadá, al otro lado de la península donde vivió Jean.

Llegar a Kugaaruk es como aterrizar en una postal. «Un paisaje para un emperador», me dice uno de mis amigos japoneses. Sin duda, es un paisaje impresionante.

Con unas doscientas viviendas, Kugaaruk está ubicada entre dos masas de agua espectaculares: el *kuuk* (o el río), por el que corre un agua tan clara que se pue-de beber siempre que uno tenga sed, y una bahía de un tono azul eléctrico que ilumina el sol bajo del verano. Varias islas emergen en la bahía, como las espaldas de gigantes verdes que se inclinan para pescar.

Más allá del poblado, la tundra se extiende hasta donde

alcanza la mirada. A finales de julio, los arándanos y las moras cubren la tundra gris con un tapiz de frutos diminutos, del tamaño de un guisante. Los arbustos son tan pequeños —apenas cuatro o cinco centímetros por encima del suelo— que es necesario arrodillarse y casi besar el liquen de los renos para recoger los frutos. Pero merece la pena. Son ácidos y deliciosos.

Durante nuestros primeros días en Kugaaruk, Rosy y yo nos vemos en la misma situación que la joven Jean Briggs: no tenemos un buen lugar donde quedarnos. El único hotel de Kugaaruk tiene goteras y es caro. Así que empiezo a buscar una habitación que alquilar.

Pero pronto se desvanecen mis esperanzas, cuando soy consciente de que somos famosas en el pueblo. Allí donde vamos, la prioridad de Rosy es mostrar su capacidad para los berrinches y las pataletas. En el colmado, me lanza a la cara una caja de muesli, y, de vuelta al hotel, se tira al suelo, en medio de una calle sucia (mientras una familia, que estaba despedazando una ballena, nos mira), y grita «¡Mamá, mamá!», una y otra vez, mientras le pregunto a una amable mujer si sabe dónde me alquilarían una habitación.

Kugaaruk tiene tres manzanas de ancho y unas pocas docenas de manzanas de largo. Hay un colmado, un parque, una cafetería. Todos van a pie o en quads. Todos se conocen. Todos lo ven todo. Además, no hay casi nadie que no sea inuit. Con mi blanca y pálida piel, y el cabello rubio de Rosy, es imposible pasar desapercibidas.

A medida que paseamos por el poblado, no puedo ocultar mi incapacidad para gestionar los berrinches de mi hija ni mis reacciones airadas. Rosy está en todo su esplendor. Incluso en la habitación del hotel, sé que las mujeres que lo dirigen me oyen tratando de dormirla, porque las paredes son finísimas. Me oyen perder los papeles. Me oyen decir: «¡Ya basta! Métete en la cama y duérmete».

Allá donde vamos, en cambio, las madres son imperturbables. Nunca parecen perder los papeles, ni siquiera se las ve un poco nerviosas. Hay un montón de niños por todas partes. Pero los padres jamás reaccionan de un modo desmesurado. No tratan de reprimir la energía o la inquietud de los niños. No les piden nada gritando ni les insisten para que dejen de hacer algo o para que lo hagan de determinada forma. Estén donde estén, los adultos siempre irradian calma, una calma ubicua, perseverante. La percibo en todas partes: en el colmado, en el parque, en mi cerebro, en mis huesos, en mi corazón. Me encanta.

Cada día te veo pasear con tu hijita, siempre solas, y me gustaría ayudarte.

Y es una calma que parece contagiosa. Porque incluso los niños son sorprendentemente tranquilos, la mayoría de ellos. No veo a niños discutiendo ni peleándose con sus padres en el colmado ni sollozando y lloriqueando cuando tienen que volver a casa del parque. El segundo día en el poblado me doy cuenta de que, a pesar de que estamos rodeadas de niños, no he presenciado una sola pataleta (excepto las de Rosy) y no he oído a ningún niño llorar.

La segunda noche, Rosy y yo vamos a pasear junto al arroyo. Estoy muy preocupada, con el ánimo por los suelos. Entonces, una joven madre llamada Tracy aparece montada en un quad. No tendrá ni veinticinco años, y ya está embutida entre tres niños. Delante, uno pequeño se encarama a su pecho; detrás, otro de unos cinco años se abraza a su cintura, y el tercero surge de la capucha de su abrigo, en un portabebés que llaman *amauti*. Al hablar, su pelo negro de duendecillo, cortado a lo *pixie*, oscila por su rostro con forma de corazón. Las palabras de Tracy son suaves, tiene una sonrisa amable. Noto que los latidos de mi corazón se calman mientras me cuenta sus experiencias como madre. «El viaje irá bien, Michaeleen», pienso por primera vez.

La vida de Tracy no es fácil, en ningún aspecto. Además de criar a sus tres hijos, limpia habitaciones en el hotel a jornada completa y también ayuda a su marido y su suegro a prepararse para la caza. Le pregunto si ser una madre trabajadora con niños pequeños es estresante, y responde: «No, me encanta ser madre. Me dan mucho trabajo, pero me encanta».

«Santo cielo —pienso—. A esta joven madre, y a todos los padres de Kugaaruk, debo de parecerles una madre totalmente desastrosa.» Tengo canas, y un doctorado en química, pero no puedo controlar ni a un niño. Me siento incómoda, avergonzada, pero no me parece en absoluto que Tracy me esté juzgando. De hecho, me da la sensación de que he encontrado una amiga, alguien a quien Rosy y yo podemos acudir si necesitamos ayuda.

Cuando gritas a un niño,
este deja de escuchar.

Es algo que veo una y otra vez en Kugaaruk. Los otros padres no me juzgan por ser tan poco habilidosa como madre —al menos, no descaradamente con comentarios y miradas de reojo, como en San Francisco—, sino que quieren ayudarme. Y la timidez no les impide mostrarlo.

Varias mujeres que nos ven a Rosy y a mí caminando por el poblado no creen lo que ven. «¿Estás sola? ¿Te ocupas tú sola de la niña? ¿Sin ayuda?», me preguntan. En el colmado, al lado de las manzanas, una mujer me dice, con un leve tono de lástima: «Los niños no deberían estar con una sola persona durante todo el día».

«¿Ah, no? —pienso—. Interesante…»

Otra mujer que nos observaba desde la ventana de su salón sale corriendo. Lleva una chaqueta de camuflaje rosa, y se ofrece para ocuparse de Rosy durante unas horas mientras yo descanso. «Cada día te veo pasar con tu hijita, siempre solas, y me gustaría ayudarte», me dice.

Estoy tan habituada a pensar en el cuidado de los hijos como una tarea destinada a solo una mujer que, al darme reparo aceptar su ayuda, le digo algo tan ridículo como: «Oh, gracias, pero puedo hacerlo sola».

Después, el tercer día en Kugaaruk, Rosy y yo conocemos a Maria Kukkuvak y a su hija Sally, y aprendo una manera útil de pensar sobre los pequeños humanos.

«Tu hija debe de estar harta de ti. Por esa razón se porta mal —me dice Sally mientras tomamos un té sentadas a la mesa de la cocina de la casa de su madre—. Rosy necesita estar con otros niños. Y tú necesitas un descanso.»

Sí, necesito un descanso de Rosy. Estoy harta de ella. Pero nunca se me habría ocurrido que ella también podía estar harta de mí, y que ese podría ser el origen de nuestras continuas peleas.

Tu hija debe de estar harta de ti.
Por esa razón se porta mal.

SALLY KUKKUVAK

«Cuando viajas con tu marido durante unos días, acabáis hartos el uno del otro, ¿no? —dice Sally—. No significa que no os queráis. Lo que pasa es que necesitáis un descanso.»

No es una exageración decir que Sally es una de las personas más maravillosas que he conocido. Es una trabajadora social en la clínica, para los casos de salud mental, y al hablar su rostro irradia calidez y amistad. «Sonrío con los ojos», me dice mientras se aparta el flequillo. Y es verdad, cada vez que sonríe sus ojos forman dos curvas ascendentes, como una sonrisa natural.

Tenemos la misma edad: cuarenta y dos años. Pero Sally ya ha criado a tres hijos, ha ayudado a sus hermanos a criar otros seis o siete, y ahora cuida con regularidad de cuatro nietos. Como madre, Sally es una experta mundial. Lo ha visto todo. Aunque no alardea de esa experiencia, se da cuenta de que lo estoy pasando mal y me hace una oferta generosa. «Mi madre pronto se irá de acampada. Me ha dicho que puedes quedarte en su habitación mientras esté fuera. Nuestra familia te ayudará con Rosy. Necesitas ayuda.» Nunca se ha dicho algo más cierto.

Al día siguiente, Rosy y yo nos trasladamos del hotel al hogar de Maria. Y tenemos una suerte que no nos la creemos. Su familia está tan llena de amor que, a veces, incluso ya de vuelta en San Francisco, me descubro llorando de noche y deseando volver con ellos. Quiero regresar al salón de Maria, comer caribú crudo o jugar al bingo. Quiero volver a la paz liberadora de su hogar.

Siento esa paz al cruzar la puerta con Rosy. Vestida con unos tejanos grises y una camiseta negra, Sally remueve una gran olla con espaguetis y salsa de carne.

—Entrad y tomad algo para cenar —dice.

Hay al menos media docena de niños en el salón, jugando a las cartas y a videojuegos. Cuando vamos a la habitación con las maletas, Sally les está sirviendo la pasta, rellenando los cuencos y pasándoselos.

—Muchas gracias por permitir que nos quedemos aquí, Sally, y por la cena. Estamos hambrientas —le digo después de dejar las maletas.

—Siempre tenemos mucha comida. Servíos lo que queráis —dice Sally, y nos da dos cuencos con pasta—. No me causáis ningún problema. Tenemos tantos niños en casa, todo el tiempo, que uno más no se nota.

Y es verdad: el salón es el centro social de la familia Kukkuvak. Técnicamente, solo dos niños viven allí, pero no importa. En cualquier momento están de visita las tías, los tíos, los primos y los sobrinos. La familia y los amigos entran y salen con libertad, a cualquier hora del día.

Esta noche no es una excepción. Mientras cenamos, cuento a diez personas en el salón, entre ellas un bebé de cinco meses, un niñito de un año y medio, una niña de tres, un niño de seis, dos chicas de trece y dos chicos de quince.

Los niños se apresuran a dejar un espacio a Rosy, la alzan (literalmente) en brazos y la ponen bajo su protección. Una de las chicas, Susan, empieza de inmediato a cepillar y trenzar el cabello a mi hija (que nadie ha cepillado en tres o cuatro días porque Rosy no me deja). Después, Rebecca, de nueve años, entra en el salón, le coge la mano amablemente y le propone jugar fuera. Otros dos niños las siguen, y ya está hecho: Rosy es miembro oficial de la pandilla. Siento que se me relaja el cuerpo, como si la carga de criar a una niña sola sea algo que he soportado durante días, meses, incluso años.

Los libros sobre la educación de los hijos a menudo mencionan un concepto de la psicología y la neurociencia denominado «función ejecutiva». Básicamente, se trata de un conjunto de procesos mentales que nos ayudan a actuar de manera reflexiva, no impulsiva. Es la voz que oímos en nuestra cabeza y hace que esperemos un momento antes de reaccionar. Nos preguntamos: «¿Qué repercusiones tendrán mis acciones? ¿Hay alguna forma de hacerlo mejor?». La función ejecutiva nos ayuda a controlar las emociones y el comportamiento, o a cambiar de dirección cuando es necesario. Los estudios sugieren que una mejor función ejecutiva cuando se es niño posibilita buenos resultados en el futuro: mejores notas, mejor salud, mejores relaciones, más posibilidades de encontrar y conservar un trabajo, etcétera.[10]

En Kugaaruk, los niños tienen la función ejecutiva por las nubes: pueden comprender el punto de vista de otro niño, ser flexibles cuando la situación cambia y adaptarse a las necesidades de los demás. Muestran más madurez emocional que muchos niños estadounidenses más mayores (en muchos aspectos, son más maduros emocionalmente que yo). Incluso los más pequeños suelen actuar con paciencia, empatía y generosidad.

Y son muy buenos compartiendo: juguetes, comida, ropa..., lo que sea. Cualquier objeto es una oportunidad para cooperar y jugar juntos, en lugar de para competir y pelearse.

Durante todo el tiempo que pasamos en el Ártico, Rosy juega con esos niños cada día, hora tras hora, sin apenas supervisión, ni mía ni de otras madres. Rara vez hay un problema. Los mayores ya conocen las reglas y ayudan a los pequeños a aprenderlas. Las chicas adolescentes quieren hacer de madre con Rosy, y los más pequeños juegan con ella. Si Rosy se enfada, los niños más mayores se ocupan de ella, la calman, o ceden, sencillamente. Van por el buen camino.

La primera noche en el salón de Sally, observo a los niños jugar durante unas dos horas. Y no hay ni una discusión, ni un momento de tensión ni un grito de «¡Esto es mío!» (excepto de Rosy). Y los adultos no intervienen constantemente, no dan órdenes. Se limitan a relajarse, a escribir mensajes en sus móviles o a hablar de la próxima jornada de caza.

Esa noche, al contemplar la escena, me doy cuenta de que esa familia inuit va a enseñarme mucho más de lo que esperaba. Llegué a Kugaaruk con un objetivo: enseñar a Rosy a controlar la ira y actuar con amabilidad con los amigos y los familiares. Pero esos padres inuit me instruirán en muchas más cosas, entre ellas, a controlar mi estilo de crianza reactivo y airado.

Cómo enseñar a los niños a controlar la ira

A los diez días de estar en el Ártico, presencio una escena increíble.

Es una tarde como cualquier otra en casa de Maria. El tío Gordon lee en el sofá. El hijo de Sally, Tusi, está sentado a su lado, mirando el móvil, mientras dos nietos de Sally juegan a Dance Dance Revolution frente al gran televisor de pantalla plana. Todos, de edades comprendidas entre los tres y los cuarenta y cinco años, «se ocupan de sus asuntos» y coexisten apaciblemente.

Después, Rosy y su nueva amiga del alma, Samantha, entran en escena, y me preparo para que se desate el infierno. Llevan vestidos de princesa con faldas de tul: Rosy, de color amarillo pálido; Samantha, de rojo chillón.

La pareja me provoca pavor. Tienen una energía imparable. Como Rosy, Samantha es lista, parlanchina y atrevida. Bajo el pelo despeinado y rizado, su mirada es de pura alegría.

—Vamos a dar un baño a Missy —dice riendo.

Missy es la Yorkshire terrier de la familia. No pesa más de cuatro kilos. Y tanto Samantha como Rosy quieren obligarla a meterse en un barreño lleno de agua con jabón. En este momento, la pobre Missy se esconde debajo de la mesa del salón.

—¡La tengo! —grita Rosy cuando se abalanza hacia ella.

¡Bam! Rosy tira con el brazo una taza de café humeante que estaba en el borde de la mesa. El líquido marrón describe un arco por el aire y acaba impactando en la moqueta blanca de Sally. Se desparrama todo el café y queda un charco por encima de la mesa. Se me para el corazón . «¡Por Dios, Rosy! —quiero gritar—. Somos invitados en esta casa. ¿Por qué no vas con un poco más de cuidado?»

Pero miro a los demás y advierto que nadie reacciona. Cero. Nada. Gordon y Tusi no han apartado los ojos del libro. Los niños siguen bailando, bailando, bailando. Nadie parece haberse dado cuenta de que una taza de café caliente ha volado por los aires y lo ha dejado todo perdido.

Sally acude desde la cocina con una toalla en la mano y, despacio y con cuidado, la deja en la moqueta, como si preparara una esterilla de yoga para ponerse a meditar. Rosy ha reproducido la escena del libro de Jean Briggs, aquella en la que un hombre derramaba una tetera en el suelo del iglú y nadie se inmutaba.

Pero lo más sorprendente de todo es la reacción de Sally. No grita ni reprende a Rosy. En lugar de ello, se dirige a Tusi y le dice: «Tu café estaba en un mal lugar».

En los últimos años, he entrevistado a más de cien padres inuit en el Ártico, desde Alaska hasta el este de Canadá. Me he sentado con ancianos de ochenta y noventa años mientras almorzaban la «comida del campo», es decir, estofado de foca, ballena beluga congelada y caribú crudo. He hablado con las madres que vendían chaquetas de piel de foca bordadas a mano en la feria de artesanía del instituto. He asistido a clases de crianza de los hijos en las que los instructores aprendían cómo sus antepasados educaban a los niños hace cientos, incluso miles, de años.

En todos esos lugares, todas las madres y todos los padres mencionan la regla de oro de la crianza inuit: «Nunca grites a un niño —dice Sidonie Nirlungayuk, de setenta y cuatro años, que nació en una casa de tepe no muy lejos de Kugaaruk—. Nuestros padres nunca nos gritaron, nunca».

Incluso cuando la madre de Sidonie parió, no gritó, igual que Allaq en el libro de Jean Briggs. «Me desperté en mitad de la noche y oí algo que parecía un cachorro —me explicó Sidonie—. "¿Alguien puede dejar salir al cachorro?", dije. Pero luego miré a mi madre. Estaba de rodillas y acababa de dar a luz. El "cachorro" era un bebé. Mi madre no emitió ni un sonido.»

Cuando la propia Sidonie fue madre, continuó con la tradición de no gritar. «No se nos permitía gritar a los niños —me explica—. Les decía todo con una voz calmada, calmada.»

¿De verdad? ¿Todo era con una voz calmada? ¿Incluso si el niño te da una bofetada? ¿O si cierra la puerta de casa y te deja fuera? ¿O si insiste pesadamente en «buscarte las cosquillas»?

«Sí —dice Lisa Ipeelie con una risa que parece enfatizar lo tonta que le parece mi pregunta—. Cuando los niños son pequeños, no es de gran ayuda gritarles o enfadarse con ellos. Lo único que haces es acelerar tu propio pulso.»

Enfadarse con un niño no tiene sentido. Lo único que se consigue es impedir la comunicación entre el niño y la madre.

MARTHA TIKIVIK

Lisa, madre y productora de radio, vive en la ciudad ártica de Iqaluit, Canadá. Creció junto a doce hermanos. «Los niños pequeños a veces parece que quieran buscarte las cosquillas, pero no es así. Están enfadados por algo, y tienes que averiguar por qué.»

Los ancianos me cuentan que los inuit consideran que gritar a un niño pequeño es degradante. Básicamente, el adulto se rebaja al nivel del niño o protagoniza una versión adulta de una pataleta. Lo mismo puede decirse de las reprimendas o de hablar a los niños con un tono de enfado.

«Enfadarse con un niño no tiene sentido —dice Martha Tikivik, de ochenta y tres años—. Enfadarse no va a resolver el problema. Lo único que se consigue es impedir la comunicación entre el niño y la madre.»

El anciano Levi Illuitok, de Kugaaruk, está de acuerdo. Nació en una isla cerca de Kugaaruk y aprendió a cazar focas y caribús a los siete años. «No tengo ni un solo recuerdo de mi padre siendo brusco conmigo ni gritándome», dice este hombre de setenta y nueve años. Pero eso no significaba que sus padres fueran blandengues: «Mi madre era estricta. No nos dejaba ir a dormir tarde, y todos teníamos que levantarnos a la misma hora por la mañana. Pero nunca gritó», recuerda.

Cuando gritas a un niño,
este deja de escuchar.

SIDONIE NIRLUNGAYUK

La crianza tradicional de los inuit es increíblemente tierna y atenta. Si tomáramos todos los estilos de crianza del mundo y los clasificáramos según su amabilidad, el inuit estaría en la parte alta de la tabla. En una de las familias que visitamos, las madres y las tías sentían tanto amor por los bebés y los niños presentes que gritaban: «¡La quiero! ¡La quiero!». Los inuit incluso tienen un beso especial para los niños, llamado *kunik*, con el que se acerca la nariz a la mejilla del crío y se inspira el olor de su piel.

Hasta los castigos leves, como mandarlo a un rincón, se consideran inapropiados, dice Goota Jaw, que enseña crianza inuit en la Universidad Nunavut Arctic de Iqaluit. Son unos castigos que han demostrado ser improductivos y que solo aíslan al niño. «No estoy de acuerdo con gritar: "¡Piensa en lo que has hecho! ¡Ve a tu habitación!". Nosotros no enseñamos así a nuestros hijos. Con eso solo se enseña al niño a huir.»

Y no es todo lo que les enseña. «Cuando gritas a un niño, deja de escuchar», observa Sidonie. De hecho, cree que los niños estadounidenses no escuchan porque sus padres siempre les están gritando. «Se puede saber si un padre grita a su hijo porque el niño ya no escucha.»

Una y otra vez, los padres inuit repiten la misma idea: si grita o chilla, un padre se complica la vida, porque el niño deja de escuchar. Lo bloquea. En palabras de Theresa Sikkuark, de setenta y tres años: «Me parece que por esa razón los niños blancos no escuchan. Los padres les han gritado demasiado».

Resulta que muchos científicos occidentales están de acuerdo con los ancianos inuit. Al volver a San Francisco, llamo a Laura Markham, una psicóloga clínica autora del libro *Peaceful Parent, Happy Kids* [Padre en paz, hijos felices]. Le pregunto si gritar a los niños tiene un impacto negativo y me responde con un curioso eco de Sidonie: «Cuando gritas a un niño, le enseñas a no escuchar —me explica—. En muchas ocasiones, los padres dicen: "Es que no escucha hasta que alzo la voz", y yo les digo: "Muy bien. Si tienes que alzar la voz para que te escuche, siempre tendrás que alzar la voz"».

Laura sostiene que los padres occidentales se disparan al pie cuando gritan. Porque, en definitiva, los gritos no enseñan al niño a comportarse. Al contrario: le enseñan a enfadarse. «Les estamos enseñando a gritar cuando algo no les gusta, y que gritar es una forma de solucionar problemas», dice.

Recordemos la fórmula: para enseñar a un niño a comportarse de cierta manera, necesitamos dos ingredientes principales y una pizca de un tercero: practicar, demostrar y, si es necesario, reconocer. Cuando gritamos y nos enfadamos con un niño, le demostramos que estamos enfadados. Puesto que, con frecuencia, el niño nos grita a su vez, le estamos dando la ocasión de que practique los gritos y el enfado. Y, después, si volvemos a gritarle, lo reconocemos y aceptamos su enfado.

Por el contrario, los padres que controlan la ira —tanto en su vida cotidiana como hacia los niños— ayudan a que sus hijos hagan lo mismo. «Los niños aprenden de nosotros la regulación emocional», dice Laura. Cada vez que evitamos comportarnos con ira, el hijo ve una forma calmada de gestionar la frustración. Aprende a mantener la compostura cuando emerge la ira. De modo que, para ayudar a un niño a regular sus emociones, el primer paso es que los padres regulen las suyas.[1]

Es posible que algo de todo esto resulte familiar. Quizá ya ha caído en las manos del lector algún libro sobre la «crianza positiva». Hay un montón, y muchos son superventas. Porque es evidente que nuestras preferencias, las de todos los padres, serían gritar menos, reñir menos y sentirnos menos enfadados. Pero ¿cómo sigues siendo un padre positivo cuando a las cinco de la tarde de un día laboral, después de toda la jornada —y con otra entrega en tres horas—, tu hija se tira al suelo del supermercado porque has comprado solo una caja de helados en lugar de dos?

En esas situaciones, buen parte de los libros disponibles no ofrecen mucha ayuda. Me da la impresión de que se olvidan de dos piezas claves: cómo reducir la ira contra los hijos y cómo disciplinar o cambiar el comportamiento del hijo sin ira. Después de todo, cuando dejas de estar enfadada, sigue siendo importante enseñarle que debe estar agradecida por tener una caja de helados o, todavía mejor, que debe compartirla con toda la familia.

En los capítulos siguientes voy a enseñarte las técnicas para gestionar los momentos en que tu hijo te pone de los nervios, tiene una pataleta o no deja de comportarse mal. Al final, aprenderemos a cambiar el comportamiento a largo plazo y transmitir, a la vez, los valores de respeto y gratitud. Empecemos por cómo dejar de estar tan enfadados.

9

Cómo dejar de estar enfadado con tu hijo

Personalmente, mi estrategia educativa diaria se centra en gritar o, más concretamente, en agobiar y luego gritar. En ocasiones, acabo el episodio gritando alguna sentencia ridícula como: «¡Rosy, basta de gritar! ¡Basta ya!».

Así que cuando estuve en el Ártico, ver que se educaba sin ira ni enfados me pareció un espejismo, o algo parecido a la dieta del Paleolítico. Sé que no debería comer tantos carbohidratos y azúcares, pero, cuando nadie me mira, me zampo un plato de pasta. ¿No hace lo mismo todo el mundo? ¿No gritan a sus hijos cuando nadie mira?

No. Ni Sally, ni su madre Maria, ni su hermana Nellie ni ningún otro progenitor de la familia. Todos hacen que el método de educar sin ira parezca fácil. Una noche, por ejemplo, Sally vigila a tres de sus nietos, de entre dieciocho meses y seis años, mientras yo vigilo a Rosy. La casa es un caos. La entropía se está adueñando de la situación. Uno de los niños pequeños, llamado Caleb, es especialmente problemático. En un momento dado, incluso hace un rasguño a Sally en la cara. Pero ella nunca pierde la calma. En ningún momento.

Al observarla en acción, me quedo impresionadísima, no solo porque siga tan calmada, sino porque nunca permite que los niños se salgan con la suya. Utiliza otras técnicas para disciplinar y cambiar el comportamiento, técnicas que no implican gritar; es más, incluso a veces ni siquiera implican palabras.

Al presenciar las interacciones entre padre e hijos en Kugaaruk, veo por primera vez en mi vida una forma de educar a los hijos que no requiere ira ni gritos. Es revelador. Primero, noto lo calmados y relajados que están los adultos. También advierto el profundo impacto que esa calma tiene en los hijos, y en Rosy. El resultado es prácticamente inmediato. Bajo las alas calmadas de Sally y Maria, el diablo de Rosy se tranquiliza. Tiene menos ansiedad. Una noche se enfada porque quiere leche, y no tenemos. Empieza el proceso de la pataleta, pero, al darse cuenta de que ese comportamiento no surte efecto alguno entre los adultos, se tira literalmente al suelo, como la Bruja Mala del Oeste, y grita: «¡Noooooo!».

Al observar ese cambio en Rosy, veo reflejada mi propia ira. Caigo en la cuenta de que cuando alzo la voz y la riño, de hecho, desencadeno sus berrinches. Nos vemos atrapadas en un bucle que es tan terrible como predecible. Yo empiezo a gritar; Rosy responde con un chillido. Yo grito más y la amenazo patética-

LO QUE NOS ENSEÑA LA IRA

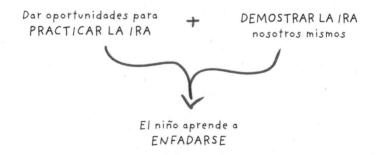

mente. Luego ella se tira al suelo y empieza a patalear y gritar. Así que me agacho y trato de calmarla. Pero es demasiado tarde. Está enfadada. Y, para mostrármelo, puede que me dé una bofetada o me tire del pelo, lo cual hace que yo me enfade más.

Pero, de alguna manera, Sally y Maria no caen en esa trampa emocional padre-hijo, en ese toma y daca de la ira. Nunca se enzarzan en luchas de poder con los niños. Y, durante el tiempo que estuve con ellas, me esforcé mucho para comprender cómo lo hacían.

Por lo que entiendo, es un proceso de dos pasos:

1. Dejar de hablar. Permanecer en silencio. No decir nada.

2. Aprender a sentir menos ira hacia los niños, o incluso a no sentirla en absoluto. (Nota: no me refiero a controlar la ira cuando aparece, sino a generar menos ira ya de entrada.)

A primera vista, tal vez estos pasos sean sospechosamente parecidos a la trampa de la crianza positiva. Pero me explicaré mejor. No cabe duda de que no es un proceso fácil. El segundo paso, sobre todo, es difícil. Pero Dios sabe que si yo puedo cambiar (o, como mínimo, mejorar considerablemente), todo el mundo puede. Recordemos que crecí en un hogar lleno de ira. Cuando fui a la universidad, me sorprendió el silencio que había en mi dormitorio por la noche. ¿Dónde estaban los gritos y las amenazas? ¿Por qué todos estaban tan callados?

Pero yo no quería que Rosy creciera en un hogar lleno de ira. Quería que aprendiera otras maneras de gestionar la frustración y la irritación. Y, para ser sincera, a medida que me adentraba en los cuarenta, pensé que también era un buen momento para aprender por mi parte una forma más matizada de comunicación, no solo con Rosy, sino también con mi marido, mis colegas y, en fin, con todo el mundo. En primer lugar, basta de gritos.

Paso 1: Dejar de hablar

Me costó unos tres meses dejar de gritar a Rosy, y otros tres más dejar de hablar cuando estaba enfadada. De vez en cuando, sigo cayendo en la tentación y articulo órdenes, exigencias y reprimendas. Pero, en general, he aprendido el arte de permanecer en silencio cuando Rosy desencadena una corriente de ira y frustración por mis venas. He aquí lo que hago:

• **Cerrar la boca.** Cuando Rosy me enerva, siempre reacciono con una erupción verbal: «Rosemary, deja de hacer esto», «¿Por qué te pones a llorar ahora?», «¿Qué problema hay?», «¿Necesitas...?», «¿Quieres...?». Todas estas preguntas y declaraciones logran el objetivo contrario al que pretendo. Transmiten una sensación de urgencia y estrés. Y empeoran las pataletas de Rosy. Incluso cuando trato de mantener la calma, las palabras revelan mis emociones.

Pero Sally y Maria hacen lo opuesto. Siempre que las veo en una situación exasperante con un niño, se dan un segundo, no dicen nada y observan. Casi parecen terapeutas de rostro pétreo que escuchan al quinto paciente del día con una emotividad exacerbada. Si Sally y Maria llegan a decir algo, lo dicen en voz baja y con calma. Y me refiero a que hablan en voz muy baja. Tan baja que, si no estoy a su lado, no oigo lo que dicen. Como explicaré en la próxima parte del libro, permanecer callados y en silencio incita al niño a actuar igual. Y, al contrario, una erupción de palabras, aunque se digan con un tono amigable, solo logran aumentar el nivel de energía —y de ira— del niño.

Así que siguiendo el ejemplo de Sally y Maria, he cambiado de estrategia. Ahora, cuando noto que me enfado con Rosy, me limito a cerrar la boca. Junto los labios y resisto. Pienso: «Como

una ostra, Michaeleen, haz como una ostra». Y observo a Rosy.
Así puedo valorar la situación.

- **Irse.** Durante unos minutos, incluso unos pocos segundos,
me voy. Puedes salir de la habitación. Salir del coche. Caminar
por la acera. Dar un paseo por el parque. O, sencillamente, dar la
espalda al niño. Maria me explicó esta estrategia el primer día que
nos conocimos, mientras charlábamos en la mesa de la cocina.
«Cuando siento que me estoy enfadando, dejo solos a los hijos o
los nietos —dijo—. Me limito a dejarlos solos.»*

El deseo de gritar y hablar se disipa en el nuevo espacio, así
que podemos volver a ayudar al niño. Como explicaré en el capítulo siguiente, esa distancia también ayuda a comunicar al
niño, de forma calmada, que su comportamiento, en ese momento, no es aceptable. Ignorar a los niños es una herramienta
potente para disciplinar.

Con estas dos acciones —permanecer en silencio e irse—
obtengo un gran impacto en Rosy. De inmediato, vuelve a abrir-
se el canal de comunicación entre nosotras.

Pero Rosy sigue sintiendo que estoy enfadada. Es como un
canario en una mina de carbón emocional: puede sentir mis
emociones antes de que me salgan por la boca. Y cuando vuelvo

---

* Fíjate en la primera parte de la frase de Maria: «Cuando siento que me
estoy enfadando». Maria no espera hasta que ya está de los nervios para salir
de la habitación. Más bien, se aleja de la situación cuando detecta las primeras
señales de la ira. Creo que uno de mis problemas fue que solía ignorar esos indicios. Cuando me decidía a actuar, las emociones eran tan intensas que no podía controlarlas. Pero, recientemente, he estado prestando más atención a esas
primeras y pequeñas señales de la frustración o el malestar que precede a la ira.
Ocuparse de estas emociones moderadas (por ejemplo, saliendo de la habitación) es mucho más fácil que controlar la ira.

a dirigirle la palabra, ya que al final tengo que decir algo, suelo echar mano de una amenaza con los dientes apretados o los ojos muy abiertos: «Si no me escuchas..., ¡te quitaré todos los vestidos!». (Sí, esta amenaza tan ridícula, y otras aún más ridículas, han salido de mi boca.)

Así que me fijé el que parecía un objetivo imposible: dejar de enfadarme con Rosy o, como mínimo, enfadarme mucho menos.

Ahora, seamos francos: si no hubiera visto cómo Sally y Maria calmaban tanto a Rosy, quizá no habría estado tan motivada para probar esta estrategia. La verdad es que, antes de estar con Sally y Maria, estaba convencida de que, para conseguir que Rosy aprendiera —que aprendiera respeto y gratitud—, yo debía ser firme y fuerte. Y que tenía que reñirla y reprenderla. Mis padres me habían educado así, y pensaba que era lo que hacían todos los padres. No creía que una actitud amable y tierna pudiera funcionar. Aun así, Maria y Sally no solo me convencieron de que funcionaba, sino de que es más efectiva, sobre todo con niñas como Rosy.

Así que, con una considerable dosis de escepticismo, traté de lograr lo imposible: dejar de sentirme tan enfadada con mi hija.

Paso 2: Aprender a tener menos ira, incluso a no tenerla

Ahora, antes de profundizar, debo ser clara: no me refiero a eliminar la ira. Y no me refiero a dejarla pasar o que se reduzca con el tiempo. Es obvio que, si nos vamos a dar una vuelta y esperamos suficiente tiempo, la ira acabará por desaparecer. Está garantizado. El problema es que, con una niña pequeña, en un apartamento pequeño, no tengo con mucha frecuencia el privilegio del tiempo y la separación. Cuando Rosy se enfada me sigue por toda la casa, me acorrala en un rincón o incluso se agarra a mi pierna como una seta ostra al tronco de un árbol.

Lo que las madres y los padres inuit me enseñaron es a tener menos ira desde un principio, no solo hacia Rosy, sino hacia todos los humanos pequeños. Me enseñaron a no sentir ni una pizca de ira cuando una mocosa de tres años me da un puñetazo en el vientre a las siete de la mañana.

¿Cómo hacerlo? Después de hablar con madres, padres, abuelos y abuelas, empiezo a comprenderlo: consideran las acciones de los niños desde una perspectiva diferente a la de la cultura occidental. Interpretan de forma diferente las motivaciones de los niños. Por ejemplo, en la cultura occidental solemos pensar que los niños nos «buscan las cosquillas», «ponen a prueba los límites» o que incluso son manipuladores. Cuando Rosy era solo un bebé, mi hermana mayor me dijo por teléfono: «Es increíble el modo en que los niños aprenden a manipularnos desde tan pequeños. Ya verás».

Pero ¿y si esta idea es errónea? ¿Sabemos realmente si los niños pequeños nos «manipulan» igual que nos manipulan los adultos? ¿Nos buscan las cosquillas igual que los adultos? No hay pruebas científicas que demuestren que sea verdad. Ningún escáner cerebral refleja que el circuito «manipulador» de un niño se activa cuando se porta mal. No existen estudios psicológicos en los que los niños de dos años «confiesen» y admitan que, sí, todo lo que quieren es poner de los nervios a papá y mamá.

La verdad es que estas ideas sobre los niños son construcciones culturales. En cierta forma, son como cuentos populares que los padres occidentales nos contamos para gestionar un comportamiento que no comprendemos. Y en otras culturas, entre ellas la inuit, los padres se cuentan otros cuentos, cuentos que los ayudan a mantener la calma cuando están con los niños y a sentir menos ira hacia ellos. Cuentos que refuerzan la relación padre-hijo en lugar de tensionarla. Cuentos que hacen que ser padre resulte más fácil.

Así que ¿y si tiramos por la ventana la forma de pensar occidental y creamos unas narrativas mejores para comprender a los niños pequeños? En lugar de describirlos como incordios manipuladores cuyo objetivo es ponernos de los nervios, ¿qué tal si pensamos en ellos como ciudadanos ilógicos y recién llegados que tratan de averiguar cuál es el comportamiento adecuado? ¿Y si damos por descontado que sus motivaciones son buenas y justas, y que lo único que falla es mejorar la ejecución?

En otras palabras, si quiero sentir menos ira hacia Rosy, debo cambiar mi manera de interpretar sus acciones y su mal comportamiento.

Una y otra vez, los ancianos inuit proponen dos reglas para que los padres mantengan la cabeza fría cuando los niños pierden la suya:

- **Espera que se comporten mal.** Espera que sean maleducados, violentos y mandones. Espera que lo dejen todo perdido, que hagan mal las tareas y que, a veces, sean auténticos pelmazos. No te lo tomes como una afrenta personal (ni pienses que eres una mala madre). Sencillamente, así son los niños. Y tu trabajo, como padre o madre, es enseñarles a comportarse de un modo aceptable y a controlar sus emociones.

Si la niña no escucha, es porque es demasiado pequeña para comprender. No está lista para esta lección.

DOLOROSA NARTOK

Si el niño no cumple con las expectativas del momento, intenta modificar el entorno, no al niño.

Una tarde, estoy sentada en un taburete en el único restaurante de Kugaaruk tomando un café con Dolorosa Nartok, quien me explica que, de pequeña, su familia mantenía el iglú caliente con una lámpara de aceite de foca. Mientras tanto, Rosy hace todo lo que puede para desbaratar la entrevista. No deja de coger el micrófono y de balancear el cable como si fuera una cuerda para saltar.

Dolorosa ve cómo voy frustrándome. Ruego a Rosy que pare: «Rosy, por favor, deja el micrófono en paz. ¿Cuántas veces tengo que pedírtelo? ¿Por qué no escuchas?».

Dolorosa me mira con una leve expresión de lástima y me dice, simplemente: «Si la niña no escucha, es porque es demasiado pequeña para comprender. No está lista para esta lección».

Es una frase que no olvidaré nunca. Dolorosa sigue explicándome cuál es la visión de los inuit sobre el mal comportamiento de los niños. «Los niños pequeños todavía no comprenden —me dice—. No entienden qué está bien o qué está mal, qué es el respeto, cómo tienen que escuchar. Los padres deben enseñarles.»

Esta perspectiva es análoga a cómo los occidentales entendemos la lectura o las matemáticas. Por ejemplo, Rosy, a los tres años, es demasiado pequeña para saber que 2 +2 = 4. Si dice 5 o 6, no me enfado nunca, porque no espero que sepa de matemáticas. Lo que espero es que, en algún momento, tendré que enseñárselo. Y si es demasiado pequeña para comprender un concepto, no me pondré de los nervios ni me frustraré, sino que aguardaré y probaré más tarde. Los padres inuit entienden que las habilidades emocionales se enseñan de la misma forma.

En Estados Unidos exageramos las habilidades emocionales de los niños. Esperamos que los pequeños de dieciocho meses o dos años tengan una función ejecutiva muy desarrollada y que comprendan conceptos emocionales sofisticados como el respeto, la generosidad y el autocontrol. Y cuando no muestran estas cualidades, nos frustramos y perdemos la paciencia con ellos.

Muchos padres inuit ven a los niños desde la perspectiva opuesta. Esperan que los niños tengan una función ejecutiva poco desarrollada y un bajo control emocional, y entienden que su trabajo es enseñarles esas habilidades. Básicamente, cuando un niño no escucha o se porta mal, la razón es simple: todavía no ha aprendido esa habilidad en concreto. Y, quizá, no está listo para aprenderla. De modo que no hay razón alguna para que el progenitor se enfade o se decepcione.

Varios antropólogos han documentado ese mismo tipo de filosofía en otras comunidades del círculo ártico. De manera que debe de ser una idea antigua, que se remonta a unos mil años atrás, antes de que los inuit migraran a lo que hoy es el norte de Canadá. En *Never in Anger*, Jean Briggs escribe:

> Los utku [inuit] esperan que los niños se enfaden con facilidad (*urulu*, *qiquq*, *ningaq*) y que lloren cuando los molestan (*huqu*), porque no tienen *ihuma*: no tienen mente, ni pensamiento ni comprensión. Los adultos dicen que no les preocupan (*huqu*, *naklik*) los miedos y los enfados irracionales de los niños, porque saben que nada puede ir verdaderamente mal. Puesto

que son seres irracionales, incapaces de comprender que sus miedos son ilusorios, es muy difícil tranquilizarlos.

Desde el punto de vista de los utku, crecer consiste en gran medida en un proceso de adquisición de *ihuma*, puesto que es el uso del *ihuma* lo que distingue el comportamiento adulto y maduro del de un niño, un idiota o una persona con trastornos mentales.[1]

A unos dos mil kilómetros al este de Utku, el antropólogo Richard Condon hizo una observación similar mientras estuvo con los inuit en la diminuta isla de Ulukhaktok, en los Territorios del Noroeste, en Canadá. Escribe:

> Se considera que los niños son mandones en extremo. Puesto que aún no han asimilado las normas valoradas culturalmente de la paciencia, la generosidad y el autocontrol, los niños suelen hacer peticiones exageradas a los demás y se enfadan mucho si no se cumplen. También se considera que son muy agresivos, tacaños y exhibicionistas, comportamientos que son lo contrario del comportamiento ideal.[2]

De manera que no hay razón para enfadarse cuando un niño pequeño es maleducado, nos grita o nos golpea. No es un reflejo de las habilidades del padre, sino un mero reflejo de cómo están hechos los niños.

- **No te pelees con un niño pequeño.** Sidonie Nirlungayuk, de setenta y cuatro años, lo dice con bastante elocuencia: «Incluso cuando un niño te maltrata, no está bien enfrentarse a él. Ignóralo. Sea lo que sea lo que esté mal..., al final, su conducta mejorará».

Varios ancianos me dan el mismo consejo durante las entrevistas. Pero es Elizabeth Tegumiar la que me ayuda a comprender hasta qué punto los padres se lo toman en serio. Rosy y yo conocemos a Elizabeth la primera noche que pasamos en Kugaaruk, en el hotel restaurante donde trabaja como cocinera. Después de cenar, sale de la cocina con un delantal amarillo anudado a la cintura y con un plato extra lleno de patatas fritas para Rosy. Es de complexión pequeña y tiene un rostro liso, sin arrugas, que hace difícil determinar su edad, pero le echo cuarenta y tantos. Tiene el pelo castaño rojizo, corto, los ojos grises y su indumentaria habitual consiste en unos pantalones de chándal negro y una sudadera con capucha gris.

De inmediato, Elizabeth se interesa por mi trabajo y empezamos a hablar sobre la educación de los hijos. Cuando le cuento cuáles son las prácticas habituales en Estados Unidos, frunce los labios y abre mucho los ojos, sin dar crédito.

Elizabeth nació y creció «en la naturaleza», como dice. Comprende muy bien la cultura, la historia y la crianza de los inuit. Y, amablemente, comparte sus conocimientos conmigo. Así que le pregunto si le gustaría ayudarme con el proyecto. La contrato para concertar entrevistas con los ancianos y traducir del inuktitut al inglés. Sus consejos han sido valiosísimos, no solo para este libro, sino también para mí. Me ha ayudado a sentir menos ira hacia Rosy y a comprender sus motivaciones y acciones con más amor y amabilidad.

Los inuit consideran que pelearse con los niños es una tontería y una pérdida de tiempo, me cuenta Elizabeth, porque en gran medida son seres ilógicos. Cuando un adulto se pelea con un niño, se rebaja a su nivel.

«Recuerdo que una vez estaba discutiendo con mi tío. Le respondía de mala manera y se enfadó», cuenta. Las discusiones son tan raras que se quedan fijadas en la memoria durante cuarenta años. «Mi padre y mis tías se rieron de él porque estaba discutiendo con una niña.»

En mis tres visitas al Ártico, no he visto ni una sola vez a un padre discutiendo con un niño. Nunca he presenciado una lucha de poder. Nunca he oído quejas, ni regateos. Jamás. Lo mismo ocurre en Yucatán o en Tanzania. Los padres, sencillamente, no discuten con los niños. Más bien, hacen una petición y esperan, en silencio, a que el niño responda. Y si se niega, los padres quizá le hacen un comentario, o se van o dedican su atención a otra cosa.*

Y tú también puedes hacerlo. La próxima vez que te veas oyendo quejas, negociaciones o en un toma y daca con tu hijo, para. Cierra la boca. Cierra los ojos, si es necesario. Espera un rato. Pásale las manos por los hombros, suavemente, y vete a otra parte. O utiliza alguna de las técnicas del capítulo siguiente. Pero no discutas con el niño. Nunca. Porque nunca acabará bien.**

Muy bien, ahora ya tenemos dos reglas para reducir la ira hacia los niños: esperar un mal comportamiento y no discutir nunca. ¿Cuál es el tercero? Bueno, resulta que es un elemento central de la educación universal de los hijos.

---

* ¿Recuerdas cuando Teresa preparaba a sus cuatro hijos para ir al colegio? Cuando Ernesto no fue a buscar los zapatos, su madre no convirtió la petición en una pelea. Esperó cinco minutos y volvió a pedírselo, con calma.

** Si lo piensas, cada vez que negocias con un niño, lo estás entrenando para que negocie contigo. Recuerda el primer ingrediente para transmitir un valor o un rasgo: practicar.

Anima, no obligues nunca

> Obligar a un niño nunca será de ayuda. Señálale sus errores, sinceramente. Al final, aprenderá.
>
> THERESA SIKKUARK,
> mujer de setenta y un años de Kugaaruk

Mientras entrevistaba a padres para este libro, oí con frecuencia un mismo consejo. Lo oí de madres, padres, abuelos y abuelas, pero también lo oí una y otra vez de los psicólogos y antropólogos que estudian las comunidades de cazadores-recolectores de todo el planeta.

En teoría, este consejo parece muy simple y fácil. Pero, caramba, a mí me cuesta muchísimo aplicarlo. Va en contra de todas mis fibras educativas.

¿Cuál es la gran idea? Nunca obligues a un niño a hacer algo.

En lugar de obligarlo, anímalo, estimúlalo. (Recuerda: la E de TEAM (equipo), *Encouragement*, significa «Estimular».)

En muchas culturas de cazadores-recolectores, los padres rara vez riñen o castigan a sus hijos. Rara vez insisten en que un niño satisfaga una petición o se comporte de cierta manera. Creen que tratar de controlar a un niño dificulta su desarrollo y solo logra tensionar la relación padre-hijo.

Es una idea tan común entre las culturas de cazadores-recolectores del planeta que no hay muchas dudas al respecto de que es una forma antigua de tratar a los niños. Si pudiéramos volver atrás en el tiempo y entrevistar a padres de hace cincuenta mil años, lo más probable sería que nos dieran el mismo consejo.

Obligar a los niños provoca tres problemas. En primer lugar, socava su motivación intrínseca, es decir, erosiona el impulso natural que tiene para hacer una tarea voluntariamente (véase el capítulo 6). En segundo lugar, puede dañar la relación con el niño. Al obligarlo a hacer algo, corremos el riesgo de que comience una pelea y que se genere ira en ambas partes. Pueden erigirse muros entre el padre y el hijo. En tercer lugar, arrebatamos al niño la oportunidad de aprender y tomar decisiones por sí mismo.

ANIMAR

Para motivar y estimular, no utilices las amenazas, los premios o los castigos.	Trata a los niños como pequeños adultos; háblales con calma y respeto.	Obligar a un niño a hacer algo te convierte en su enemigo.

La madre de Sally, Maria, resume muy elocuentemente esta idea cuando una tarde tomamos un té en su cocina.

—Educar es una calle de dos sentidos —dice.

A los adultos no les gusta que los obliguen a hacer algo o a actuar de cierta manera; los niños son iguales.

—Cuando se obliga a un niño a hacer algo, incuba ira y malestar. Más tarde, no tendrá respeto por sus padres y abuelos —añade Maria.

Pero si tratas al niño como un adulto pequeño y le hablas con calma y respeto, al final, hará lo mismo contigo.

—¿A los niños pequeños también les hablas así? —pregunto.

—Sí, incluso a los más pequeños —responde.

Los padres mayas tienen una filosofía similar, afirma la psicóloga Lucía Alcalá. «Los padres me dijeron que no se puede obligar a un niño a hacer algo. Es posible guiarlo y ayudarlo a ver por qué es importante que hagan algo o lo aprendan. Pero no se puede imponer el aprendizaje», dice Lucía. Obligarlos no solo genera conflictos, sino que también resquebraja la cohesión general de la familia. «No quieres que tus propios hijos se conviertan en tu enemigo», añade.

«Ajá... —pienso al oírla—. Así que esto explica por qué Rosy y yo nos hemos convertido en enemigas. Yo la obligo a hacer cosas todo el rato.» La obligo a llevar el plato a la cocina. La obligo a dejar de gritar a la hora de acostarse. La obligo a comerse las judías. A cepillarse los dientes. A cogerme de la mano cuando cruzamos una calle. A dejar de pegar al perro. Incluso la obligo a hablar («¡Da las gracias!»).

Y, con el tiempo, esta necesidad de controlarla ha generado resentimiento y conflictos entre nosotras.

Por descontado, no obligar a los niños no significa que nos desentendamos y renunciemos a moldear su comportamiento. ¡En absoluto! (Sigo necesitando que Rosy haga muchas cosas, como cepillarse los dientes, ayudar a recoger después de cenar, y respetarme a mí y a su padre.) Lo que significa es que no utilizamos el control y el castigo para que hagan algo. Nuestras habilidades y capacidades nos permiten ir más allá.

En todo el mundo, los padres emplean un gran abanico de técnicas para que los niños escuchen, aprendan y se porten bien. También son técnicas que los enseñan a ser buenos miembros de familia que respetan a los demás. Ya hemos hablado de algunas de ellas (la motivación de grupo, las oportunidades para practicar y el reconocimiento de las contribuciones), y, en los capítulos siguientes hablaremos de muchas más, entre ellas, la dramatización, contar cuentos, preguntas, conjeturar consecuencias y mantener contacto físico.

Hay que tener en cuenta que animar y formar a un niño requiere tiempo. No son soluciones rápidas, pero son los pasos necesarios para llevar a cabo los cambios que perdurarán cuando crezca. En el proceso, daremos al niño un regalo que lo ayudará durante toda la vida: una función ejecutiva fuerte.

Consejo práctico 4: Aprende a mostrar menos ira hacia los niños

La próxima vez que un niño haga algo que te saque de quicio o que te desencadene una sensación de irritación, haz lo siguiente:

1. Cierra la boca. No digas nada. Si es necesario, cierra los ojos.

2. Vete del lugar durante unos segundos o unos minutos hasta que la ira se desvanezca.

3. Piensa en el mal comportamiento desde una perspectiva diferente, o sitúalo en un contexto diferente. Piensa: «No me está buscando las cosquillas. No me está manipulando. Es un ser ilógico e irracional. Y no sabe cómo tiene que comportarse. Mi trabajo es enseñarle la lógica y la racionalidad». (Si estos pensamientos no surten efecto, puedes probar con otra cosa y pensar en el impulso natural del niño para ayudar. Piensa: «Quiere ayudar. Quiere contribuir y trabajar conmigo. Pero no sabe cómo hacerlo. Tengo que enseñarle la mejor forma».)

4. Después, con la voz tan calmada como puedas, di al niño qué error está cometiendo o las consecuencias de sus acciones. Por ejemplo, si pega al perro, di: «Ay, eso le ha dolido al perro». O si te pega a ti: «Ay, eso me ha dolido. Ay... No quieres hacerme daño, ¿verdad?».

5. Luego déjalo solo. Déjalo estar. Deja que el mal comportamiento pase.

6. Si es necesario, utiliza alguna de las técnicas de crianza que describo en el capítulo siguiente para estimular un comportamiento adecuado.

Resumen de los capítulos 8 y 9:
Cómo enseñar a un niño
a controlar su ira

Ideas que recordar

Ira

➤ La ira hacia un niño es improductiva. Genera conflictos, crea tensión e impide la comunicación.
➤ Si un padre grita y chilla a su hijo con frecuencia, el niño acabará por dejar de escucharlo.
➤ Los padres y los hijos pueden caer fácilmente en un ciclo de ira, en el que la ira del padre genera ira en el hijo, lo que, a su vez, genera más ira en el padre, y así sucesivamente.
➤ Es posible detener este ciclo respondiendo al niño con amabilidad y calma.

El control de la ira

➤ A menudo, sobrestimamos la inteligencia emocional de los niños.
➤ El control de la ira es una habilidad que los niños aprenden con el tiempo, gracias a la práctica y el ejemplo.
➤ Para ayudar a un niño a que controle la ira, lo mejor que puedes hacer es controlar tu propia ira cuando estés con él.
➤ Cada vez que gritamos al niño, le enseñamos a gritar y a actuar con ira cuando se enfade o tenga un problema. El niño practica cómo gritar y enfadarse.
➤ Cada vez que reaccionamos con calma y tranquilidad ante un niño enfadado, le damos la oportunidad de encontrar la

misma reacción en sí mismo. Le damos la oportunidad de practicar el apaciguamiento.

➤ Con el tiempo, estas prácticas enseñan al niño a regular sus emociones y a reaccionar a los problemas de una manera calmada y productiva.

Trucos y técnicas

➤ Cuando sientas ira hacia un niño, quédate en silencio y deja que pase. Si hablas, el niño percibirá tu ira. Así que lo mejor es no decir nada.

➤ Si no puedes controlar la ira, vete del lugar o distánciate del niño. Vuelve a su lado cuando te hayas calmado.

➤ Aprende a tener menos ira hacia los niños, o, mejor aún, a no tenerla.

- **Cambia el punto de vista sobre su comportamiento.** Espera que los niños pequeños se porten mal y causen problemas. No quieren sacarte de quicio ni manipularte. Sencillamente, son seres irracionales que todavía no han aprendido a comportarse correctamente. Tú tienes que enseñarles. (Su mal comportamiento no significa que seas un mal padre.)

- **Nunca discutas (ni negocies) con un niño.** Discutir con él solo le dará práctica, y tú serás su ejemplo. Si empiezas a discutir con un niño, cierra la boca y vete.

- **Deja de obligarlo a hacer cosas.** La obligación provoca conflictos, erosiona la comunicación y genera ira (en ambas partes). Aplica las técnicas del capítulo siguiente para estimular una buena conducta, en lugar de forzarla.

10

Introducción a las técnicas de crianza

Los libros sobre la educación de los hijos suelen recomendar que no les gritemos ni los riñamos, pero no nos ofrecen muchas otras alternativas a la ira. Aconsejan que validemos los sentimientos del niño (por ejemplo: «Ahora estás muy enfadado» o «Vaya, estás histérico. Te ha molestado mucho que tu hermano te haya quitado el juguete»). Pero no nos indican cómo modificar el comportamiento del niño. Cómo ayudarlo a sustraerse de la emoción y enfrentarse al problema que ha dado lugar a la pataleta o la discusión. Si constantemente validamos las emociones del niño, ¿cómo aprende una forma más productiva de gestionar la frustración o los problemas?

Es como si fuéramos unos carpinteros que trabajan incansablemente para construir una casa sólida y bonita. Entonces, aparece un «experto», nos arrebata la única herramienta que tenemos —un martillo enorme y ruidoso— y luego se va sin dejarnos nada a cambio. Ni taladros, ni sierras, ni tuercas ni tornillos. ¿Qué hacemos?

En mis estancias en Kugaaruk y Yucatán, presencié a madres y padres utilizando un impresionante abanico de técnicas de crianza. Y esas técnicas no solo atemperan el comportamiento de los niños o los protegen, son mucho más sofisticadas que eso. También enseñan a los niños a pensar antes de actuar, así como a gestionar la decepción y el cambio. En otras palabras, son técnicas que posibilitan que los niños desarrollen unas habilidades fantásticas de la función ejecutiva.

Un comentario sobre estas técnicas antes de empezar. Al principio, cometí el error de tomármelas demasiado literalmente. Cuando trasladas una idea de una cultura a otra, la idea puede cambiar de significado. Lo que describo en estos capítulos funcionará mejor si lo adaptas a tu propio hijo, tu familia y tu vida diaria. Por ejemplo, una técnica emplea preguntas para ayudar al niño a pensar en su comportamiento. Las preguntas específicas que utilizaban los padres inuit en medio del Ártico en la década de 1960, o cincuenta años después, tal vez no sean las mejores para una preadolescente estadounidense de Nueva York en 2020. Sé creativo. Usa la imaginación. Fíjate en cómo reacciona el niño, escucha sus palabras y luego adapta la técnica para él.

Por ejemplo, para ayudar a los niños a que aprendan a compartir con su nuevo hermanito, algunos padres mayas apelarán al deseo del niño de ser el «hermano mayor» o la «hermana mayor» para que cuiden de los pequeños. «Es tu hermana pequeña, pobrecita. Dale un poco», dirán el padre o la madre, insinuando al niño que debe ayudar a su hermanita.[1]

Pero cuando lo probé con Rosy, no advertí muchos avances. Me miraba como si le hablara en otro idioma. «Bueno, esto no funciona», pensé. Sin embargo, unos días más tarde la vi jugando a ser «mamá» con su osito, Einstein. «Einstein, chis, calla. No llores más, Einstein, mamá ya está aquí», dijo al tiempo que acunaba al osito como haría con un bebé.

En aquel momento, me di cuenta de que Rosy estaba contándome cómo ayudarla para que aprendiera a compartir. No quiere ser la hermana mayor (no tiene un modelo a seguir con ello). ¡Quiere ser la madre! Así que la siguiente vez que un niño pequeño en el parque, tambaleándose en sus pañales, pidió un trozo de galleta a Rosy, dije a mi hija: «Pobrecito, necesita que su mamá le dé algo de comida. ¿Eres tú esa mamá, Rosy?». Al instante vi cómo se encendían unas lucecitas en su cerebro. Abrió los ojos, su boca se curvó en una leve sonrisa y, unos segundos después, compartió la galleta.

Presentaré estas técnicas en tres conjuntos. El primero te ayudará con las pataletas y los momentos en que el niño pierde el control de las emociones. El segundo conjunto es una gran fuente de recursos para los malos comportamientos cotidianos, como el lloriqueo, las quejas y las exigencias. Y el tercero sirve para modificar el comportamiento del niño a largo plazo y transmitirle valores claves. Abordaremos este tercer conjunto en los capítulos 11 y 12.

I: Técnicas para las pataletas

Unos días después de llegar a Kugaaruk, entiendo por fin cómo ayudar a Rosy con las pataletas, y cómo lograr que se reduzcan en intensidad y frecuencia. Es algo que debo agradecer a una persona en particular: la intérprete Elizabeth Tegumiar.

Una tarde, Elizabeth, Rosy y yo vamos al colmado a comprar patatas fritas, embutido de pavo y tostadas para almorzar. Mientras esperamos en la cola para pagar, Rosy se fija en unas cintas para la cabeza de color pastel —rosa, azul y amarillo— con pequeños unicornios dibujados. Las quiere con desesperación.

—Pero, mamá, ¿no me puedes comprar una?

—Lo siento, Rosy, no necesitamos otra cinta para la cabeza —respondo.

Se desencadena una pataleta.

—¡Yo quiero una! ¡Quiero una! —grita.

Empiezo mi rutina habitual: una combinación de firmeza, lógica racional y peticiones para que deje de llorar. Reacciono a los gritos de Rosy con una retahíla de peticiones de alta intensidad. La tensión entre nosotras chisporrotea como un relámpago. Rayos de ira zigzaguean en mi voz y destellan en mi mirada. Rosy los percibe y empieza a lanzar sus propios truenos, sacude los brazos y llora a viva voz. Está perdiendo el control de sus emociones.

Gracias a Dios que Elizabeth está ahí. Camina hacia Rosy y hace precisamente lo contrario de lo que yo hago: rebaja su energía. Muchísimo. En lugar de cuadrarse y mantenerse firme, se muestra dulce, tierna y calmada. ¡Muy calmada! La expresión de su rostro es tranquila; su cuerpo está relajado. Sus movimientos son comedidos y amables. Al principio, se mantiene en silencio. Espera unos segundos. Después, empieza a hablar a Rosy con la más calmada de las voces, una voz amorosa que nunca le he oído. Articula palabras de forma lenta y precisa. Y no dice mucho. Sencillamente, se enfrenta a la tormenta de Rosy con ternura, como si ofreciera una delicada manta a un trueno. Rosy se queda sin palabras. Deja de gritar de inmediato. Luego se vuelve hacia Elizabeth y dice con su dulce voz: «*Iqutaq*», que, en inuktitut, significa «abejorro».

Técnica #1: Criar con calma

Si solo llegas a dominar un concepto de este libro, espero que sea este. Es complicado, pero te prometo que merece la pena.

En muchas culturas de todo el mundo, los padres creen que una de sus principales responsabilidades es ayudar a los niños a aprender a calmarse, a enseñarles a reaccionar a las frustraciones cotidianas de la vida con aplomo y compostura. Y se toman esta responsabilidad tan seriamente como la enseñanza de otras habilidades, como leer, las matemáticas o comer alimentos saludables.

«A la nueva generación, le digo: "No dejéis que los niños lloren demasiado. Tratad de calmarlos" —me cuenta Maria Kukkuvak, sentada a la mesa de la cocina—. Los padres y los abuelos tienen que calmar a los niños.»

Y la mejor forma de hacerlo —ya sea porque lloran, gritan y no paran de exigir cosas— es que el adulto interactúe con el niño con la más calmada de las actitudes. En serio, me refiero a un grado de calma que rara vez se observa en la cultura occidental. Piensa en la calma que sientes cuando te están dando un masaje en la espalda. O cómo te sientes después de un baño largo y caliente. O como si el presentador de programas infantiles Mister Rogers fuera colocado.

En Kugaaruk, cuanta más energía despliega el niño, menos energía debe mostrar el progenitor. Si el niño empieza a gritar, tirarlo todo, llorar o, incluso, pegar, el padre o la madre no se apresuran a satisfacer sus peticiones ni le dice que se calme. No amenazan («Si no dejas de gritar...») ni ofrecen recompensas («¿Qué pasa? ¿Quieres algo de beber? ¿O quieres ir a...?»).

CÓMO
ENSEÑAR
LA CALMA

Darle oportunidades para
PRACTICAR LA CALMA
+
DEMOSTRARLE
LA CALMA
+
RECONOCER
(un poquito, si es necesario)

El niño aprende a
CALMARSE

En lugar de ello, los padres, al estar calmados, demuestran al niño cómo calmarse.

Siempre que los niños se enfadan —lloran y gritan—, los padres articulan muy pocas palabras (las palabras excitan). Se mueven muy poco (los movimientos excitan). Y expresan muy poco con el rostro (las emociones también excitan). Los padres no muestran timidez ni miedo. Siguen teniendo confianza en sí mismos. Pero se acercan al niño como nos acercaríamos a una mariposa que se ha posado en nuestro hombro: con suavidad, lenta y amablemente.

La antropóloga Jean Briggs documentó este estilo de crianza en varios momentos durante su estancia con la familia de Allaq e Inuttiaq en la década de 1960. «También había coherencia en las reacciones calmadas y racionales de los padres al mal comportamiento de los niños [...]. Cuando Saarak [una niña de tres años] golpeó a su madre en la cara con una cuchara, ella apartó la cabeza y dijo, con calma: "No razona (*ihuma*)".»[2]

Más tarde, la niña tuvo que gestionar la llegada de un hermanito. Y cuando su madre ya no le permitió mamar del pecho, se desató el infierno. La niña se convirtió en una «tormenta de llantos y bofetadas».[3] La madre no la reprendió, sino que contestó con un «tono tierno», casi increíble para Jean. «Nunca había imaginado que la crisis [por ser destronada por un hermano], cuando llegó, pudiera gestionarse de forma tan cuidadosa.»

¿Por qué es tan efectiva esta estrategia? Muy sencillo: tanto las emociones como el nivel de energía de los niños reflejan los de los padres, afirma la psicoterapeuta infantil Tina Payne Bryson,[4] quien fue coautora de dos superventas de educación sobre los hijos que aparecieron en la lista de *The New York Times*.

«Las emociones son contagiosas», dice Tina. El cerebro humano contiene neuronas y circuitos cuyo único objetivo es reflejar las emociones de los demás. «Tenemos una especie de circuito de resonancia social en el cerebro que se activa cuando interactuamos con otra persona.»

De modo que si queremos que el niño se excite, tendremos que mostrarnos excitados. Hacerle una retahíla de preguntas. Darle órdenes. Pedirle cosas. Hablar rápido, con énfasis, con urgencia. Alzar la voz. Volver a pedirle cosas. Ser intenso.

Pero si queremos que el niño esté calmado, tendremos que estar calmados. En silencio, tranquilos, cariñosos. Con el tiempo, el niño empezará a considerarnos un oasis seguro en sus tormentas emocionales.

No hay duda alguna: criar con calma a los hijos funciona. Y he aquí lo increíble: el mero hecho de criarlo con calma tiene una influencia profunda en un niño enfadado, tanto en el momento como a largo plazo. El niño aprende a calmarse solo, sin la ayuda de los padres, explica Tina.

«Lo bueno es que practicas mucho transitar de un estado caótico y estresante a un estado controlado con la ayuda del padre, de modo que el cerebro aprende a hacerlo por sí mismo —afirma—. Por lo tanto, es una habilidad que se va adquiriendo.»

Recordemos la consabida fórmula: practicar + demostrar + reconocer = habilidad aprendida.

Por el contrario, cuando interactuamos con un niño en un estado de excitación —alzando la voz, dando órdenes y haciendo preguntas—, lo más probable es que empeoremos la pataleta. Y fácilmente caeremos en una espiral de ira: la ira de uno retroalimenta la del otro. Al mismo tiempo, el niño pierde la oportunidad de mejorar la función ejecutiva.

La técnica de la calma es el camino de salida de ese círculo fatal. Nos proporciona una forma de escapar de las luchas de poder. Cuando reaccionamos a un arrebato emocional del niño con tranquilidad y apaciguamiento, el niño tiene la oportunidad de encontrar esa reacción en sí mismo y practicar la calma.

CICLO DE LA IRA

En palabras de Tina: «Tenemos que demostrar la calma. Debemos regular primero nuestro estado interno antes de esperar que el niño aprenda a regular el suyo».

Criando a Rosy
Entonces, Mamá Doucleff, ¿cómo diablos encuentras la calma interior cuando tu hija actúa como una maníaca rabiosa? ¿Cómo

te conviertes en la persona más calmada del mundo cuando tu hija de tres años te da una bofetada? Sin duda, no ha sido fácil. Y me ha llevado meses de práctica. Pero cuanto más milagrosamente mantengo la compostura y la calma en los momentos en que Rosy no lo hace, más fácil me resulta volver a hacerlo. Y más disfrutamos de nuestra compañía Rosy y yo.

Personalmente, utilizo imágenes sensoriales para mantener la calma. Me imagino que están dándome un masaje en el spa de uno de esos hoteles de lujo. Cierro los ojos y visualizo el lugar. Estoy en una sala apenas iluminada, con las paredes pintadas de malva. Resuenan unas apacibles campanillas nepalís, y el aroma de lavanda flota en el aire. Aaah.

Si las imágenes no funcionan, empiezo a tararear «Edelweiss» y me comunico con mi Julie Andrews interior. Cada uno debe encontrar su salida, su yo más calmado e imperturbable, el que suelta una risa cuando el niño le escupe leche a la cara. Hay que adoptar ese álter ego cuando el niño se pone imposible. Mi marido tiene su propio truco: «Finjo que estoy un poco colocado».

Tina me dijo que imagina que su hijo es una especie de aparato de radio. «Considera el sistema nervioso de tu hijo como si fuera el dial del volumen. Mi trabajo es bajarlo. Y, para ello, debo empezar por mí. Si le grito y me uno al caos, estoy subiendo el volumen. De modo que debo pensar en mi propio dial y asegurarme de que no suba ni baje demasiado.»

Cuando aprendí a utilizar esa estrategia, las pataletas y los berrinches de Rosy empezaron a desvanecerse. Las tormentas emocionales eran menos frecuentes y, cuando sucedían, se calmaban más rápidamente. Al final, al cabo de unos meses, casi desaparecieron por completo. Me estoy refiriendo a una reducción increíble: de varias pataletas al día a una o dos al mes.

La diferencia es tan impresionante que incluso mi madre ha reconocido que sí, que quizá esta estrategia es mejor.

Técnica #2: Educar con contacto (físico)

La segunda noche en casa de Maria, uno de sus nietos la pone realmente a prueba. Caleb, de dieciocho meses, es un diablillo. Es listo, curioso, fuerte y temerario. Entra en el salón y, de inmediato, empieza a subirse por las sillas y las mesas. Tira la Xbox de una. Y luego se fija en la Yorkshire terrier de la familia, Missy, y le estira de la cola.

Sally coge a Caleb del suelo y él le estruja tan fuerte las mejillas que aparecen unas gotitas rojizas en ellas. Me doy cuenta de que le duele. Aprieta los dientes. Entorna los ojos. Estoy segura de que va a gritar. Pero mantiene la calma y, despacio, despega los dedos regordetes de Caleb de su piel. Le dice con una amabilidad increíble: «No te das cuenta de que esto duele, ¿verdad?».

Luego utiliza la técnica física.

Lentamente, pone a Caleb boca abajo y le da unas palmadas suaves en el trasero, como se hace con un redondo de ternera antes de asarlo. «Oh, me ha dolido —dice con la misma voz dulce y calmada—. Nosotros no hacemos daño a los demás.» Después lo alza en brazos y lo hace volar como un avión. Caleb ríe. Sus ganas de arañar se han desvanecido. Su ira se evapora. Y Sally, con gestos físicos, lo ha calmado, al tiempo que le ha enseñado quién es fuerte y cariñosa (es decir, quién es la jefa).

Unos días después, ocurre algo parecido entre Rosy y yo. Estoy entrevistando a una anciana mientras Elizabeth me hace de intérprete. Rosy quiere que volvamos a casa de Maria. Pero, primero, tenemos que acabar la entrevista. Rosy y yo empezamos a pelearnos. Ella me pega, y Elizabeth, que sabe que la pataleta es inminente, se vuelve hacia mí y me dice, con un tono de urgencia inusual:

—¡Carga con ella, Michaeleen! Carga con ella.

Es decir, quiere que la ponga en el portabebés. «¿En serio? —pienso—. ¿Así detendré la pataleta? Tiene tres años y medio, ya no es un bebé.»

—¿No es demasiado mayor para el portabebés? —pregunto.

—Algunas madres los llevan en él hasta que el niño tiene cuatro o cinco años, si es que lo necesita, y si no hay otro niño más pequeño —dice Elizabeth, y añade que no hay de qué avergonzarse. Si poner al crío en el portabebés y cargar con él ayuda a que se calme, entonces está bien—. Cada niño es diferente. A algunos les cuesta más aprender a calmarse.

Así que me coloco el portabebés e invito a Rosy a ponerse en él. La diablilla no lo duda. Al instante, deja de gritar y llorar. Unos minutos después, miro por encima de mi hombro: Rosy duerme como un angelito.

En ambas situaciones, el contacto físico —tocar, abrazar, hacer girar— ayudó a Caleb y a Rosy a superar la ira y calmarse. En el caso de Caleb, Sally utilizó una técnica física de alta energía, que redujo la tensión entre ellos al mismo tiempo que distraía al niño de su comportamiento destructivo. En el caso de Rosy, utilicé una técnica física de baja energía, que apaciguó su sistema nervioso y bajó la intensidad de su energía.

En este aspecto, el contacto físico podría equipararse a una navaja suiza: son varias herramientas en una. Cuando veamos que el niño va a enfadarse, podemos acariciarle suavemente el brazo o masajearle la espalda para detener la pataleta incipiente, o bien sentárnoslo en la rodilla y hacerlo saltar. O algo entre los dos extremos. Podemos darle en la mejilla un montón de besos inuit, *kuniks* (literalmente, «olfatear con la nariz»), hacerle cosquillas en las axilas o una pedorreta en la barriga. En cualquier caso, esta técnica es una forma de mostrar al niño que lo queremos y que está a salvo, y que hay una persona más calmada —y más fuerte— que lo cuida.

«El contacto físico rompe la tensión entre un adulto y un hijo —afirma el psicólogo Larry Cohen, quien ha escrito varios libros sobre la educación de los hijos, entre ellos *Playful Parenting* [Educar jugando]—. Los niños tienen un impulso natural por cooperar. Les encanta agradarnos. Y cuando esto no sucede, se debe a que están sobrecargados de tensión.»

Cuando estuvimos en el pueblo maya presencié una técnica similar con Rosy. Siempre que parecía estar un poco fuera de control, las adolescentes la cogían y le hacían cosquillas debajo de los brazos y en la barriga. A veces, mi hija acababa en el suelo riendo, y las chicas le daban abrazos y besos. Al final Rosy se iba, corriendo y gritando. Yo no sabía si le gustaba o no. Pero cuando se lo pregunté, su opinión fue clarísima: «Me encanta, mamá. Me encanta».

Desde una perspectiva científica, hay un montón de razones para educar con contacto físico. El contacto enciende el cerebro de un niño como si se tratara de fuegos artificiales. Las peleas generan un compuesto químico en el cerebro, llamado BDNF por sus siglas en inglés (*Brain-Derived Neurotrophic Control*), que lo ayuda a madurar y crecer. El contacto suave y cariñoso genera la hormona oxitocina, tranquilizadora, que transmite al niño seguridad y amor.

Igual que comer bien y dormir lo suficiente, «el contacto es bueno para la salud», escribe la neurocientífica Lisa Feldman

Barrett en su libro *La vida secreta del cerebro: Cómo se constru-yen las emociones.*[5]

Y para los niños de todas las edades el contacto físico es más importante que las lecciones, las reprimendas o las largas expli-caciones. Cuando un niño está enfadado, no tiene acceso al he-misferio izquierdo o lógico del cerebro, explica la psicoterapeu-ta infantil Tina Payne Bryson. En los arrebatos emocionales, es el hemisferio derecho el que controla la situación, y solo com-prende la comunicación no verbal, escriben Tina y su cole-ga Dan Siegel en *The Whole-Brain Child* [El cerebro del niño]. «A nuestro cerebro le interesa la situación general —el significa-do y la sensación de una experiencia— y se especializa en imáge-nes, emociones y recuerdos personales.»[6] Por lo tanto, cuando abrazamos con calma a un niño de dos años que grita o acaricia-mos suavemente el hombro de una niña de ocho años que llora, apelamos directamente a la parte más accesible de su cerebro y, al hacerlo, nos comunicamos mejor con él o ella.

En muchos aspectos, los niños están diseñados para apren-der la regulación emocional a través del contacto físico, no a través de instrucciones verbales. «En nuestra sociedad, nos han enseñado a resolver las cosas utilizando palabras y la lógica. Pero cuando un niño de cuatro años está hecho una furia por-que no puede caminar por el techo como Spiderman (como le pasó una vez al hijo de Tina), probablemente no es el mejor momento para darle una clase introductoria sobre las leyes de la física», escribieron Tina y Dan.[7]

Criando a Rosy

Con Rosy, el contacto físico es bastante útil, no solo para detener las pataletas, sino también para prevenirlas. Cuando noto que voy a enfadarme con Rosy y no quiero alzar la voz, la cojo en brazos de una forma divertida, por ejemplo, la pongo del revés o la acuno como a un bebé. «¿Eres mi querida niña?», le digo. O empiezo a hacerle cosquillas en la barriga. Mi ira se desvanece casi de inmediato. Y su pataleta se deshace como mantequilla en una sartén. Pasa de llorar a reír, o de gritar a desternillarse. «¡Mas cosquillas, mamá, más cosquillas!», exclama.

Esta misma mañana, cuando nos disponemos a salir de casa para ir al colegio, ha empezado una espiral negativa. No encontramos sus zapatos. No encontramos el casco de la bici. No encontramos su botella de agua especial («¡La necesito de verdad, mamá!»). La tensión aumenta. Y Rosy se percata de que empiezo a enfadarme. Como respuesta, grita: «¡Ahora estoy enfadándome!». Me dan ganas de gritar, pero sé que solo empeoraría las cosas. Así que cierro los ojos e imagino la sala con paredes de color malva. Huelo la lavanda, oigo las campanillas. Luego pienso en Sally y en lo que haría con Caleb en un momento como este. Me arrodillo junto a Rosy y le digo, tan amablemente como puedo: «No quiero que nos enfademos». Y luego finjo ser el Monstruo de las Galletas que se come su brazo: «¡Ñam, ñam, ñam!». ¡Pam! La tensión se rompe, y Rosy se echa a reír. Y salimos por la puerta riendo.

Técnica #3: Educar mediante el asombro

Una tarde, Elizabeth, Rosy y yo caminamos de vuelta a casa de Maria hacia las diez de la noche. Por encima de nuestras cabezas, el cielo es majestuoso: el sol está bajo sobre la bahía, con franjas de nubes rosadas y lilas.

Hemos estado trabajando todo el día, y como Rosy está cansada se ha puesto de mal humor. Se sienta en la acera y se pone a lloriquear. La ignoro. Así que empieza a llorar y gritar. Elizabeth va hacia ella, se arrodilla y le dice con una voz llena de asombro: «¡Mira esta puesta de sol tan bonita! ¿Ves el color rosa? ¿Y el lila?».

Rosy mira a Elizabeth con desconfianza. Frunce el ceño. Pero no puede resistirse a la dulzura de Elizabeth ni a la puesta de sol. Rosy se vuelve para mirar el cielo. Y su expresión cambia. Se suaviza su mirada. Deja de llorar. Y se pone en pie y vuelve a caminar.

Resulta que Elizabeth acaba de hacer algo que he visto hacer a muchas otras madres inuit durante mi estancia en Kugaaruk. Las madres aplican una técnica psicológica increíblemente sofisticada con los niños, desde un año a los dieciséis: les enseñan a sustituir la ira por el asombro.

Más o menos un año antes de nuestro viaje al norte, escribí una historia para la NPR sobre el modo en que los adultos pueden controlar la ira. Durante una entrevista, la neurocientífica Lisa Feldman Barrett me dio uno de los mejores consejos que me han dado nunca:

—Bueno, se puede intentar cultivar el asombro —dijo.

—Cultivar... ¿qué?

—El asombro. La próxima vez que salgas a dar un paseo y encuentres una grieta en la acera de donde sale un hierbajo, intenta crear en tu interior una sensación de asombro: asombro ante el poder de la naturaleza —me explicó—. Practica esa sensación una y otra vez. Practícalo al ver una mariposa. O al ver una flor particularmente bonita. O al ver las nubes del cielo.

Me contó cómo utiliza esta técnica en su vida diaria.

—Por ejemplo, cuando hago una videollamada a alguien de China me pone muy nerviosa que la conexión no sea buena. Tengo la opción de enfadarme. O puedo sentir asombro por el hecho de que es posible ver la cara y oír la voz de alguien al otro lado del mundo, aunque sea de manera imperfecta, y siento agradecimiento por ello.

En opinión de Lisa, las emociones funcionan un poco como los músculos. Si no las utilizamos, las perdemos. Y cuanto más las ejercitamos, más fuertes se hacen. De modo que, cuanto más asombro experimentemos —cuanto más ejercitemos el músculo neural del cerebro—, más fácil nos resultará acceder a él en el futuro. Cuando empecemos a sentir una emoción improductiva, como la ira, nos será más fácil cambiar el sentimiento negativo por uno positivo, como el asombro. Cuando sintamos irritación, podemos sustituirla por gratitud.

Bajo la puesta de sol púrpura, Elizabeth hace exactamente eso con Rosy. Y observo a Maria, la madre de Sally, hacerlo con su nieto Caleb un montón de veces. Durante nuestra estancia con ellos, siempre que el niño llora o se queja, Maria se lo lleva hasta la ventana para enseñarle el día maravilloso que hace. Con esa acción, recuerda al niño que hay algo maravilloso en su vida, algo por lo que sentir agradecimiento, algo más grande que él mismo. Y esa técnica lo tranquiliza siempre.

«Así en abstracto, quizá suena cursi, pero te garantizo que si practicas el asombro contribuirás a la reconfiguración del cerebro, para que la emoción en cuestión [asombro o gratitud] te resulte mucho más fácil en el futuro», dice Lisa.

Es una práctica especialmente importante para los niños, porque sus cerebros son maleables. «El cerebro del niño espera instrucciones de configuración del mundo», afirma.

Por lo tanto, la técnica del asombro no solo detiene al momento las pataletas, sino que también ayuda a reducirlas en el futuro.

Técnica #4: Llevarlo al exterior

Dudaba si incluir esta técnica porque parece un poco facilona. Pero, desde que volvimos a San Francisco, ha ayudado tanto a Rosy a aprender a calmarse que debo mencionarla. Es una buena idea de reserva también cuando estamos en público. Es sencilla, funciona la mayoría de las veces, y me la enseñaron madres de varias culturas.

Supe de ella por primera vez gracias a Suzanne Gaskins: «Cuando un niño pide algo que está fuera de sus capacidades, los padres mayas lo mandan fuera de la casa», me contó. Es una acción que transmite al niño que su comportamiento o petición no es aceptable para su edad o nivel de madurez. «Es una llamada de atención para que el niño sepa que debe mejorar sus aptitudes de responsabilidad social», dice Suzanne.

Dolorosa Nartok, de Kugaaruk, me explicó una idea parecida: «Cuando los niños son pequeños y están fuera de control, se debe a que han estado en casa o en el iglú durante demasiado rato —me contó—. Hay que dejarlos salir durante unos minutos».

Dolorosa aprendió la técnica de su cuñada. «Los niños pequeños se vuelven irritables cuando pasan demasiado tiempo en el interior —afirma—. Así que lo mejor es ponerlos en el portabebés, salir y dar una vuelta.»

Es una técnica tan simple como suena: cuando un niño tiene una pataleta, lo cogemos en brazos con calma y lo llevamos afuera. No hace falta que estemos con él. Podemos volver a casa y vigilarlo desde la ventana, como haría una madre maya. O ponerlo en el portabebés, como sugiere Dolorosa, y dar un paseo juntos. O, si vivimos en una ciudad donde no hay demasiado espacio exterior, como en mi caso, podemos limitarnos a sostenerlo en brazos en el porche y quedarnos en silencio. A lo sumo, digámosle algo así como: «Estás a salvo. Te quiero». Cuando empiece a tranquilizarse, podemos decirle: «Entraremos de nuevo cuanto te calmes un poco».

A medida que el niño crece, ya no es tan fácil cogerlo en brazos y sacarlo afuera. Según mi experiencia, Rosy ya no quiere que la coja cuando se enfada. Así que, en lugar de ello, la tomo amablemente de la mano y la llevo afuera. Como mucho, le digo algo como: «Vamos a tomar un poco de aire fresco. Te sentirás mejor en un rato». Pero, en general, no es necesaria palabra alguna. Nuestra acción calmada y amable es suficiente.

Técnica #5: Ignorarlo

En muchas culturas del planeta, los padres ignoran las pataletas. Los estudios antropológicos están repletos de ejemplos de niños pequeños que se rebelan contra los padres, y los adultos reaccionan fingiendo que no los ven.

Pero muchos padres inuit adoptan una estrategia más matizada. Suelen esperar un poco antes de reaccionar a las pataletas, por si la emoción se desvanece. En general, sin embargo, los padres no dejan que los niños pequeños lloren durante mucho rato. Un adulto o un hermano consolará al niño con una técnica u otra. Para los niños más mayores, es otra cuestión. Cuando creen que el niño ya es capaz de calmarse solo, los padres pueden ignorar, y, de hecho, ignoran, sus arrebatos emocionales.

Por ejemplo, en Kugaaruk, mientras damos una vuelta con Elizabeth, vemos a una niña, de unos siete u ocho años, que llora en el asiento delantero de una camioneta, cerca de un campamento de pesca. Elizabeth me explica que los abuelos la han dejado sola a propósito. «Mira, aquí ignoramos las pataletas», me dice Elizabeth. Después, la abuela de la niña explica lo que ha ocurrido: «Ella [la niña pequeña] quería parar en el aeropuerto de camino al campamento, y no paramos», explica la abuela con un tono firme. La mujer sabe que la niña puede calmarse por sí misma, así que la deja a solas para que lo haga.

¿A qué edad adquiere el niño esa habilidad tan deseable? Depende del niño y la situación, pero seguramente se requiere más tiempo del que pensamos. Como he mencionado, los estadounidenses tendemos a sobrestimar las habilidades emocionales de los niños (y subestimamos sus habilidades físicas). Mi pediatra me dijo que ignorara las pataletas de Rosy cuando tenía dieciocho meses. Resultó contraproducente, ya que provocó que las pataletas de Rosy —y nuestra vida— fueran mucho peores. Rosy todavía no tenía la capacidad de calmarse por sí misma, y dejarla sola llorando aumentaba su irritación. Necesitaba un amor calmado y cariñoso. Necesitaba una conexión física.

Como tengo que seguir recordándome, la madurez emocional no es una carrera (yo sigo adquiriéndola, y tengo ya cuarenta y dos años). A un niño nunca le hace daño un abrazo si está enfadado, ni el asombro o la gratitud cuando empieza a gritar, o un poco de aire fresco y tiempo en el exterior cuando la pataleta estalla. No estamos cediendo a sus exigencias, sino que utilizamos la pataleta para que ejercite otros circuitos neuronales. Considera las pataletas como una oportunidad para que el niño practique cómo calmarse solo, y para que tú demuestres la calma. No son un momento para que tú, el progenitor, demuestres tener razón.

Las madres inuit me dicen continuamente con sus palabras y acciones que hay que emplear la calma y la tranquilidad cuando un niño pierde el control de sus emociones. Tenemos que prescindir de la ira y la frustración (pensar en la sala de masajes) y sustituirlas por empatía y amor. Debemos recordar que el niño carece aún de las habilidades emocionales de los adultos. Tenemos que enseñarles cómo funciona la calma, una y otra vez, antes de que puedan empezar a dominar la técnica.

II: Técnicas para el mal comportamiento cotidiano

Gran parte de la educación inuit consiste en activar el pensamiento. «Los niños tienen que pensar en lo que hacen. Siempre tienen que pensar», afirma Theresa Sikkuark, de setenta y un años. De hecho, la palabra para «educación» en el dialecto inuktitut es *isummaksaiyug*, «que, más o menos, significa buscar el pensamiento, buscar la mente [...] y otro tipo de aspectos cognitivos —explica la antropóloga Jean Briggs—. Esta ejercitación del proceso de pensamiento tiene lugar durante toda la vida del niño».[8]

Al analizar el siguiente conjunto de técnicas comenzaremos a comprender la importancia —y el poder— de activar el pensamiento. No estaremos diciendo al niño lo que tiene que hacer, sino que le daremos pistas para que averigüe el comportamiento correcto por sí mismo. En otras palabras, utilizaremos esas técnicas para estimular y guiar, en lugar de para exigir y obligar.

Serán técnicas útiles para el mal comportamiento cotidiano de niños de todas las edades, desde que son pequeños hasta que son adolescentes. (También he visto que obran maravillas en los adultos.) Quizá el niño no querrá irse del parque ni ayudará a recoger el salón. Quizá no hará los deberes ni dejará de pegar a su hermanita. O quizá, solo quizá, ¡no querrá irse a la cama! En todos estos casos, el niño se niega a comportarse, pero lo que diferencia esas situaciones de una pataleta es que el crío todavía tiene el control sobre sus emociones (o, al menos, sobre parte de ellas). Su yo racional y lógico está despierto y abierto para recibir información.

Con estas técnicas se logran algunos objetivos claves:

1. Funcionan a tiempo real. Cambian el comportamiento de inmediato, de modo que ayudan a proteger a los niños.

2. Fundamentan objetivos a largo plazo, como ayudar a los niños a aprender valores claves (por ejemplo: respeto, gratitud y solidaridad).
3. Enseñan al niño a pensar.
4. Soslayan las luchas de poder, las peleas y las negociaciones. Evitan el círculo vicioso de la ira.

Técnica cotidiana #1: Aprender «esa mirada»

¡Bravo! Esta técnica es tan buena que me emociono tan solo con pensarlo.

¿Sabes que los niños interpretan las expresiones faciales de sus padres muy bien? Quiero decir muy muy bien. Incluso los bebés y los niños pequeños lo hacen. De manera que, la mayoría de las veces, los padres no deben emitir ni una sola palabra para cambiar un comportamiento. Basta con que les pongan «esa mirada».

Reúne todo lo que tengas que decir, cada partícula de emoción que sientes hacia el niño, y canalízalo a través de los ojos, la nariz, el ceño fruncido o cualquier otra parte del rostro.

En todo el planeta, los padres utilizan todo tipo de expresiones faciales para dirigir la conducta de los hijos. Una mirada bien ejecutada puede ser mágica. Se puede lograr que un niño se aleje de inmediato de la estantería de los caramelos del supermercado. Se puede lograr que deje de pegar a su hermanito o que comparta su barra de muesli con un amigo en el parque.

«Si mi madre nos miraba de determinada forma, se nos helaba la sangre», recuerda un amigo mío.

Los inuit son muy buenos expresándose con el rostro e interpretando las expresiones de los demás. Arrugar rápidamente la nariz significa «No», mientras que un parpadeo hacia arriba significa «Sí». (Algunas de las adolescentes en Kugaaruk hacen expresiones tan sutiles con las cejas y la nariz que, al principio, me pasaban por alto.)

Las madres y los padres pueden poner «esa mirada» de muchas formas, con los ojos bien abiertos, entornándolos o parpadeando. «Cuando mi madre quería que yo dejara de hacer algo bastaba con que parpadeara, despacio pero con firmeza, lo cual significaba un rotundo "No"», afirma la profesora Kristi McEwen, cuya madre pertenece a otro grupo indígena del Ártico llamado yukip.*

«Esa mirada» tiene muchas ventajas sobre las palabras. Funciona a distancia: en el parque, en el salón, a la mesa. Y, puesto que es silenciosa, a los niños les cuesta mucho «discutir» con «esa mirada». No pueden negociar con una nariz o unos ojos igual que lo hacen con una orden verbal.

En mi experiencia, «esa mirada» es más efectiva que decir a un niño «No» o «No hagas eso». La mirada dice todo lo que tenemos que decir de forma rápida y calmada. Demuestra quién está tranquilo, quién está al cargo.

«Esa mirada» me ha ahorrado muchos problemas, sobre todo cuando voy de compras. Una tarde, en un supermercado, Rosy cogió una barra gigante de Snickers de la estantería al lado de la caja. Como suelen hacer muchos padres, mi marido utilizó órdenes verbales: «Rosy, no vamos a comprar eso. Devuélvelo a su sitio». Rosy, que decidió convertirlo en un juego, echó a correr por el pasillo con mi marido detrás, gritando. Así que decidí poner fin a esa lucha de poder.

---

* Kristi también me contó una forma interesante con la que su madre detenía las peleas entre primos. «Nos ordenaba que nos pusiéramos de pie delante de ella y que levantáramos los brazos por encima de la cabeza mientras decía: "No os riais". Por descontado, nos desternillábamos de risa ya antes de empezar».

Me volví hacia Rosy, fijé los ojos en ella y puse «esa mirada». Arrugué la nariz como si acabara de oler algo apestoso, entorné los ojos y pensé: «Ni hablar, chica». ¿Alguien adivina qué hizo Rosy? Me devolvió la mirada con una pequeña sonrisa en la cara, fue hasta la estantería y dejó la barra de Snickers. Sabe qué es lo que tiene que hacer. La mirada solo se lo recuerda.

Técnica cotidiana #2: Educar con acertijos sobre las consecuencias

> *«Explícale las consecuencias de su comportamiento. Cuéntale la verdad», dice Theresa Sikkuark.*

Tres días después de llegar a Kugaaruk, tengo una revelación sobre cómo hablo a Rosy. Me doy cuenta de que mi estrategia no es la más productiva y me temo que, probablemente, cause conflictos.

Estamos pasando el día con Elizabeth, que no solo hace de intérprete, sino que también nos enseña historia y tradiciones inuit. Nos lleva a visitar un campamento de pesca, a una hora de camino de Kugaaruk. En el trayecto, pasamos por el puente alto que cruza el *kuuk*. Es un puente que me aterroriza. Se alza trece metros por encima del río y no hay barandillas para evitar que los niños se caigan. Rosy sale disparada hacia el puente y empiezo a gritar: «¡Espera, no te acerques al borde!» Pero antes de que termine la frase, Elizabeth ya está junto a Rosy. La lleva amablemente de la mano y le dice con calma: «Podrías caerte y hacerte daño».

Y es entonces cuando me doy cuenta: Elizabeth y yo tenemos una forma totalmente distinta de hablar con Rosy. Mis órdenes casi siempre empiezan por «¡No...!»: «No te subas a esa silla», «No tires la leche», «No quites el muñeco al bebé», «No, no, no, no...».

Pero Elizabeth nunca, o casi nunca, emplea esa palabra. Más bien, ella y otras madres inuit que he conocido son más productivas con sus órdenes. Explican a los niños qué ocurrirá si siguen portándose mal. Les cuentan las consecuencias de sus acciones.

Pongamos, por ejemplo, hacer malabares con piedras. Una tarde, en el parque, Rosy decide hacer malabares con piedras. Coge tres, del tamaño de un limón, y empieza a lanzarlas al aire. Antes de que pueda decirle: «Para de tirar piedras», una niña de diez años llamada Maria lo hace por mí. Le dice, muy calmada: «Harás daño a alguien con esas piedras, Rosy». Luego se va a los columpios. Eso es todo. Maria sencillamente le explica las consecuencias de sus acciones, de forma neutra y directa, y permite que Rosy averigüe cuál es la acción apropiada. Para mi sorpresa, funciona. Rosy se detiene un momento, mira las piedras y las deja caer en el suelo.

Al ver esta escena, resuenan en mi cabeza las palabras de Jean Briggs: «El objetivo de la educación inuit es activar el pensamiento».[9] Maria, la niña pequeña, ha hecho precisamente eso: ha posibilitado que Rosy pensara.

Si lo pensamos bien, decir a un niño «No» —no tires, no cojas, no subas, no grites— es darle muy poca información. Rosy ya sabe que está tirando, cogiendo, subiendo o gritando. Pero no sabe (o no se da cuenta) de las consecuencias de sus acciones. Y quizá no se da cuenta, en el mismo momento, de por qué no debería hacerlo. Al decir a un niño «No» o «Para», presumimos que obedecerá como si fuera un autómata, sin hacer funcionar su cerebro.

Los padres inuit esperan algo más de sus hijos. Creen que incluso los niños pequeños pueden pensar por sí mismos o que, al menos, pueden aprender a hacerlo. De manera que les dan información útil sobre su comportamiento. Les dan una razón para pensárselo dos veces antes de continuar.

Después de lo que ocurrió en el parque, empecé a ver esa forma de orientación y disciplina por todas partes en Kugaaruk, no solo con Rosy, sino con niños de todas las edades. Una niña de siete años se sube en lo alto de un cobertizo de unos siete metros de altura y una niña mayor le

Donna, te vas a caer y te harás daño.

dice con firmeza: «Donna, te vas a caer y te harás daño». Donna se detiene, espera un segundo... y baja. En casa de Maria, Samantha, de seis años, se sube al borde del sofá cerca de una estantería con frágiles figuras de porcelana. Su madre, Jean, le advierte: «Vas a tirar algo de la estantería». Ese mismo día, más tarde, la hermana de tres años de Samantha, Tessa, apretuja un perro de peluche muy escandaloso mientras su abuela duerme al lado. Jean le dice con calma: «Demasiado ruido. Despertarás a la abuela».

Reparo en que Jean no añade nada. No presiona a Tessa para que deje de apretujar el perrito. No insiste ni grita. Ella, como la persona adulta, sencillamente incita a la niña a pensar en su comportamiento y en las consecuencias, y luego deja que procese la reacción correcta a esa información. Esta forma de comunicarse con los niños respeta su autonomía y su capacidad de aprendizaje.

Criando a Rosy

Creo que esa estrategia funciona especialmente bien con niños «llenos de energía», a los que les gusta experimentar y averiguar por sí mismos cómo funciona el mundo (o, como decimos en la cultura occidental, niños a los que les gusta «poner a prueba los límites»). Sí, estoy hablando de Rosy. Ahora, cuando chilla como un pterodáctilo por la mañana, le digo con calma y amabilidad: «Demasiado alto. Me vas a dar dolor de cabeza». Cuando no comparte un juguete con un amigo, le digo: «Kian no vendrá a casa a visitarnos si tú no compartes nada con él».

Y así sucesivamente. (Siempre trato de decirlo con la mayor calma e impasibilidad posibles. Criticarla o mostrarme severa con ella solo provocaría una pelea.)

Con bastante frecuencia, funciona. Rosy no siempre hace lo que me gustaría, pero sí la mayor parte de las veces. Y escucha con mucha menos resistencia.

Cuando sigue portándose mal, lo dejo correr (o trato de hacerlo) y tengo confianza en que me escucha y que está en un proceso de aprendizaje. Suelo percibir que Rosy reflexiona sobre lo que le digo. Y me hace sentir bien saber que le he dado una información que la ayudará a comportarse mejor la próxima vez.*

Si se pone en peligro, o pone en peligro a los demás (es decir, si puede haber mucha sangre, heridas craneales y huesos rotos), me acerco a ella y la ayudo físicamente. Pero no le grito ni me pongo histérica. Le explico la consecuencia de su comportamiento y la ayudo a hacer que no ocurra.

---

* Me cuesta más «dejarlo correr» cuando estoy con otros padres porque siento vergüenza si Rosy me ignora. Pero me armo de valor y digo a los otros padres: «Aprende mejor si no la presiono».

Técnicas cotidianas #3: Educar con preguntas

He aquí otra pepita de oro de la educación que aprendí en Kugaaruk (y volví a presenciarla en Tanzania con los hadza): convertir las órdenes, las críticas y la información en preguntas.

Presencié esa técnica por primera vez cuando Sally la utilizó una tarde después de llegar a casa del trabajo. Además de criar a su hijo de quince años y ayudar a cuidar a sus tres nietos, Sally trabaja a jornada completa en una clínica. Cuando entra en casa, cansada después de una larga jornada de trabajo, se encuentra el salón hecho un desastre. Hay cartas por todo el suelo. Envoltorios de caramelos por encima de la mesa. Pero Sally no se enfada. Sencillamente, mira a las culpables —Rosy y su amiga Samantha— y dice con una voz amable: «¿Quién ha hecho este desastre?».

«Mmm —pienso—. Interesante.»

Después de esto, presencié esa técnica por todas partes. «¿Quién me está ignorando?», dice Marie, la cuñada de Sally, cuando su hija de cuatro años ignora la orden de salir de casa. «¿Qué me has traído?», pregunta Sally a un nieto que vuelve del colmado. Y cuando un niño da a Sally una bolsa con basura para tirarla, responde con una pregunta brillante: «¿Qué soy? ¿Un cubo de basura?».

En Tanzania también abundan las preguntas. Cuando un niño de dos años pega a otro más pequeño, la madre le pregunta: «¿Qué le estás haciendo a tu amigo?». Cuando un niño de tres años quiere que su padre lo lleve a cuestas durante una larga excursión, el padre le pregunta: «¿Qué soy? ¿Tu mulo de carga?».

Los padres suelen emplear un tono mitad sarcástico, mitad serio. Las preguntas no son acusadoras ni denigrantes. No pretenden que el niño se ponga a la defensiva. Más bien, se trata de acertijos que el niño debe resolver, una incitación para que el niño considere sus acciones y las consecuencias potenciales.

Es una estrategia genial. Y es perfecta para aquellos momentos en que un niño nos «busca las cosquillas» y no deseamos enfadarnos, pero tampoco sabemos qué hacer o decir. O cuando el niño se porta mal y queremos ignorar la conducta pero, también, tenemos que decir algo. La pregunta nos permite decir lo que queremos sin provocar una lucha de poder.

Criando a Rosy

Empiezo a utilizar la técnica de las preguntas tan pronto como llego a San Francisco. En particular, quiero reducir los gritos y las exigencias en casa. Así que digo: «¿Quién me está gritando?». Cuando Rosy se queja de la comida para cenar, digo en un tono prosaico: «¿Quién está siendo desagradecida?». Después, sigo con lo que estoy haciendo. No espero ni una respuesta ni un debate, ni que cambie de comportamiento de inmediato. Solo quiero que Rosy piense.

Me parece un método particularmente útil cuando trato de enseñar a Rosy conceptos generales sobre el comportamiento, como actuar con respeto. He dado por descontado que Rosy conoce el significado de «respeto», pero resulta que, a los tres años y medio, no tiene ni idea (otro ejemplo de cómo sobrestimo sus habilidades emocionales). Nadie le ha enseñado nada del respeto, así que utilizo el método de las preguntas para que lo aprenda.

Un día la recojo en el colegio y le pido amablemente, aprovechando esta técnica, que se ponga un poco de crema solar.

—Hace sol —digo—. Te vas a quemar si no te pones crema solar.

—¡No! —grita Rosy, y tira la crema solar al suelo.

La antigua Michaeleen habría saltado, y seguramente habría

gritado. Pero la nueva Michaeleen hace una pregunta y mantiene la calma. En un tono prosaico, digo: «¿Quién está siendo poco respetuosa?».

Aparto la mirada de Rosy cuando lo digo porque no intento acusarla; lo que quiero es que piense. Y después sigo con otra cosa. Recojo la crema sin enfadarme y la guardo en el bolso. Me parece que aquí acaba la interacción. Pero, un minuto después, Rosy dice:

—Vale, dame la crema.

Y se la pone sin quejarse.

A estas alturas, he utilizado la pregunta «¿Quién está siendo poco respetuosa?» durante una semana. Cada vez que Rosy dice algo fuera de tono, o grita que quiere dos galletas en lugar de una o actúa como una niña mimada, digo con el mismo tono prosaico: «¿Quién está siendo poco respetuosa?».

No sé si ha producido algún efecto. Pero diez días después me da una pista. Estamos tumbadas en la cama hablando de su día en el colegio y, de repente, me pregunta: «Mamá, ¿qué significa ser respetuosa?». ¡Ajá! Me escucha... y piensa.

Una amiga de San Francisco probó este método con su hija de tres años y me dijo al cabo de unas horas: «¡Funciona! ¡Funciona!». La niña había estado pegando a su hermanito con un animal de peluche y mi amiga le preguntó:

—¿Quién está siendo mala con Freddy?

La niña dejó de pegarle y cinco minutos después dijo a su madre:

—Mamá, perdona por haber sido mala.

Técnica cotidiana #4: Educar con responsabilidad

Aprendí esta técnica de una supermadre maya, María de los Ángeles Tun Burgos, de Yucatán. Antes del viaje, Rosy nos puso un nuevo reto a Matt y a mí: empezó a salir de casa sin nosotros. Con solo dos años, había averiguado cómo abrir dos puertas, una de ellas con pestillo. Y una mañana nos levantamos y no la encontramos. Miré por la ventana de la cocina y allí estaba, corriendo por la acera en pelotas. «Bueno, al menos no está en la calzada», pensé.

El problema se agravó tanto que pensamos en añadir otro cerrojo a la puerta. «¡Cierra con llave!», me dijo mi suegra una noche.

Pero cuando explico a María esas escapadas de Rosy, me propone otra idea. «¿Puede ir Rosy al colmado de la esquina para hacer un recado?», pregunta. La idea es que Rosy necesita más libertad y más responsabilidades.

Ahora bien, María vive en una ciudad pequeña de solo unos dos mil habitantes. En la ciudad hay muy poco tráfico, muy pocos delitos y todos se conocen. De modo que una niña de dos años y medio está totalmente segura si va al colmado de la esquina, donde el propietario la conoce. Pero en San Francisco, por desgracia, la situación es distinta. Nuestra casa está en una calle transitada donde los coches pasan volando a cincuenta kilómetros por hora. Y, aunque el entorno fuera más seguro, no creo que nuestros vecinos estuvieran listos para ver a una niña pequeña haciendo recados. Si Rosy apareciera en el colmado sola, y comprara un cartón de leche y pagara con un billete de cinco dólares, seguramente la policía aparecería en casa.

Pero la sugerencia de María tiene un sentido más amplio que puedo aplicar en San Francisco: el mal comportamiento es la forma que un niño tiene de pedir más responsabilidades, más formas de contribuir a la familia y más libertad. Cuando un niño rompe las reglas, o es caprichoso y obstinado, los padres deben darle cosas que hacer. El niño está diciendo: «Eh, mamá, no tengo nada que hacer y no me sienta bien».

Pensémoslo un momento. Si nos aburrimos en el trabajo o nuestro jefe no aprovecha todo nuestro potencial, nos volvemos irritables, molestos. Quizá no salgamos de la oficina en pelotas, pero pensaremos: «¡Eh, jefe, fíjate en mí! Soy capaz de hacer lo mismo que hacen los demás. Dame una oportunidad».

En nuestra casa, esta técnica nos ayuda a conseguir dos objetivos importantes: enseñar a Rosy a quejarse menos, y animarla a que participe y ayude a la familia. Ahora, cuando se queja de la comida, lo interpreto de otro modo: lo veo como la forma de Rosy de pedir trabajo. En otras palabras, las quejas pueden ser la forma que un niño tiene de mostrar interés por aprender una nueva habilidad. Podemos aprovechar ese interés y lograr que nuestro hijo ayude y contribuya. En lugar de pedirle que deje de quejarse, démosle algo que hacer.

Incluso las tareas más básicas pueden impedir que el niño se comporte como una diva. Por ejemplo, una mañana Rosy se levanta de mal humor y empieza el día quejándose de la música que suena en el Google Home (un problema de los niños pequeños del siglo xxi, lo sé).

—¡Pero yo quiero la otra canción de Moana, no esta! —dice llorando.

Antes de que caiga en la espiral del llano, le doy algo que hacer:

—Parece que Mango tiene hambre. Ya sabes que las niñas no pueden pedir nada si no ayudan a los demás. Ve a dar de comer a Mango y luego cambiamos la canción.

Mi marido me fulmina con la mirada porque cree que esa orden va a desencadenar una pataleta. Pero Rosy, sencillamente, asiente con la cabeza y va hacia el cuenco del perro. El trabajo sustituye a las quejas. El resto de la mañana va como la seda.

—Ha sido interesante —dice Matt.

Me siento genial por haber compartido algo que aprendí de madres como María.

—Los niños necesitan cosas que hacer —digo—. No les gusta estar sin trabajo. Los pone nerviosos.

Técnica cotidiana #5: Educar con acciones, no con palabras

Al observar cómo interactúan los padres con los hijos en el Ártico o en Yucatán, una de las cosas más sorprendentes es lo silencioso que es todo. Es como mirar un ballet sin música. Los movimientos de todos parecen formar parte de una coreografía bien ensayada. Las interacciones fluyen con facilidad. Y se dicen muy pocas palabras. Francamente pocas. Lo único que se oye son los pies de los bailarines deslizándose por el suelo.

> En la gran mayoría de las culturas,
> los padres no hablan constantemente
> con los hijos ni les ofrecen muchas opciones.
> Más bien, pasan a la acción.

En la gran mayoría de las culturas, los padres no hablan constantemente con los hijos ni les ofrecen muchas opciones. Más bien, pasan a la acción. Y esa acción adopta tres formas:

1. Hacen lo que quieren que el niño haga. En el Ártico, Marie, la cuñada de Sally, se prepara para ir a pescar, así que se pone las botas y le dice a su hija: «Muy bien, Victoria, vamos a pescar». Luego sale por la puerta y se monta en el quad. Al final, Victoria hace lo mismo.

A la hora de comer, en Yucatán, veo a una madre que pone platos con comida en la mesa de la cocina y luego espera a que sus dos hijas, que están fuera dibujando, entren y coman. «Vendrán cuando estén listas», me dice. Y tiene razón. Unos minutos después, las niñas están en la cocina comiendo, sin necesidad de más palabras.

2. Ayudan amablemente al niño para hacer lo que necesitan. En Yucatán, Rosy se monta en una bicicleta para adultos que es demasiado grande para ella. Claramente, se va a caer. Nadie grita ni le da orden alguna, pero Laura, de dieciséis años, se acerca a Rosy, le coge una mano con cariño y la ayuda a bajarse de la bici. Todo lo que Rosy necesita es una mano que la ayude... y un gran abrazo.

3. Cambian el entorno para que el niño no tenga que cambiar su comportamiento. Una noche en Yucatán, estamos todos sentados a la mesa charlando y comiendo una piña. De repente, Rosy agarra un cuchillo de carnicero gigante de la mesa. Nadie se altera ni intenta quitarle el cuchillo. En lugar de ello, una de las madres, Juanita, se acerca, espera a que Rosy deje el cuchillo en la mesa y luego lo quita de su alcance. No hay discusión. No hay lloriqueos. No se rompe la armonía del momento.

En la gran mayoría de las culturas —y a lo largo de la historia de la humanidad—, los padres no discuten con los hijos qué actividad van a hacer ni les preguntan si para comer quieren un bocadillo de crema de cacahuete o pasta. Los padres no hacen preguntas tipo «¿Quieres...?»: «¿Quieres mantequilla o salsa de tomate con la pasta?», «¿Quieres venir a comprar conmigo?», «¿Quieres darte un baño?». En cambio, lo que hacen es pasar a la acción. La madre cocina frijoles para comer, el padre se pone la chaqueta y va hacia la puerta para ir a comprar, la abuela va al cuarto de baño y abre el grifo de la bañera.

Me da la impresión de que este estilo educativo con pocas palabras es una de las razones más importantes de por qué los niños son tan calmados. Menos palabras significa menos resistencia. Menos palabras significa menos estrés.

Las palabras y las órdenes estimulan y dan energía, y, con frecuencia, provocan peleas. Cada vez que preguntamos algo al niño creamos la oportunidad para la discusión y la negociación. Pero cuando la conversación es mínima, la energía baja. Las probabilidades de un debate o una pelea caen en picado. Hasta la bestia enfurecida que habita dentro de Rosy acaba por ceder y se relaja.

Lo mismo puede decirse de las decisiones. Incluso para los adultos es difícil decidir. Pueden generarnos estrés y ansiedad porque no queremos dejar pasar la opción que no escogemos. ¿Por qué los pequeños iban a sentir otra cosa?*

Después de observar lo bien que funciona esta técnica de educación parca en palabras, una y otra vez, tanto en el Ártico como en Yucatán, empiezo a cuestionar mi propio estilo verborreico. ¿Por qué hablo constantemente a Rosy? ¿Por qué le doy tantas explicaciones? ¿Por qué le pregunto tanto? ¿Y por qué le ofrezco diferentes opciones? Pasar a la acción parece mucho más efectivo.

---

* De hecho, el otro día Rosy me dijo: «Mamá, qué difícil es decidir. Cuesta mucho». De modo que incluso los niños se dan cuenta de que tomar decisiones estresa. Además, no ofrecer opciones ayuda a que los niños acepten y agradezcan lo que tienen delante.

Sé que mi estilo de educación nunca será tan silencioso y calmado como el de los padres y las madres mayas e inuit. Soy una estadounidense temperamental y vigorosa. Las palabras siempre serán mi técnica por defecto. Pero puedo reducir en gran medida el estrés de nuestra familia —y añadir más dinamismo— prescindiendo de tantas palabras. Puedo decir: «Nos vamos en cinco minutos», y luego irme, sin tener que recordarlo a gritos cada cinco minutos. O puedo decir: «Venid a comer, Rosy y Matt», y luego esperar a que vengan.

Y puedo lograr que Rosy pase a la acción si yo paso a la acción. Por ejemplo, cada mañana cuando llegamos al parvulario, Rosy tiene que lavarse las manos y ponerse crema solar. Solía pedírselo durante unos minutos, después insistía y por último amenazaba. Pero las madres inuit me inspiraron para probar con otra estrategia: ir yo misma a lavarme las manos. O pedir a Rosy que lo hagamos juntas. «Vamos a lavarnos las manos, Rosy», le digo mientras voy hacia el lavabo. Me pongo crema solar y digo a Rosy que haga lo mismo. O le pido que me la ponga a mí y acto seguido yo se la pongo a ella.

Estos cambios menores han generado unos resultados formidables. No solo hay menos energía frenética y resistencia en nuestro hogar, sino que Rosy es más autónoma. Después de unos meses lavándonos las manos juntas, ahora lo hace sin que tenga que pedírselo. Se pone la crema solar ella sola. Y salimos de casa sin ningún problema. Sabe que no voy a discutir ni negociar. Cuando empiezo a bajar por la escalera a las 8.15 de la mañana, ella sabe que el tren pronto partirá de la estación y que no voy a entrar en casa otra vez para pedírselo. «¡Espérame!», suele gritarme ahora cuando saco la bici del garaje.

Por último, le doy menos opciones. He prescindido totalmente de las preguntas tipo «¿Quieres...?». ¿Por qué diablos pregunto constantemente a una niña de tres años qué es lo que quiere? ¿Cómo va a aprender flexibilidad y cooperación si siempre le pregunto lo que quiere? Nunca ha tenido ningún problema en expresar lo que quiere; no hay por qué añadir más opciones. Las opciones generan negociaciones, decisiones innecesarias y, al final, llanto. Y, la mayoría de las veces, lo que quiere es irrelevante para nuestras vidas. Las prioridades de la familia van antes. Por ejemplo, durante las comidas o las meriendas ya no me hago pasar por una camarera que canta los platos especiales. Cuando Rosy me dice que tiene hambre, preparamos la comida juntas y la comemos. Y punto.

Técnica cotidiana #6: Dominar el arte de ignorar

Cuando presencio la puesta en práctica de esta técnica por parte de Elizabeth, me quedo sorprendida. Es muy diferente de lo que he estado llamando «ignorar». Es mucho más potente. Y mucho más efectiva.

Un día, Elizabeth y yo estamos tomando un café sentadas a la mesa de la cocina de su hermana, cuando Rosy empieza a exigir la atención de Elizabeth. «¡Señorita Elizabeth, mírame! Mira lo que estoy haciendo. Señorita Elizabeth, mira —insiste Rosy—. Mírame.»

La señorita Elizabeth no está mirando en absoluto a Rosy. De hecho, no ha cambiado ni la expresión del rostro. Mantiene una cara de póquer ejemplar. En lugar de mirar a Rosy, fija la mirada y, después, lentamente vuelve la cabeza y mira al horizonte por encima de la cabeza de Rosy, como si la niña fuera invisible.

Mi primera reacción es supernegativa. «Por Dios, qué maleducada está siendo con Rosy», pienso. Pero pronto tengo en cuenta que el comportamiento de mi hija es inapropiado, y Elizabeth se lo hace saber de una manera increíblemente amable, pero potente. Elizabeth continúa con nuestra conversación, y Rosy deja de insistir.

Elizabeth es una maestra ignorando a Rosy. A veces, lo único que tiene que hacer es ignorar a Rosy durante diez segundos y, ¡pam!, mi hija deja de portarse mal. Después hay calma. Cuando Rosy se percata de que su mal comportamiento no merece atención —y que, quizá, no necesita nuestra atención—, se adapta a las reglas y empieza a cooperar. Y Elizabeth le da la bienvenida de nuevo al círculo social con una sonrisa o asintiendo con la cabeza.

Al observar a Elizabeth me he dado cuenta de que cuando yo pensaba que estaba «ignorando» a Rosy, en realidad estaba haciendo lo contrario. De hecho, prestaba mucha atención a su mal comportamiento. Miraba a mi hija. Le hacía gestos con la cara, comentarios. Y lo más ridículo: le decía que la ignoraba. Rosy se lo pasaba bien con mi juego de «ignorar». ¡Qué divertido!

En muchas culturas, los padres ignoran por completo el mal comportamiento de los niños de todas las edades, afirma Batja Mesquita, una psicóloga intercultural de la Universidad de Lovaina, Bélgica. Los padres no miran al niño, no le hablan y, lo que quizá sea lo más importante, muchas culturas esperan que los niños se porten mal.* Y, al hacerlo, los padres transmiten una

---

* Los registros etnográficos están repletos de ejemplos de esta técnica. Jean Briggs se refiere a ella en muchos de sus libros, tanto acerca de Kugaaruk como de la isla Baffin, al este de Canadá. «Con frecuencia, el mal comportamiento de un niño se gestionaba con silencio, no con el silencio pesado de una reunión tensa, sino con un silencio aparentemente relajado y racional que parecía reconocer que el niño no estaba siendo razonable, pero que, más pronto o más tarde, volvería a recuperar la cordura y se comportaría con más madurez de nuevo», escribe en *Never in Anger*.

gran cantidad de información a los niños acerca de su comportamiento, sobre todo respecto a su utilidad y al valor que se le da en la cultura.

¿Y si, por ejemplo, una niña empieza a pegar a su madre con el micrófono? «Sí, hay un montón de madres en el mundo que ignorarán por completo los golpes —afirma Batja—. Y al hacerlo, se sofoca la ira del niño. Al final, acaba por desvanecerse. O puede sustituirse por otra emoción. Las emociones de los niños se convierten en lo que son a causa de la reacción de los demás a ellas.»

De modo que los padres pueden enseñar a los niños qué emociones no valoran si no reaccionan a ellas. Al contrario, al reaccionar a ellas, aunque sea negativamente, indican al niño que esas emociones son importantes y útiles.

En la cultura occidental, explica Batja, con frecuencia los padres prestan mucha atención a la ira y el mal comportamiento de los niños. Conversamos con el niño que se porta mal, le hacemos preguntas, le pedimos cosas.

«Si dices "Para", ya le estás prestando atención», sostiene Batja.

Recordemos la fórmula: cuanto más reaccionemos al mal comportamiento de un niño —incluso de forma negativa—, más reconoceremos ese comportamiento y, en esencia, más estaremos entrenando al niño para que se comporte así.

De modo que, incluso cuando digo «Para» o «No hagas eso» a Rosy, estoy reforzando una emoción o un comportamiento, un comportamiento que le impide aprender a controlar sus emociones y sus acciones. Cuando, por descontado, creo que estoy haciendo lo contrario.

Pero cuando ignoro realmente a Rosy —cuando dejo de mirarla y de preocuparme de lo que hace—, ocurre algo mágico: Rosy deja de portarse mal. «¿Ves? —me dice Elizabeth una tarde—. Cuando la has ignorado de verdad, se ha calmado.»

Consejo práctico 5: Disciplina sin palabras

Para empezar

• **Cuando dudes, vete del lugar.** La próxima vez que tu hijo se porte mal, vete del lugar. No reacciones ni cambies de expresión: sencillamente, date la vuelta y vete. ¿Qué ocurre? Prueba el mismo experimento si sientes que se avecina una pelea o una lucha de poder. Date la vuelta y vete.

• **Practica mantenerte en silencio.** Proponte períodos de silencio. Di a tus hijos: «Vamos a estar callados cinco minutos». Si siguen hablando, quédate en silencio. Al día siguiente, prueba con diez minutos; luego, con veinte. Ve aumentando hasta una hora, y te verás disfrutando de una paz increíble en casa.

Nosotros lo hacemos cuando hay demasiada energía en el ambiente, cuando hay mucho frenesí, cuando Rosy parece incapaz de calmarse y no para de hacer preguntas y pedir cosas. Después de cinco o diez minutos de silencio (al menos, por mi parte), se calma, y el resto del día o de la noche nos resulta más fácil.

• **Transforma el mal humor en contribuciones.** La próxima vez que tu hijo esté de mal humor o sea muy pesado, utiliza la técnica de la responsabilidad e intenta que haga algo. Que te ayude a preparar la cena. Puede remover la olla, cascar un huevo, cortar hierbas o limpiar hortalizas. O enséñale a dar de comer a la mascota, fregar el suelo o sacar la basura. Haz que te ayude a doblar la ropa, a pasar el rastrillo por el jardín o a regar las plantas.

«Echa un vistazo a la casa para ver qué hay que hacer —me dijo una madre en Kugaaruk—. Siempre hay algo en lo que los niños pueden ayudar.» (Consulta el capítulo 4 para conocer más ideas.)

Después, invítalo a ayudarte. Una madre de Berkeley dijo que esta técnica le funcionó muy bien con su hija de cinco años. La pequeña estaba de mal humor un sábado por la tarde, lloriqueando y haciendo trastadas. Así que la madre le dijo: «Ven a ayudarme con la cena. Ven y corta estas ramitas de romero».

«Era una tarea tan simple —me explicó más tarde la madre—. ¡Pero le encantó! Estaba tan orgullosa de lo que había cortado... Me enseñaba las hojas todo el rato.» Y el resto de la noche fue mucho más tranquila.

• **Utiliza la responsabilidad como recompensa.** Ten en cuenta que trabajar con un adulto es un privilegio para un niño. Si realmente quiere participar en alguna actividad, aprovecha ese deseo para enseñarle a comportarse como un adulto. Por ejemplo, a Rosy le encanta ir al supermercado. Le encanta Trader Joe's. Pero ir conmigo es un privilegio para las «niñas mayores» (o, al menos, así es como lo veo). De modo que aprovecho las ganas de ir de compras de mi hija para practicar un comportamiento maduro. Si un día lloriquea mucho y está muy pesada en el supermercado, le pregunto: «¿Las niñas que lloran van a Trader Joe's?». Y al cabo de unos segundos dice: «Ya paro, mamá, ya paro».

Para profundizar

• **Deja de utilizar órdenes para que haga o no haga algo (o procura que sean mucho menos frecuentes).** Es difícil, dado que lo hacemos continuamente cuando estamos con un niño. Pero, aunque solo se reduzcan a la mitad, tendrá un impacto tremendo en la relación con tu hijo. Te garantizo que discutirás menos y que, como mínimo, tu hijo tendrá más oportunidades para pensar y aprender, en lugar de solo hacer (o no hacer) lo que le pides.

La próxima vez que quieras cambiar el comportamiento de tu hijo, espera un momento. Espera antes de hablar. Piensa en por qué estás dándole esa orden. ¿Cuál es la consecuencia de su comportamiento? ¿Por qué quieres cambiarlo? O, incluso, ¿qué es lo que te da miedo si el niño sigue comportándose así?

Después, ofrece al niño la respuesta a una de esas preguntas y déjalo estar. ¡Eso es todo! No tienes que decir nada más. Por ejemplo, Rosy empieza a montarse en el lomo de nuestro perro. En lugar de decirle: «No te subas en el perro», espero un momento y pienso: «¿Qué ocurrirá si Rosy se sube en el perro?». Y luego digo a Rosy: «Si te subes en el perro, le harás daño», o incluso: «Vaya, Rosy, estás haciendo daño al perro».

Después de practicar durante unos días (o unas semanas) con la técnica de las consecuencias, prueba con otras para sustituir las órdenes. Puedes convertir la consecuencia en una pregunta («Rosy, ¿estás haciendo daño al perro?» o «¿Quién está siendo mala con el perro?»). Mírala a los ojos, con severidad, para transmitirle que no estás de acuerdo con su comportamiento. O, sencillamente, puedes irte del lugar e ignorarlo.

• **Si de verdad quieres cambiar tu forma de comunicarte con tu hijo, prueba con este experimento.** Una tarde o una mañana cualquiera, grábate con el móvil mientras interaccionas con los niños. Ponlo en la encimera de la cocina mientras preparas la cena o mientras coméis. Graba durante el suficiente tiempo para que todos os olvidéis del móvil. Al día siguiente, escuchad la grabación.

¿Cuáles son las primeras impresiones que tienes? ¿Tiendes a hablar todo el rato? ¿Hay muchos momentos de silencio y calma? ¿Das muchas órdenes? ¿Cuántas veces das opciones a los niños o les preguntas lo que quieren? ¿Cuántas veces les pides que hagan o no hagan algo? ¿Realmente se lo tienes que decir? ¿Te escuchan? Y tú, ¿los escuchas?

Como he mencionado antes (consulta el capítulo 6), una vez hice este experimento sin querer. Y cuando escuché la grabación, empecé a llorar. Me di cuenta de que hablaba todo el rato y no escuchaba a Rosy. Yo pensaba que la escuchaba, pero, en realidad, no prestaba atención a sus palabras y pensamientos. Y a ella le frustraba increíblemente (como me habría frustrado a mí).

• **Aprende el arte de ignorar.** ¿Hay algún mal comportamiento o hábito que te gustaría erradicar? Quizá son los lloriqueos o cuando el niño no para de pedir cosas. O quizá es que trata mal al perro, o que tira la cubertería de plata durante la cena. Prueba esta estrategia durante una o dos semanas. Estoy segura de que el comportamiento en cuestión se reducirá, si es que no desaparece por completo. Cada vez que el niño se comporte mal, haz lo siguiente:

• **Mantén una expresión impasible.** No parpadees ni reacciones en absoluto. Finge que ni siquiera lo ves o lo oyes. Con esa expresión impasible, mira al horizonte por encima de su cabeza o hacia un lado.

• **Después, vete del lugar.** Date la vuelta y camina hasta que ya no veas al niño.

Ahora bien, no hay que ser maleducado con el niño ni hay que herir sus sentimientos. Sigues satisfaciendo sus necesidades y no estás actuando con ira. Lo que sucede es que no estás reaccionando emocionalmente a su mal comportamiento. Te mantienes imperturbable y le demuestras que su comportamiento no te interesa en absoluto.

Por ejemplo, un miércoles por la tarde, cuando voy a buscar a Rosy al parvulario, me dice con voz quejumbrosa:

—Tengo hambre, mamá.

Le respondo amablemente:

—Yo también estoy hambrienta, pero no llevo comida. Así que paremos en una tienda y compremos algo.

Es una buena propuesta, ¿no?

Como si no la hubiera oído, Rosy sigue lloriqueando y quejándose.

—Pero, mamá, tengo hambre. Tengo hambre —repite hasta que se pone a llorar.

Unos meses antes, habría esgrimido una serie de explicaciones («Te he oído. Tienes hambre. Pero ahora no tengo comida») que, al final, se transformarían en tensión e ira («¿Qué te acabo de decir? Pararemos en una tienda de camino a casa. ¡No tengo comida!», y otras frases por el estilo). Ahora, en cambio, utilizo la técnica de ignorar. No hay nada que pueda hacer para darle algo de comida. No le queda otra opción que soportar el hambre y esperar. Así que mantengo una expresión completamente neutra, miro a lo lejos (como hizo Elizabeth) y continúo con lo mío como si Rosy no existiera. Me monto en la bici y nos alejamos del parvulario mientras mi hija sigue llorando. ¿Y sabes qué? Al cabo de unos quince segundos deja de llorar. Por completo. Acepta su malestar. Ha aprendido a controlar sus emociones y lo ha hecho ella sola.

Al mismo tiempo, he evitado una discusión subida de tono y las negociaciones, que fácilmente se habrían convertido en una pelea y una pataleta. He transformado una batalla potencial en una oportunidad para que Rosy se calme por sí sola. En lugar de aumentar el nivel de energía, lo he bajado. Y, en el proceso, mi hija ha mejorado su función ejecutiva.

Resumen del capítulo 10:
Técnicas para cambiar
el comportamiento

Ideas que recordar

➤ Los padres estadounidenses suelen confiar en las instrucciones y explicaciones verbales para cambiar el comportamiento de un niño. Pero, con frecuencia, las palabras son la forma menos efectiva de comunicarse con un niño, sobre todo con los pequeños.

➤ Las emociones de los niños son un reflejo de las nuestras.
  - Si quieres que el niño esté calmado, los padres han de mostrarse tranquilos y ser amables. No hay que emplear palabras, o en todo caso utilizar muy pocas (son estimulantes).
  - Si quieres que el niño se excite y tenga mucha energía, tú debes tener energía. Utiliza muchas palabras.

➤ Las órdenes y las explicaciones a menudo generan luchas de poder, negociaciones y espirales de ira.

➤ Podemos romper el círculo vicioso de la ira y las luchas de poder con técnicas no verbales o ayudando al niño a que piense por sí mismo, en lugar de decirle qué es lo que tiene que hacer.

Trucos y técnicas

➤ **Aplacar las pataletas.** Las pataletas desaparecen si reaccionamos a ellas con calma. La próxima vez que el niño tenga un arrebato emocional, mantén la calma y prueba con una de estas técnicas:

- **Energía.** En el estado de energía más bajo y calmado posible, acércate al niño, en silencio, y muéstrale que estás a su lado, apoyándolo.
- **Contacto físico.** Acaríciale un hombro u ofrécele una mano. A veces, una caricia suave y calmada es todo lo que necesita.
- **Asombro.** Ayuda al niño a sustituir la ira por la emoción del asombro. Mira a tu alrededor y busca algo bello. Di al niño, con la voz más calmada y amable posible: «Oh, vaya, mira qué bonita está la luna esta noche. ¿La ves?».
- **Ir al exterior.** Si sigue sin calmarse, sácalo a tomar el aire. Llévalo afectuosamente de la mano o en brazos.

➤ **Cambiar el comportamiento y transmitir valores.** En lugar de decir al niño que haga o no haga algo, incítalo a pensar y averiguar el comportamiento adecuado por sí mismo con:

- **La mirada.** Todo lo que quieras decir a un niño que se porta mal canalízalo en tu expresión facial. Abre mucho los ojos, arruga la nariz, mueve la cabeza. Después, pon «esa mirada».
- **El acertijo de las consecuencias.** Infórmale con calma de las consecuencias de sus acciones, y luego vete del lugar (por ejemplo: «Vas a caerte y hacerte daño»).
- **Pregunta.** En lugar de dar órdenes e instrucciones, haz una pregunta (por ejemplo: «¿Quién está siendo mala con Freddie?», cuando el niño pega a su hermanito, o «¿Quién está siendo irrespetuoso?», cuando el niño ignora una petición).
- **Responsabilidad.** Encarga una tarea al niño que se porta mal (por ejemplo, a un niño que llora por la mañana se le puede decir: «Ven aquí y ayúdame a preparar la comida»).
- **Acción.** En lugar de pedir al niño que haga una tarea (por ejemplo, salir de casa), hazla tú, y él te seguirá.

Técnicas para moldear el comportamiento: Cuentos

Durante mi estancia en el Ártico, advertí que buena parte de la labor de educar de los inuit tiene lugar un rato después de que el niño se porta mal; no mientras está ocurriendo ni enseguida, sino más tarde, cuando ya todos se han serenado. En esos momentos de sosiego, los niños muestran una mayor predisposición a aprender, asegura Eenoapik Sageatook, una mujer de ochenta y nueve años de Iqaluit, Canadá. Cuando un niño está molesto o desobedece a uno de los progenitores, se encuentra en un estado emocional demasiado intenso para escuchar, así que no hay motivo para intentar darle una «gran lección» en ese momento. «Hay que conservar la calma y esperar a que el niño se tranquilice. Entonces se le puede enseñar», afirma Eenoapik.

A continuación, analizaremos dos técnicas que cambian el comportamiento infantil a largo plazo. Se trata de herramientas potentes que ayudan a formar los valores y la mentalidad de los niños. Pero la clave está en utilizarlas en el momento adecuado.

Esta estrategia de esperar para arreglar las cosas tiene un par de ventajas importantes. En vez de reaccionar en cuanto se produce un mal comportamiento y reñir al niño de inmediato, hay que concentrarse en el largo plazo, sabiendo que ya habrá oportunidad más tarde de enseñarle el comportamiento adecuado. Así pues, cuando estamos en caliente, no debemos demostrar que «tenemos razón». No es difícil aparcar estas cuestiones. Podemos no hacer caso de un comentario irrespetuoso en el coche, de una negativa a ayudar a poner la mesa o incluso de un numerito de lanzamiento de comida durante el almuerzo porque después, por la tarde, pondremos en práctica una de las siguientes técnicas, que sabemos que son más eficaces que los gritos, las reprimendas o las discusiones sobre el problema.

> Hay que conservar la calma y esperar
> a que el niño se tranquilice. Entonces se le
> puede enseñar.
>
> EENOAPIK SAGEATOOK

En segundo lugar, estas técnicas abren vías de comunicación entre padres e hijos en vez de bloquearlas, como ocurre con los castigos y los enfados. Consiguen algo que casi parece imposible: convertir los malos comportamientos en juegos y sustituir las luchas de poder por cuentos.

Hay un aspecto importante en que la vida en el Ártico es sorprendentemente similar a la vida en San Francisco: la presencia constante del peligro.

Como ya he mencionado, vivimos en una calle transitada de San Francisco. Autobuses grandes como ballenas pasan zumbando cuesta abajo a cincuenta kilómetros por hora, y los coches doblan la esquina a toda velocidad sin detenerse en el paso de peatones. En el Ártico, el peligro acecha en forma de animales feroces y aguas glaciales. Los osos polares a menudo merodean por las afueras del pueblo. Hay familias que viven a unos pocos pasos del gélido océano Ártico. En primavera, un niño pequeño puede caer a través de una capa de hielo demasiado fina; en verano, las corrientes rápidas pueden arrastrarlo hasta el mar.

Así que, cuando una criatura de tres años corre hacia las aguas heladas, los padres tienen que gritarle para mantenerla a salvo, ¿verdad?

Pues no, en opinión de Goota Jaw, profesora universitaria que imparte clases sobre la educación tradicional de los inuit en el Nunavut Arctic College. «En vez de ello, les enseñamos disciplina por medio de relatos», afirma.

La narración oral es un atributo humano universal.[1] Todas las culturas, tanto las actuales como las que ha habido a lo largo de la historia de la humanidad, cuentan historias. Es probable que esta actividad fuera esencial para la evolución del *Homo sapiens*. Sin cuentos, seguramente no habríamos adquirido ciertas habilidades imprescindibles para el éxito de nuestra especie, como elaborar utensilios, cazar en grupo y dominar el poder del fuego. ¿Por qué? Porque esas destrezas requieren la memorización de una serie de pasos, acontecimientos del pasado y acciones, como el argumento o la trama de un relato.

La narración de historias es una de las características únicas que nos hacen humanos. Nos pone en relación con nuestro entorno, nuestras familias, nuestros hogares. Nos alienta a colaborar, lo que nos hace más poderosos. Y constituye una herramienta fundamental para educar a los hijos.

Además de para transmitir competencias importantes a los niños, las historias sirven para imbuirles valores culturales. Durante decenas de miles de años, o quizá más, los padres se han valido de narraciones orales para mostrar a los hijos cómo deben comportarse para ser buenos miembros de su comunidad. Los grupos de cazadores-recolectores de nuestros días utilizan historias para enseñar a compartir, a respetar la diversidad de género, a controlar la ira y a evitar riesgos en casa.[2]

Sin embargo, la herramienta de la narración no es patrimonio exclusivo de los cazadores-recolectores. En absoluto. De hecho, reto al lector a encontrar una cultura en la que no exista.

Hace no mucho tiempo, esta herramienta formaba una parte muy importante de los métodos de educación occidentales, según la investigadora experta en celtismo Sharon P. MacLeod. «Los seres sobrenaturales abundan en las culturas», afirma. Los bosques estaban poblados de hadas, los fantasmas rondaban los caminos. Algunos seres ayudaban a la gente y otros eran peligrosos. Una función primordial de las criaturas míticas era ayudar a mantener a salvo a los niños. «Las ciénagas y los humedales podían ser traicioneros —añade—. A veces, una ciénaga parece tierra firme, cuando en realidad es agua. Antes de que los niños aprendieran a distinguirlas, los cuentos los mantenían alejados de los pantanos.»

Por ejemplo, hay un relato celta sobre un caballo que vive en el agua y al que le gusta raptar niños. «Si los niños se acercaban demasiado a la orilla, el caballo se los echaba al lomo y se los llevaba bajo la superficie —explica Sharon—. A medida que montaban más y más niños, el lomo del caballo se alargaba.» De ese modo, los padres no tenían que estar pendientes de sus hijos en todo momento (ni gritarles) cuando jugaban en la playa o en una orilla, porque los padres habían adoptado un enfoque preventivo y les habían contado historias sobre el caballo acuático. Embebidos de estos relatos, incluso los niños más pequeños entienden que, para evitar riesgos, deben mantenerse alejados del agua.

Sorprendentemente, según Goota Jaw, los padres inuit narran un cuento parecido con idéntico propósito. «Se trata de Qalupalik, el monstruo marino —dice—. Si un niño se aproxima demasiado a la orilla, el Qalupalik lo mete en su *amauti* [parka], se zambulle con él en el mar y lo da en adopción a otra familia.»

Este tipo de relatos abundan en las enseñanzas de los inuit. Para asegurarse de que los niños lleven siempre puesto el gorro en invierno —y evitar las lesiones por congelación—, los adultos les hablan de la aurora boreal, señala Myna Ishulutak, productora de cine y profesora de lengua en Iqaluit. «Nuestros padres nos decían que, si salíamos con la cabeza descubierta, la aurora boreal nos la arrancaría y la usaría como pelota de fútbol. ¡Eso nos daba mucho miedo!», exclama, y estalla en carcajadas.

Los padres inuit también utilizan los relatos para inculcar a los pequeños valores importantes, como el respeto. Por ejemplo, a Myna le contaban una historia sobre la cera de las orejas que le enseñó a prestar atención a sus mayores. «Mis padres me inspeccionaban las orejas, y si tenía demasiada cera eso significaba que no escuchaba», recuerda. Otro ejemplo: para enseñarle a pedir permiso antes de coger comida, a Myna le aseguraban que unos dedos largos podían salir del envase y agarrarla.

Tanto en la cultura tradicional celta como en la inuit, buena parte de la infancia gira en torno al aprendizaje de cómo tratar a esos seres misteriosos; cómo eludirlos, respetarlos o tenerlos contentos.³ Los padres y los abuelos transmiten conocimientos por medio de esas narraciones cautivadoras y, en ocasiones, aterradoras. Al mismo tiempo, los niños aprenden a mostrar consideración y obediencia hacia sus padres y a mantenerse a salvo. «Los cuentos ayudan a los críos a entender que los padres hablan muy en serio cuando les piden que se porten bien y hagan caso.»

De entrada, estas historias me parecen demasiado terroríficas para los niños pequeños, sobre todo para los que apenas miden un metro, como Rosy, y mi reacción instintiva es rechazarlas. «Dudo que este enfoque me resulte muy útil», pienso.

Pero cuando regreso a San Francisco y hago la prueba de contar una a Rosy, ella responde de un modo sorprendente.

Más o menos un mes después del viaje al Ártico, Rosy y yo nos encontramos en la cocina preparando la cena. Ella quiere algo del frigorífico, así que arrima su taburete y se encarama a él. A continuación, se queda allí de pie, delante de la puerta de la nevera abierta de par en par, durante cinco minutos. Le pido que la cierre, pero no me hace caso. Le explico varias veces que está desperdiciando energía. Es como si hablara con una pared. Así que me pongo a suplicarle con voz dulce y amable. Sigue ignorándome. Noto que la rabia se me acumula en el pecho. Se avecina una lucha de poder.

Sin embargo, no quiero enzarzarme en una discusión... otra vez. Estoy harta de discutir. Me dispongo a lanzar alguna amenaza cuando Goota Jaw y el monstruo marino me vienen a la cabeza. «No vendría mal tener un monstruo en casa —pienso—. Pues ¿a qué narices esperas, Michaeleen?»

—¿Sabes una cosa? —le digo medio en serio, medio jugando—. Hay un monstruo dentro del frigorífico y, si se calienta, se hará más y más grande e irá a por ti. —Señalo la nevera y, con los ojos desorbitados, exclamo—: Madre mía... ¡Ahí está!

Mano de santo. La cara de Rosy es un poema. Cierra la puerta del frigorífico, veloz como una liebre. Luego se vuelve hacia mí con una sonrisa de oreja a oreja.

—Mamá, cuéntame más cosas del monstruo que hay ahí dentro —dice.

Desde ese día, hemos traído toda clase de monstruos a casa. Rosy nunca se cansa de ellos. Los cuentos se han convertido en la técnica de crianza favorita de la familia. Ella los llama «llevamientos», porque a la protagonista —una niñita de unos tres años— a menudo se la acaba llevando algún ser fantástico (como les ocurre a los críos celtas e inuit con los caballos acuáticos y los monstruos marinos). «Mamá, cuéntame un llevamiento», me dice todas las noches antes de dormirse. A veces incluso me pide que el cuento dé más miedo que de costumbre. En serio.

Estas narraciones han pasado a formar una parte tan integral de nuestra vida que ya no la concibo sin esas criaturas sobrenaturales revoloteando por casa, atravesando las paredes o balanceándose en un árbol del parque cercano. Si salimos de casa todas las mañanas para ir al colegio, es solo gracias a esos seres. Son el único motivo por el que no se arma un alboroto monumental noche tras noche a la hora de ir a la cama.

Desde que recurro a los cuentos, siento que por fin hablo el mismo idioma que Rosy. Por fin podemos comunicarnos de forma fluida.

Tomemos como ejemplo el reto del vestido rosa. Por el cumpleaños de Rosy, Matt y yo le regalamos un vestido rosa con flores de tela cosidas por todo el canesú. No tiene mangas y le queda un poco corto (le llega justo por encima de las rodillas). En resumen, no resulta muy apropiado para los fríos y lluviosos inviernos de San Francisco. Aun así, en cuanto Rosy se pone el condenado vestido, no hay quien se lo quite. Lo lleva día y noche durante alrededor de una semana seguida. Al final, más que rosa es de un color marrón grisáceo, y huele a moho mezclado con orina rancia (sí, creo que hubo un incidente en el cuarto de baño).

Por más que lo intento, soy totalmente incapaz de conseguir que Rosy se quite ese vestido. Recurro a mis tácticas habituales, basadas en largas explicaciones y la lógica de adulto. «Rosy, si lo lavamos esta noche, mañana no tendrá manchas y podrás llevarlo al cole.» Me mira como si le hablara en chino.

Finalmente, una noche me arrodillo para estar a su altura y le acerco los labios al oído.

—Si el vestido se ensucia mucho —susurro en un tono dramático—, se te empezará a llenar de arañas.

Rosy se queda muda. Se le petrifica el rostro. Se aparta de mí, despacio, y se quita el vestido con cautela. Se lo arrebato de las manos y lo echo a la lavadora. ¡Victoria!

Más tarde, cuando saco el vestido de la secadora, lo sujeto en alto.

—¿Lo ves, Rosy? —exclamo—. ¡Bien limpito!

—Y sin arañas —contesta sin inmutarse.

Consejo práctico 6:
Enseña disciplina mediante cuentos

Algunos padres estadounidenses han manifestado sus reservas con respecto a la idea de «asustar» a los niños para que obedezcan o colaboren. Yo compartía esa inquietud, pero en realidad no se trata de aterrorizarlos ni de provocarles pesadillas. El objetivo es animar al niño a pensar y a adoptar determinado comportamiento, así como fomentar la discusión sobre un valor cultural.

Si el «factor miedo» te echa para atrás, como me ocurría a mí, ten en cuenta que en la cultura occidental también «asustamos» a los niños para que se comporten. Pueden llegar a temer la ira o los castigos de los padres. Durante mi infancia, me portaba bien porque me preocupaba que mi padre se enfadara. Para ser sincera, prefiero que Rosy tenga miedo a un «monstruo del frigorífico» o a las «arañas del vestido» que a su padre o a mí.

Por otro lado, que los padres no cuenten historias a los hijos no significa que estos no aprendan a través de ellas, señala la historiadora Emily Katz Anhalt. Muchas familias, incluida la nuestra, delegan el papel de narradores orales en Disney, Netflix y YouTube. «La gente aprende de todos los relatos que le cuentan. Así se transmite la cultura —asegura Emily—. Y me preocupa que hayamos perdido de vista aquello que nuestra cultura ha creado. Debido a la motivación de generar beneficios a partir de las historias, estas suelen estar llenas de violencia.» Y quizá, añado, no comunican los valores más idóneos a los niños.

En cambio, cuando relatas un cuento a tu hijo, tienes la posibilidad de personalizarlo. Puedes fijarte en sus reacciones a tiempo real y adaptar la historia sobre la marcha. Si el niño se asusta, puedes suavizar un poco el tono. Y cuando das con una narración que le toca la fibra y con la que se siente identificado, puedes profundizar en ella. Cada vez que integro las experiencias de Rosy en un relato, sé que el éxito está asegurado.

Al fin y al cabo, la mejor manera de saber si algo funciona es probarlo. Desde que se comporta según las enseñanzas de los cuentos, Rosy se muestra más colaboradora, flexible y relajada.

La comunicación ha mejorado entre nosotras desde que se basa en el humor y no en sermones y regañinas. Además, noto que los relatos invitan a Rosy a reflexionar y a tener en cuenta cómo afecta su conducta a los demás.

—Rosy, ¿qué te gusta más, que te grite o que te explique cuentos? —le pregunto un día.

—Los cuentos —responde sin vacilar.

Para empezar

Si la idea de los cuentos aún no te convence del todo, empieza por la no ficción. No hace falta que la historia asuste al niño para que abra una vía de comunicación... o para ayudarlo a seguir instrucciones. También puedes referirle historias reales divertidas.

He aquí dos sugerencias que puedes probar:

- **Cuenta anécdotas familiares.** Narra a tu hijo episodios de tu infancia o de tus antepasados. «Los inuit valoramos en gran medida la información sobre nuestros árboles genealógicos y la conexión con la vida de nuestros parientes —afirma Corina Kramer, de Kotzebue, Alaska—. De hecho, la tradición dicta que cuando nos presentamos debemos empezar por decir cómo nos llamamos, quiénes son nuestros padres y abuelos, y de qué aldea procede nuestra familia.» A los niños de todas las edades les encantan las historias sobre qué hacían sus progenitores y sus abuelos cuando eran más jóvenes. Se sienten atraídos por ellas como por un imán.

Las anécdotas del pasado familiar transmiten lecciones de generación en generación y ayudan a establecer lazos intergeneracionales que repercuten de forma positiva en el comportamiento de los hijos incluso cuando entran en la adolescencia. Varios estudios han revelado que conocer la historia de la familia ayuda a prevenir problemas de salud mental en preadolescentes y adolescentes.[4] Se apreciaban menores niveles de ansiedad, depresión, ira y problemas de comportamiento entre chicos y chicas de nueve a dieciséis años que sabían más cosas sobre el pasado de su familia, como el modo en que sus padres se conocieron, dónde se criaron estos y sus abuelos, y qué lecciones aprendieron sus progenitores de los errores que cometieron y de los empleos que desempeñaron cuando eran adultos jóvenes. Por otro lado, estos conocimientos guardan relación con el funcionamiento general de la familia, lo que incluye la calidad de la comunicación entre los miembros. Los expertos señalan que lo importante en este caso es que los padres compartan relatos sobre su historia, no que los hijos memoricen hechos concretos.[5]

Puedes comenzar con algo tan sencillo como: «Te voy a contar algo de cuando tenía tu edad…», y luego relatar un incidente o actividad de tu infancia que se te quedara grabado en la memoria. En el caso de los niños pequeños, puedes narrarles anécdotas sencillas: los lugares a los que te gustaba ir cuando salías a jugar, cómo echabas una mano a tu madre en el jardín, cómo ayudabas a tu padre con la colada o qué te gustaba hacer con tus hermanos. Añade detalles que sirvan a tu hijo para visualizar la historia, como colores, olores y objetos conocidos.

Cuéntale dónde naciste, dónde te criaste o dónde te casaste. Explícale qué aprendiste de tus equivocaciones o de los trabajos que tuviste en tu juventud. Enriquece las historias de la familia añadiendo «personajes» como abuelos, tíos, primos, amigos de la familia y mascotas.

Aunque es una niña de ciudad, Rosy devora los relatos sobre mi infancia en la Virginia rural. Le gusta mucho que le hable del enorme huerto que teníamos en el jardín trasero, donde cultivábamos maíz, pepinos y sandías, y de cómo todos los veranos recogíamos habas verdes que luego pelábamos en el porche para la cena.

Con el fin de enseñar a Rosy cómo debe comportarse y los valores familiares fundamentales, a menudo le cuento historias sobre los líos en que nos metíamos mi hermana y yo por no compartir la comida o negarnos a recoger la mesa. También le encanta la anécdota de cuando la pequeña Michaeleen le gritó y le faltó al respeto a su madre, y como castigo no la dejaron ir a casa de su amiga después de clase.

Durante el tiempo que llevo escribiendo este libro, he detectado una tendencia en Rosy: se muestra más dispuesta a hacer lo que le pido si antes le comento que mi madre me obligaba a realizar la misma fastidiosa tarea cuando yo era niña. Por ejemplo, cuando Rosy no quiere ni tocar los espárragos de la cena, le digo algo así como: «Cuando yo tenía cuatro años, la abuela también me hacía comer espárragos. Uf, no me gustaban nada, pero me los comía porque ella era la jefa». Y entonces, como por arte de magia, Rosy empieza a llevarse los espárragos a la boca.

• **Dale chispa con un poco de ciencia.** Muchas ideas de la biología, la química y la física superan la ficción... y despiertan el mismo interés en los niños pequeños. Así que ¿por qué no aprovechar los conocimientos científicos para idear cuentos basados en la realidad? No olvides emplear palabras sencillas y cercanas, que sugieran imágenes o estimulen la imaginación del niño.

Por ejemplo, para animar a Rosy a lavarse los dientes, le contamos historias de los «bichos» que viven en su boca. Son tan diminutos que no los vemos (sí, son bacterias), pero si no los elimina con el cepillo, por la noche le taladrarán agujeritos en los dientes y se le pondrán negros. En esencia, partimos de la ciencia real y le damos vidilla con imágenes, antropomorfizaciones e hipérboles.

Para ayudar a Rosy a adquirir hábitos alimenticios saludables, le hablamos de los seres que habitan en su estómago. Millones y millones de bichos simpáticos no solo trabajan para que no tenga molestias en la tripa, sino también para que su cerebro funcione bien y su cuerpo combata los bichos malos. ¡El microbioma! Los bichos buenos se ponen enfermos si Rosy come demasiado azúcar. En cambio, les encantan las frutas, las hortalizas, las legumbres y los frutos secos. «Los seres te están pidiendo garbanzos a gritos, Rosy —me oigo decir a mí misma a la hora del almuerzo—. Están rogándote: "Por favor, Rosy, por favor... Danos más garbanzos. Más garbanzos".»

Para profundizar

• **Abraza el antropomorfismo.** La próxima vez que tengas un conflicto con un niño o te veas en dificultades para «alentarlo» a comportarse de determinada manera, prueba este sencillo truco. Echa un vistazo alrededor, busca el objeto inanimado más cercano (hasta un zapato servirá) y dótalo de vida. Finge que puede hablar. Haz que el objeto diga a tu hijo lo que quieres que haga. Apuesto a que, si se trata de niños pequeños, este truco dará resultado en nueve de cada diez casos.

¿Qué tipo de objetos funcionan mejor? A Rosy le chiflan los peluches. Pero también he utilizado partes de mi cuerpo (incluido el ombligo) y a sus amigos invisibles (entre ellos Maria, de *Sonrisas y lágrimas*).

En la NPR, varios lectores me han comentado en antena que este método les ha funcionado de maravilla.

La oyente Kathryn Burnham se saca de la manga a Woofie:

> Si se nos hace tarde y mi hija de tres años aún va descalza, sé que gritarle «¡Ponte los zapatos!» solo empeora las cosas, así que convierto mi mano en el perro Woofie juntando los dedos anular y medio con el pulgar para formar la boca. Entonces le digo algo así como: «¿Por qué no dejas que Woofie te ponga los

zapatos?». Acto seguido empiezo a soltar gemidos, jadeos y ladridos ridículos. Cuanto más animada es mi interpretación de Woofie, más se ríe y se relaja mi hija. La situación tensa cede el paso a un momento divertido en el que se refuerzan los lazos afectivos.

Para la oyente Penny Kronz, un peluche señala el camino:

> Cuando mi hijo no quiere sentarse a la mesa o irse a la cama, simplemente le digo que es la hora de que su peluche favorito se acueste o coma. A continuación, procedo a realizar la actividad con el muñeco, y el crío se une a nosotros enseguida.

Adele Karoly deja que la ropa hable por ella:

> Cuando mi hijo se resiste a ponerse el pijama, hago hablar al pijama. Dice, por ejemplo: «¿Elliot quiere dormir conmigo?», y yo le respondo: «Me parece que no, pero deja que se lo pregunte». Si Elliot me contesta que no, se lo digo al pijama y sigo dialogando con él. Al final, mi hijo se implica en la conversación y acepta el pijama, que entonces lo abraza con fuerza, entusiasmado.

Para perfeccionar

- **Deja que los monstruos se muden a tu casa.** Para aprovechar al máximo el potencial de las narraciones, acoge a los monstruos en tu hogar. Puedes hacerlos divertidos con un toque de peligro, o bien bastante intimidatorios con un toque gracioso. El concepto «intimidatorio» comprende un espectro amplio. El grado adecuado de «intimidación» dependerá de tu hijo; de su edad, su disposición y sus experiencias. Fíjate en cómo reacciona y cambia la historia según corresponda. Sin embargo, en palabras de la investigadora de la cultura celta Sharon P. MacLeod: «¡A los niños les encanta que los asusten!».

En general, el uso de relatos de ficción para cambiar el comportamiento suele dar mejores resultados en niños de hasta seis años, según Deena Weisberg, psicóloga de la Universidad Villanova, que estudia el modo en que los más pequeños interpretan la ficción. Los niños de hasta dos años no distinguen bien la diferencia entre la ficción y la realidad. Esta capacidad empieza a desarrollarse uno o dos años después. «No me atrevo a establecer una edad concreta, pues todos los niños son muy diferentes entre sí. No obstante, hacia los tres o cuatro años, muchos dejan de creer ciegamente lo que se les cuenta.» A pesar de ello, sostiene Deena, el relato puede resultarles interesante y espeluznante, e impulsarlos a reflexionar. «Por ejemplo, dudo que tu hija de tres años se crea al cien por cien que el vestido se le va a llenar de arañas.» Aun así, Rosy se lo quitó.

Hacia los siete años, prácticamente todos los niños saben discernir la ficción de la realidad, según Deena. Pero todavía les gusta seguir el juego fantasioso por diversión. «Tal vez piensan: "Sé que no hay un monstruo ahí, pero entiendo lo que intentas decirme"», señala. Incluso cuando no muerden el anzuelo, el cuento puede dar pie a hablar de los comportamientos problemáticos desde un ángulo nuevo. He notado que muchos niños de siete u ocho años no se creen las historias de monstruos, pero tienen muchas ganas de hablar de ellas y de que les «confirme» que, en efecto, «no son reales».

A Rosy en particular le chifla que la asuste... un poco. Pero siempre tengo un guiño preparado cuando le cuento una historia, y la observo con atención para asegurarme de que no se espante demasiado.

He aquí algunos de los relatos que triunfan en mi casa:

1. El monstruo del compartir. El monstruo del compartir vive en un árbol que está al otro lado de la ventana de la cocina. Cuando los niños no comparten, crece cada vez más. Cuando menos te lo esperas, se inclina hacia ti, te agarra y te sube a sus ramas, donde te mantiene prisionero siete noches seguidas. ¿Y sabes qué les da de comer a los niños? Nada más que coliflor y coles de Bruselas.

2. El monstruo de los gritos. Vive en el techo y escucha a través de los accesorios de iluminación. Si los críos gritan mucho o exigen demasiadas cosas, baja por las lámparas y los rapta. Y, para dejar las cosas claras, el monstruo de los gritos no está para tonterías a primera hora de la mañana.

3. La monstrua de los zapatos. Vive en los conductos de la calefacción y se asegura de que los niños se calcen por la mañana —y rapidito— o, de lo contrario, se los lleva por el respiradero. Para hacer que la monstrua de los zapatos cobre vida, a veces mi marido enciende la calefacción justo antes de la hora de marcharnos. Los ruidos de los conductos impulsan a Rosy a ponerse los zapatos a toda velocidad.

4. El monstruo de la jarana en pijama. Este es un invento de Matt, y nos ha sido de lo más útil para minimizar los conflictos a la hora de acostarse.

La otra noche, hacia las nueve y media, Rosy no parecía en absoluto dispuesta a irse a dormir. Estaba montando una jarana en pijama, es decir, saltando sobre la cama, agitando brazos y piernas, y armando un escándalo considerable.

—Vamos a calmarnos un poco —le repetía yo una y otra vez.

¡Por toda respuesta, ella se reía de mí!

Entonces Matt intervino para salvar la situación. Se levantó de golpe de la silla y señaló hacia la ventana con los ojos desorbitados.

—Ahí está el monstruo de la jarana en pijama. Lo veo en la ventana.

Rosy corrió hacia Matt y se aferró a sus piernas.

—¿Dónde? ¿Dónde está? —preguntó.

—Al otro lado de la ventana —susurré, muy tranquila—. Si nos movemos de forma brusca o hablamos en voz muy alta, vendrá y se nos llevará. No quiero que eso pase.

Acto seguido, la tomé de la mano y la conduje hasta la cama. Nos tendimos juntas y mantuvimos una conversación en voz muy baja sobre el monstruo de la jarana en pijama: qué aspecto tiene, dónde vive y adónde se lleva a los niños que montan jaranas en pijama por las noches.

Rosy se quedó dormida enseguida.

Desde entonces, todas las noches, antes de acostarnos, le recuerdo que el monstruo de la jarana en pijama ronda por ahí. Hablando en un tono suave y moviéndome muy despacio, le digo que por nada del mundo quiero que él aparezca. Curiosamente, meses después del primer avistamiento del monstruo cerca de casa, sigue obrando maravillas a la hora de apaciguar a mi hija.

12

Técnicas para moldear el comportamiento: Dramatizaciones

Nuestra última técnica no solo nos ayudará a quitar hierro a nuestro enfoque de la disciplina, sino que nos ofrecerá revelaciones sorprendentes sobre por qué algunos niños hacen justo lo contrario de lo que les pedimos o esperamos de ellos.

¿Eres un bebé?

Para aprender a utilizar esta herramienta, despegaremos de Kugaaruk y volaremos hasta una enorme isla llamada Baffin, situada unos mil kilómetros al este. De un tamaño similar al de California, la isla de Baffin es un paraje de gran belleza natural. Valles tallados por glaciares y ríos surcan montañas de mil ochocientos metros coronadas de nieve. Gigantescas paredes de hielo más altas que el Empire State dominan un mar azul zafiro repleto de belugas, narvales, morsas y focas (amén de osos polares que las cazan).

La isla de Baffin es el corazón de un movimiento creciente en el Ártico que tiene como objetivo proteger y potenciar la práctica de la crianza tradicional inuit. Según me dicen los ancianos, la colonización intensiva ha empobrecido estos conocimientos a lo largo del último siglo, así que la comunidad se esfuerza mucho por instruir a los padres primerizos y los cuidadores en esos métodos antiguos.

A principios de diciembre, viajo a Iqaluit, la ciudad más grande de la isla de Baffin, para conocer a Myna Ishulutak, una de las mujeres que está al frente del movimiento. Accede a comer conmigo en un restaurante que se encuentra en el extremo opuesto de la ciudad con respecto al lugar donde me alojo. Como llego temprano, la espero sentada a la barra. En el exterior, hace un frío que pela: treinta y dos grados bajo cero. El sol se ha puesto hacia las dos de la tarde. Pequeños copos de nieve se arremolinan en el aire y recubren la calle de una purpurina rosa y azul. En el interior del restaurante, el ambiente es cálido y acogedor, y el aroma a pescado fresco frito procedente de la cocina llega hasta donde estoy sentada.

Myna no aparece. Pasan quince minutos sin que dé señales de vida, ni siquiera por teléfono. Me preocupa que haya cambiado de idea respecto a entrevistarse conmigo. Entiendo que tenga reservas. La cultura occidental, la mía, lleva siglos maltratando la cultura inuit, la suya, y ha continuado haciéndolo durante las últimas décadas. En los años sesenta, el gobierno canadiense indujo por la fuerza o mediante coacciones a muchas familias inuit a renunciar a su tradicional estilo de vida nómada y a asentarse en poblaciones permanentes.[1] Aquí, en la isla de Baffin, algunos funcionarios canadienses incluso mataban a tiros a los perros de trineo para que las familias no pudieran cazar o seguir la pista de los animales. Lo que quiero decir con todo esto es que, de estar en el lugar de Myna, seguramente no querría hablar conmigo.

A pesar de todo, ella cumple su palabra. Unos cinco minutos más tarde, cruza las puertas del restaurante. De inmediato el ambiente cambia, como si alguien hubiera encendido las luces... y subido el volumen de la música. Con su parka azul y sus botas de pelo blanco, Myna ofrece un aspecto majestuoso. «Son de caribú», señala mostrándomelas. Tiene el rostro en forma de corazón y una sonrisa amplia y franca. Su risa suena como un acorde de quinta en un himno del rock. Te hace pensar que todo es posible.

Nos sentamos en un reservado y nos ponemos a conversar sobre su trabajo. Myna es una mujer muy ocupada. Es productora de cine, profesora de lengua inuktitut y madre de dos hombres adultos. Hace cerca de una década ayudó a impulsar una asignatura sobre la educación de los hijos en el Nunavut Arctic College, que sigue impartiéndose en la actualidad. En esas clases se forma a maestros de guardería y preescolar en las técnicas tradicionales de crianza inuit; las mismas que los padres de Myna utilizaban cuando era pequeña para criarla «ahí, en mi tierra», como dice ella.

Myna nació y creció en un campamento de cazadores, en una comunidad de unas sesenta personas, en la costa de la isla de Baffin.

«Vivíamos en una casa de tepe. Por la mañana, cuando nos levantábamos, todo estaba congelado hasta que mi madre encendía la lámpara de aceite —afirma. Recuerda a continuación que su abuelo le narraba historias por la noche para ayudarla a conciliar el sueño—. Como no teníamos libros, los adultos nos contaban leyendas por la noche, sobre todo mi abuelo. Era un jefe del campamento. Yo no quería dormirme porque me gustaban mucho sus relatos.»

La familia de Myna se sustentaba a base de alimentos de origen animal: «Carne de foca, caribú, pescado y a veces oso polar —dice—. Y, en otoño, recogíamos bayas.

»Recuerdo la primera vez que probé el chocolate. ¡Madre mía, qué dulce era! Demasiado dulce —rememora sacudiendo la cabeza—. Nosotros no teníamos alimentos con tanto azúcar.

»Echo mucho de menos vivir en mi tierra —me confiesa, antes de soltar un largo—: Mmm». Los recuerdos le dibujan una expresión melancólica en el rostro.

Cuando Myna tenía doce o trece años, su familia se marchó del campamento de caza y se estableció en una ciudad para que su padre tuviera acceso a cuidados médicos. «Fue traumático para mí vivir en un entorno urbano —murmura—. Me costó mucho adaptarme.»

En la actualidad, Myna vive en la bulliciosa ciudad de Iqaluit, que cuenta con una población de casi ocho mil habitantes.

Dada su infancia y su ocupación actual, tengo curiosidad por saber qué opina de la antropóloga ya fallecida Jean Briggs y las técnicas de educación de los hijos que describe en su libro *Never in Anger*.

Mina se queda callada un momento y se le escapa una risita nerviosa. Me preocupa haberla ofendido. Entonces rebusca en su bolso y saca un libro. Reconozco la portada de inmediato: una fotografía en blanco y negro de una abuela y una niña pequeña frotándose la nariz entre sí. Se trata de otro libro escrito por Jean Briggs, titulado *Inuit Morality Play* [Dramatizaciones morales de los inuit]. Narra el segundo viaje importante de la antropóloga al Ártico, en el que estudió la vida de una niña de tres años, apodada Chubby Maata [Maata la Regordeta].

Myna da unas palmaditas a la cubierta y, para mi absoluta sorpresa, declara: «Este libro trata sobre mi familia y yo. Yo soy Chubby Maata».

A principios de los setenta, cuando Myna iba a cumplir tres años, su familia acogió a Jean en su hogar durante seis meses. Sus padres permitieron que la antropóloga observara los detalles íntimos de la vida cotidiana de Myna. ¿Qué pasa cuando Myna pega a su madre? ¿Y cuando llega una nueva hermanita? Y cuando Myna tiene una pataleta, ¿intenta mangonear a su madre o se muestra desagradecida? ¿Cómo se las ingenió su fa-

milia para transformar a esa cría exigente y mandona empeña-
da en zurrar a su hermana menor en una niña de seis años amable, educada… y tranquila?

Los padres y los abuelos de Myna aplicaban una y otra vez
una técnica de crianza clave para fortalecer las funciones ejecutivas del niño. Jean la llama «dramatización». Funciona así:
cuando un niño actúa movido por la ira —si, por ejemplo, golpea
a alguien o ataca a un hermano—, el padre o la madre puede decirle algo así como: «¡Ay! ¡Eso duele!» o «Huy, estás haciendo
daño a tu hermano», para demostrarle las consecuencias de sus
actos. No hay gritos ni castigos.

¡Ay!
¡Eso duele!

En vez de ello, el progenitor espera a encontrar un momento
más sosegado y propicio para recrear la escena en la que el niño
se portó mal. Por lo general, la actuación comienza con una pregunta, con el fin de tentar al pequeño a hacer algo que sabe que
no debería. Por ejemplo, si ha pegado a otra persona, la madre
puede empezar por preguntarle: «¿Por qué no me pegas a mí?».

Esto obliga al niño a pensar: «¿Qué debo hacer?». Si muer-
de el anzuelo y golpea a la madre, esta, en vez de reñirlo o gritarle, recrea lo ocurrido en un tono ligeramente divertido y jugue-
tón. «¡Ay! ¡Eso duele!», puede exclamar.

La madre continúa profundizando en las consecuencias por
medio de preguntas complementarias, por ejemplo: «¿Es que
no te caigo bien?» o «¿Eres un bebé?». Estas preguntas, además
de seguir invitando al niño a la reflexión, relacionan el comportamiento deseado con la madurez y, a su vez, el comportamiento
no deseado con la infantilidad. Transmiten la idea de que pegar
a alguien hiere sus sentimientos y de que los «chicos mayores»

no pegan. Además, la madre formula todas esas preguntas con un toque lúdico.

Según escribe Jean, el adulto recurre a estas dramatizaciones para abordar cualquier conducta problemática del niño o una transición difícil por la que esté pasando. Por ejemplo, si un pequeño tiene dificultades para compartir con un hermano, el progenitor puede montar una «dramatización de la codicia» y tentar al niño a mostrarse egoísta. «No compartas la comida con tu hermano», puede decir una tarde al niño durante la merienda. Si el niño le hace caso y no comparte, el padre dramatiza las consecuencias. «¿No aprecias a tu hermano? Pobrecito, tiene hambre.»

El adulto repite la dramatización de vez en cuando, hasta que el niño deja de caer en la trampa. Cuando este se comporte de un modo adecuado, el padre elogia su actitud con una frase sencilla como: «Fijaos, qué generosa es Chubby Maata», según documenta Jean.

Así pues, esta nevosa noche en la isla de Baffin, sentada en un reservado frente a Myna (alias Chubby Maata), tengo la sensación de que se me ha presentado una oportunidad única para comprender más a fondo la obra de Jean Briggs y esta increíble técnica de crianza. Así que pregunto a Myna cómo era su relación con la difunta antropóloga.

«La considerábamos un miembro más de la familia —asegura—. Le teníamos mucho cariño.»

A lo largo de las décadas, Myna y Jean siguieron estando muy unidas, hasta el fallecimiento de esta última, acaecido en 2016. Jean visitaba a Myna con asiduidad en la isla de Baffin, y Myna visitaba a Jean en Terranova. «Siempre será una persona especial para mí», declara mi interlocutora con solemnidad.

De cuando en cuando, Jean leía a la familia de Myna pasajes de su libro en inuktitut, en los que refería las dramatizaciones y el tiempo que pasó con ellos «ahí en su tierra». Myna dice que no recuerda muchos de los detalles documentados en el libro. «Era demasiado joven.»

Sin embargo, cree que las dramatizaciones son una herramienta poderosa para ayudar a los niños a regular sus emociones. Gracias a ellas, aprenden a mantener la calma y a no caer fácilmente en provocaciones. «Les enseñan a ser más fuertes desde el punto de vista emocional, a no tomarse las cosas demasiado en serio y a no tener miedo de las burlas.»

Las dramatizaciones consiguen estos resultados por medio de dos mecanismos:

1. Ayudar a practicar comportamientos adecuados

Las dramatizaciones ofrecen a los niños la posibilidad de realizar un ejercicio muy poco frecuente en la cultura occidental: el de corregir sus errores. Cuando participan en una dramatización, pueden practicar el control de la ira, la generosidad con un hermano, el acto de compartir con un amigo, de no pegar a mamá. Practicar. (No olvidemos cuál es el ingrediente principal para adquirir una habilidad o valor: practicar.)

> Si practicas sentir asombro o gratitud cuando
> no estás enfadado, tendrás más posibilidades
> de controlar la ira en los momentos estresantes.

En estas dramatizaciones, el pequeño experimenta reaccionando de maneras distintas ante situaciones cargadas de tensión.[2] Como el adulto está relajado y con un talante casi festivo, el niño no teme equivocarse. Puede explorar las consecuencias de un mal comportamiento en un momento en que está tranquilo, no alterado, y por tanto más inclinado al aprendizaje y la reflexión.

Según la neurocientífica Lisa Feldman Barrett, practicar resulta especialmente importante a la hora de aprender a controlar la ira. Y es que, una vez que estalla, reprimirla no es tarea fácil para nadie, ya sea niño o adulto.

«Está muy generalizada la idea errónea de que puedes contenerte fácilmente cuando ya estás enfadado —señala Lisa—, pero en realidad controlar tus emociones y modificar tus sentimientos sobre la marcha es algo muy complicado.»

Sin embargo, si practicas sentir asombro o gratitud cuando no estás enfadado, tendrás más posibilidades de acceder a esas emociones cuando empiezas a irritarte y de controlar la ira en los momentos estresantes. «En esencia, dicha práctica ayuda a reprogramar el cerebro para que genere una emoción distinta [a la ira] con mucha mayor facilidad», sostiene Lisa.

Las dramatizaciones permiten a los niños ejercitar y fortalecer los circuitos de autocontrol de su cerebro.[3] Aprenden a pensar en lugar de enfadarse, a mantener la calma en vez de reaccionar de forma irreflexiva.

2. Convertir la disciplina en un juego

El juego constituye una eficaz técnica de crianza para modificar el comportamiento, aunque muchos padres no lo tienen en cuenta, sostiene la psicóloga Laura Markham.[4] «Los niños aprenden todo acerca del mundo por medio del juego. Jugar es su forma de trabajar.»

Se valen de los juegos para recuperarse de las experiencias

difíciles y los «altibajos emocionales» del día, señala el psicólogo Larry Cohen. Tras una discusión con uno de los padres, el juego ayuda a los niños a liberar la tensión y pasar página. Se enfrían los ánimos, el ambiente se distiende, y padre e hijo escapan del círculo vicioso de la rabia y el mal comportamiento.

«Una de las mayores fuentes de problemas es la tensión entre padre e hijo», asegura Larry. Las reacciones habituales a una mala conducta, como los sermones, el intento de razonar o los gritos, incluso los más suaves, crispan más la situación. «El juego reduce la tensión. Por eso me encanta.»

Cuando a un niño se le resiste mucho una actividad determinada, como levantarse por la mañana, hacer los deberes o compartir con los hermanos, Larry aconseja una técnica sorprendentemente parecida a la de las dramatizaciones. «Recomiendo a los padres que trasladen el problema a la zona de juego», dice. Se trata de una herramienta estupenda para los niños de todas las edades, desde los muy pequeños hasta los adolescentes. (Estudiaremos cómo funciona más adelante, en «Consejos prácticos».) Una vez relajada la tensión por medio del juego, el comportamiento problemático suele desaparecer por sí solo, observa Larry.

Criando a Rosy

Después de mi entrevista con Myna, empiezo a ver el mal comportamiento de Rosy desde una perspectiva distinta. Caigo en la cuenta de que, a menudo, cuando me da la impresión de que está «poniendo a prueba los límites» (o mi paciencia), en realidad trata de practicar el comportamiento apropiado. Adopta una y otra vez la conducta inadecuada hasta que, por fin, toma la decisión correcta.

Esta revelación cobra más sentido una tarde mientras paseamos al perro por el barrio. Rosy pedalea por la acera en su triciclo rojo, proeza nada fácil en las pendientes de San Francisco. Como ya he mencionado, en nuestra zona hay unos cuantos cruces terroríficos, entre ellos el de Market Street, con sus cuatro carriles en los que los vehículos circulan a unos cincuenta kilómetros por hora. Esta tarde, Rosy va en plan temerario y, cuando nos encontramos a poco menos de una manzana de Market Street, acelera de golpe y sale disparada, directa hacia la transitada calle, dejándome muy atrás. ¡El corazón me da un vuelco! Quiero gritarle «¡Espera, Rosy! ¡Espéranos!», pero antes de que pueda abrir la boca, Rosy baja del bordillo a la calzada con el triciclo.

Por suerte, frena enseguida y acaba a solo unos centímetros de la acera. Los coches pasan zumbando a pocos metros de ella. «Menos mal —pienso—. Está a salvo.» Pero ¿qué narices estaba haciendo?

Me muero de ganas de reñirla, de levantarla del triciclo y llevarla a casa en brazos. Es mi deber como madre, ¿no? Sin embargo, no lo hago. Pienso en Chubby Maata y me pregunto qué haría la madre de Myna en esa situación. Me recuerdo a mí misma que los niños quieren —e incluso necesitan— practicar el comportamiento correcto. «A lo mejor Rosy está practicando cómo detenerse en este cruce peligroso», me digo. Así que conservo la calma y le explico las consecuencias en tono despreocupado (Técnica cotidiana n.º 2): «Si vas por la calzada te van a atropellar». A continuación, la alecciono mediante acciones en vez de con palabras (Técnica cotidiana n.º 5). Me coloco entre ella y el tráfico para poder detenerla si intenta seguir avanzando.

Entonces Rosy toma una decisión de lo más interesante: repite la transgresión. Da unos pasos cuesta arriba, monta en el triciclo de un salto y se dirige directa al bordillo hasta bajar a la calzada. Vuelve a pararse a escasos centímetros de la acera. Repite la maniobra unas tres veces más. ¡Luego, por fin, al cuarto intento, lo consigue! Frena por completo antes de llegar al bordillo. Ha aprendido el comportamiento correcto.

«Vale, mamá, vámonos a casa», dice, antes de empezar a remontar la colina en dirección a nuestro hogar. «Mmm —pienso—. Los niños pequeños están como regaderas.»

Consejo práctico 7:
Enseña disciplina a través de los sueños

En realidad, este capítulo trata sobre cómo convertir los problemas en juegos y la disciplina en práctica. Y existen múltiples maneras de conseguirlo. Elijas la vía que elijas, ten presente estas dos normas:

1. Antes de emplear estas técnicas, asegúrate de que ni tú ni el niño estéis molestos, enfadados o con las emociones a flor de piel. El juego surge cuando todo el mundo está relajado y en calma.

2. Mantén un tono divertido y despreocupado. Procura tener siempre una sonrisa en los labios o en los ojos. No es momento de lecciones ni sermones, sino de que los niños se sientan libres de portarse mal y pongan a prueba habilidades nuevas, sin el menor temor a disgustar a sus padres.

Para empezar

• **Monta una función de marionetas.** La próxima vez que tu hijo tenga dificultades con una tarea o alguna faceta del control emocional, intenta dramatizar el problema con marionetas. Coge dos animales de peluche —o incluso un par de calcetines— y conviértelos en personajes que no estén relacionados contigo ni con el niño. Con Rosy, por ejemplo, suelo convertir en personajes a nuestro perro, Mango, y a Louis, el perro del vecino. Esto la ayuda a sentirse relajada y no como si la estuviera reprendiendo o sermoneando. Una vez establecida la escena, dramatiza la actividad problemática y a continuación sus consecuencias.

En ocasiones, Rosy y yo recreamos escenas utilizando piezas de Lego o caramelos de Halloween como personajes. El objetivo es ayudar al niño a abordar un problema en una situación libre de estrés o incluso divertida. Eso le permite pensar en la experiencia desde una óptica nueva y racional, al tiempo que refuerza su autocontrol.[5]

Para implicar al niño en el espectáculo, puedes formularle preguntas («¿Mango se porta como un bebé cuando pega a Louis?», «¿Ha herido los sentimientos de Louis?»), dejar que interprete a uno de los personajes o incluso que se haga cargo de la función entera. Fíjate en lo que hace de forma espontánea y tómalo como punto de partida. Si tiene hermanos mayores, puedes pedirles que representen un papel también.

• **Traslada el problema a la zona de juego.** Más arriba menciono el concepto acuñado por Larry Cohen de «zona de juego», una técnica que aconseja emplear con niños de todas las edades e incluso con adolescentes. Para entender cómo funciona, tomemos como ejemplo un problema habitual: conseguir que el niño se tranquilice a la hora de irse a la cama. Para romper el ciclo de tensión, Larry recomienda que aguardemos hasta encontrar un momento sosegado y plácido del día (no la hora de acostarse) para decir algo así como: «Oye, Rosy, me he dado cuenta de que discutimos mucho cuando tienes que irte a dormir. Te propongo que compartamos un juego sobre eso».

Entonces puedes esperar a ver si el niño ya tiene pensado un juego y, si es así, deja que te lo explique. Si no, puedes preguntarle, simplemente: «¿Quién quieres ser en la obra? ¿Te apetece hacer de mamá y que yo haga de Rosy?».

A continuación, los dos recreáis con actitud desenfadada lo que ocurre cuando tu hijo no quiere irse a la cama y tú te enfadas o te disgustas. «No tengáis miedo de sobreactuar o exagerar demasiado el mal comportamiento y sus repercusiones —aconseja Larry—. El objetivo es reírse, pasarlo bien y liberar la tensión acumulada en torno al problema. Así que, cuanto más sobreactuéis, mejor.»

A algunos padres les preocupa dar mal ejemplo al mostrar conductas inadecuadas. Pero Larry afirma que los niños saben distinguir entre los juegos y la vida real. «Durante este tipo de juegos, no se le quedará grabado "el mal ejemplo", sino el contacto humano, la creatividad y la liberación de la tensión.»

Para perfeccionar

• **Monta una dramatización.** Para comprobar la utilidad de las dramatizaciones, analicemos un problema crónico en los hogares: los golpes. En la actualidad, cuando Rosy me da un cachete, por muy fuerte que sea, ya no me enfado. Me esfuerzo al máximo por no hacer caso. Por actuar como si nada hubiera pasado. Si no lo consigo, me limito a decir: «Ay, qué daño», con la voz más serena posible (como hacía Sally cuando Caleb le arañaba la cara).

Más tarde, cuando ambas estamos tranquilas y relajadas, monto pequeñas dramatizaciones sobre los golpes. Me acerco a Rosy y le pido que me pegue. Si cae en la trampa, recreo las consecuencias. «¡Uuuh, cómo duele! —gimo en tono dramático—. ¡Vaya si duele!» Con ello le demuestro que los golpes causan dolor, tanto físico como emocional.

¿Es que no te caigo bien?

Noto que se ponen en marcha los engranajes del cerebro de Rosy. Parece estar pensando: «¡Un momento! ¿Estoy hiriendo los sentimientos de mamá?». (Me doy cuenta de que mi hija no quería sacarme de quicio. Le importan mis sentimientos. ¡Simplemente no sabía cuánto me dolía que me pegara!)

Entonces, exagerando el dolor y el sufrimiento le hago una pregunta: «¿Es que no te caigo bien?». A menudo me responde con una frase tierna y maravillosa como: «No, te quiero, mamá».

Para ayudarla a comprender mejor las consecuencias de los golpes, asocio el mal comportamiento con la falta de madurez. La conversación suele desarrollarse más o menos así:

Yo: ¿Eres un bebé?
Rosy: No, mamá, ya soy mayor.
Yo: ¿Las chicas mayores pegan?
Rosy: No, mamá.*

Con frecuencia, Rosy me pide que intercambiemos los papeles para hacer ella de madre. Dice algo como: «¡Pégame, mamá!». Le doy un cachete suave en el culo o un empujoncito en el hombro. Entonces se arranca con una interpretación hi-

---

* Asociar comportamientos no deseados con ser un bebé tiene un efecto muy poderoso sobre los niños pequeños, que están ansiosos por ser mayores. Cuando nuestro dentista nos aconsejó que tiráramos el chupete de Rosy, la idea me atemorizó; llevaba usándolo tres años. Así que, para inducirla a dejarlo por sí misma, empecé a relacionarlo con la primera infancia. Cada vez que pedía el chupete, yo le decía: «Ah, porque eres un bebé». Al cabo de tres días, se me acercó, me entregó el chupete y dijo: «No lo necesito. Ya soy mayor».

perdramática de las consecuencias. Se pone a gritar, se va corriendo o me pregunta en tono lastimero: «¿Es que no te caigo bien?». Cuando concluye la segunda dramatización, las dos estamos riendo.

Después de practicar las dramatizaciones durante cerca de un mes, los ataques de Rosy se han reducido, tanto en intensidad como en frecuencia. En ocasiones, incluso se refrena cuando ya ha tomado impulso, o desvía el golpe a propósito para no pegarme en un brazo o una pierna.

Sin embargo, he de admitir que los golpes no cesaron por completo hasta que dejaron de importarme tanto. En cuanto aprendí a encajar un pellizco en el brazo —o incluso una bofetada en la cara— como una simple pérdida de control del «bebé» sobre sus emociones, Rosy dejó de considerar necesario «practicar» este mal comportamiento. Y ¿sabes qué? A mí dejó de hacerme (tanta) falta practicar el control de la ira.

Resumen de los capítulos 11 y 12:
Moldear el comportamiento con cuentos y dramatizaciones

Ideas que recordar

➤ Cuando el niño está alterado, le cuesta escuchar y aprender.

➤ Cuando el niño se siente relajado y no teme que lo castiguen, está más abierto a aprender nuevas normas y a enmendar errores.

➤ Si el niño no colabora en alguna tarea (por ejemplo, hacer los deberes), es probable que esto se convierta en una fuente de tensión entre él y el padre o la madre. Una vez relajada esa tensión mediante juegos o cuentos, el niño pondrá más de su parte y se portará mejor.

➤ A los niños les encanta aprender a través de narraciones orales, sobre todo cuando incluyen personajes, experiencias y objetos que conocen de la vida real. Tienen una inclinación natural a aprender por esta vía. Por ejemplo, les encanta:

• Oír relatos sobre la historia familiar y la infancia de sus padres.

• Imaginar que los objetos cobran vida y cometen errores.

• Imaginar que viven rodeados de fantasmas, monstruos, hadas y otros seres sobrenaturales que los ayudan a aprender a comportarse.

➤ A los niños les gusta mucho aprender jugando. Es su manera de liberar tensión y practicar los comportamientos apropiados. Disfrutan dramatizando conductas problemáticas o errores y contemplando cómo se desarrollan las consecuencias en un entorno divertido y libre de estrés (sin temor al castigo).

Trucos y técnicas

En vez de intentar modificar el comportamiento de un niño por medio de sermones y la lógica adulta, busca un momento tranquilo y relajado para poner en práctica alguna de estas técnicas:

➤ **Cuenta una anécdota de tu infancia.** Explica a tu hijo cómo os manejasteis tus padres y tú ante un error, problema o mal comportamiento determinado. ¿Te castigaron? ¿Cómo reaccionaste tú?

➤ **Monta una función de marionetas.** Echa mano de un animal de peluche o unos calcetines para poner en escena las consecuencias del comportamiento del niño y cómo te gustaría que se comportara. Invítalo a interpretar uno de los personajes del espectáculo.

➤ **Traslada el problema a la zona de juego.** Di al niño: «Sé que hemos discutido mucho sobre los deberes [o el problema que sea]. Compartamos un juego sobre ello. ¿A quién quieres representar? ¿A ti mismo o a mí?». Luego recrea con ánimo festivo lo que ocurre durante la discusión. No tengas miedo de sobreactuar ni de cargar las tintas. El objetivo es pasarlo bien y relajar la tensión acumulada por el problema.

➤ **Recurre a una historia de monstruos.** Invéntate un monstruo que se oculta cerca de vuestra casa. Di al niño que el monstruo lo vigila y que, si muestra un mal comportamiento determinado, vendrá y se lo llevará (solo durante unos días).

➤ **Haz que un objeto inanimado cobre vida.** Ayúdate de un peluche, una prenda u otro objeto inanimado para convencer al niño de que lleve a cabo una tarea. Haz que el objeto realice la tarea por sí mismo (por ejemplo, lavarle los dientes a un muñeco) o bien que pida al pequeño que se encargue de ello (por ejemplo, haz que un cepillo dental indique al niño que se lave los dientes).

CUARTA PARTE

La salud de los hadza

T
E
Autonomía
M

13

¿Cómo educaban a los hijos nuestros antepasados remotos?

La caza comienza con un silbido. Thaa, con pantalón corto gris de rayas finas y una piel de babuino atravesada sobre el pecho, se levanta de un salto de su lugar junto a la hoguera, coge su arco y sus flechas, y comienza a lanzar silbidos largos y agudos. «Fiiiuuu. Fiiiuuu.»

Una docena de perros se aproxima corriendo a nosotros desde todas direcciones. Perros de color canela, perros negros, perros blancos. Incluso hay uno con manchas en el pelaje que forman un dibujo de espiguilla. Los canes, del tamaño de zorros, son flacos y se les marcan mucho las costillas. Todos parecen ansiosos por ayudar.

Thaa silba una vez más. «Fiiiuuu.» Unos pocos perros más se acercan a toda velocidad subiendo por el sendero. Dos amigos de Thaa que están sentados cerca de la fogata se ponen de pie y se reúnen con él. Cada uno lleva un arco y unas cuantas flechas en las manos. Los tres son altos, delgados y están en forma, como maratonistas. Antes de que me dé cuenta de lo que está pasando, se internan en la espesura. Los perros les pisan los talones, con la nariz apuntando al suelo y el rabo apuntando al cielo.

«¡Vamos!», grito a Rosy. Me arrodillo y espero a que ella me rodee la cintura con las piernas. Solo conseguiremos seguirles el ritmo si la llevo a cuestas.

El alba nos sorprende en la ladera de una montaña, a varios centenares de metros de altura. Aunque el sol aún está oculto detrás de otro monte que se alza al este, un cálido resplandor amarillento ha empezado a derramarse por la sabana que se extiende a nuestros pies.

Nos encontramos apenas al sur del ecuador, a poco más de ciento cincuenta kilómetros de las llanuras del Serengueti, y es invierno en Tanzania. La tierra está reseca y polvorienta. La pendiente está salpicada de peñascos de color rosado y blanquecino. Las ramas de los árboles, desnudas y grises, se retuercen hacia lo alto como largos y esqueléticos dedos de bruja. Solo las acacias han conseguido conservar algunas hojas, arracimadas en las copas, que les confieren aspecto de franceses tocados con boina verde.

Rosy y yo alcanzamos a Thaa y a sus amigos. También los acompaña David Mark Makia, nuestro intérprete, y los cuatro se han detenido a examinar algo en el suelo. Huellas en la arena. Esta mañana, confían en rastrear babuinos, pero irán a por cualquier animal que avisten, ya se trate de un jabalí, un pequeño antílope, una civeta africana o lo que sea. La caza es el principal medio con que Thaa proporciona sustento a su familia.

A sus cuarenta y tantos años, es padre de siete hijos. Se le nota la edad en las tres profundas arrugas que le surcan la frente y que se le acentúan cuando tiende la mirada hacia la sabana. Lleva sobre la cabeza una visera con un bullón de pelo de babuino en la parte delantera. Cuando habla, apenas alcanzo a oírlo. Prefiere expresar lo que piensa con actos. Cuando Rosy y yo acabábamos de llegar al campamento hadza, Thaa nos ayudó a encontrar un lugar donde montar la tienda de campaña, en la ladera, a unos quince metros de la choza de su familia. Mientras yo forcejeaba con la tienda de lona verde, Thaa se agachó y retiró con cuidado todas las piedras y los guijarros del suelo para que pudiéramos dormir sobre una superficie lisa.

Thaa y sus amigos están entre los mejores cazadores del mundo. Cazan casi exclusivamente con arcos y flechas que fabrican a mano a partir de ramas de un árbol muy común. Describirlos como «tiradores de primera» sería quedarse corto. Los tres serían capaces de abatir un pajarillo posado en un árbol a diez metros de altura. Poseen un conocimiento enciclopédico sobre los animales de la sabana: qué comen, cómo se desplazan, dónde les gusta ocultarse, qué huellas dejan en la arena.

Hoy deciden que no vale la pena seguir esas pisadas. Reanudan la marcha y se adentran aún más en la maleza. En rigor, no corren: caminan. Pero, al observar la fluidez y la agilidad de sus movimientos, la frase que me viene a la mente es «se deslizan». Además, avanzan a un paso tan veloz que tengo que trotar —con Rosy a la espalda— para no rezagarme.

Al cabo de poco tiempo, el corazón me late a mil por hora, y mis pulmones pugnan por respirar. Saltamos sobre las raíces de los baobabs, gruesas como postes de teléfono. Trepamos sobre peñascos. Nos agachamos para pasar por debajo de ramas cubiertas de espinas largas como mi dedo índice. De vez en cuando, el jersey se me engancha en una de ellas, lo que me obliga a detenerme y forcejear hasta soltarme.

«Rosy, no creo que podamos seguirles el ritmo», digo volviendo la cabeza hacia atrás. Los cuatro hombres me llevan tanta delantera que los he perdido de vista.

De pronto, los diviso a lo lejos. Se han parado para esperarme, así que corro hacia ellos. Todos guardan silencio. Hasta los perros se quedan inmóviles.

Thaa tiene el arco en las manos. Coge una flecha y, sujetándola con dos dedos, apunta hacia la copa de un árbol. El viento susurra entre las hojas. Thaa tensa la cuerda y suelta la flecha, que sale despedida con tal velocidad hacia el árbol que no consigo seguir su trayectoria con la mirada. Contenemos la respiración. ¿Ha dado en el blanco? Pero entonces una paloma echa a volar desde la fronda, por encima de nuestras cabezas. Ha errado el tiro.

Los hombres vuelven a ponerse en marcha de inmediato.

Cuando Thaa contaba unos dos años, su padre le regaló un arco pequeño. Lo llevaba consigo a todas partes. Para cuando cumplió la edad de Rosy, más o menos, ya cazaba ratones, pájaros y reptiles pequeños cerca de su hogar. Más tarde, durante la pubertad, empezó a participar en cacerías cortas con hombres mayores que él. A los veintitantos años, era capaz de rastrear un cudú o una jirafa.

Cuando extiendo la mirada por la sabana, me cuesta creer que Thaa y su familia vivan de esta tierra. La veo reseca, agrietada y yerma, pero su mujer y él obtienen todo lo que ellos y sus hijos necesitan —alimentos, agua, herramientas, ropa y remedios— de las plantas y los animales de la zona. Y, además, lo consiguen sin grandes dificultades. Su estilo de vida no requiere grandes reservas de agua para el ganado o fertilizantes caros para animar a las plantas a crecer. Cuando una flecha se rompe o se pierde en la maleza, Thaa y sus amigos simplemente confeccionan otra a partir de las ramas de un árbol que abunda en el lugar.

Thaa pertenece al pueblo hadza, un grupo de cazadores-recolectores de Tanzania. Aunque nadie conoce con exactitud la antigüedad de la cultura hadza, los utensilios de piedra y las pinturas rupestres que se han encontrado parecen indicar que los ancestros de Thaa ya cazaban en esta sabana hace miles de años, quizá decenas de miles.[1] Muchos estudiosos creen que la cultura hadza es una de las más antiguas del mundo.

Todos los seres humanos descendemos de cazadores-recolectores de África. Desde Thaa, de aquí, de Tanzania, hasta María, de Yucatán, pasando por mi abuelo de Virginia y los antepasados macedonios de mi esposo, todas las personas compartimos esa historia. A lo largo de una evolución de millones de años, pasamos de ser un hatajo de extraños primates antropoides que subsistían en África a base de las bayas que recogían, los tubérculos silvestres que desenterraban, las sobras de carne que dejaban depredadores más grandes y, más tarde, la caza y la pesca.

Nadie sabe con certeza cómo educaban a sus hijos nuestros ancestros. No ha quedado constancia de cómo las madres del Paleolítico convencían a los niños de que recogieran después de comer, o de cómo los padres de la Edad de Piedra se las apañaban para que sus hijos pequeños se durmieran por la noche. No hemos descubierto pinturas rupestres que muestren cómo era la rutina de la hora de acostarse ni petroglifos que ofrezcan consejos para lidiar con pataletas infantiles.

Sin embargo, podemos hacer conjeturas razonables sobre algunos aspectos de la crianza en la prehistoria, sobre el proceso de adaptación que hacía que nuestros pequeños humanos fueran disciplinados, motivados y queridos. Y podemos realizar esas conjeturas basándonos en la extraordinaria diversidad de culturas que existe en todos los continentes habitables del planeta. Podemos sentirnos identificados con prácticas educativas que subsisten en la gran mayoría de estas culturas; prácticas que han resistido el paso del tiempo o que han resurgido una y otra vez a lo largo de los siglos. Podemos prestar una atención especial a las culturas que todavía viven en parte de la caza y la búsqueda de comida, pues ocupan un lugar único en la historia de la humanidad.

Nuestra especie, *Homo sapiens*, lleva en la Tierra doscientos mil años (aproximadamente). Durante gran parte de ese tiempo (cerca del 95 por ciento) hemos subsistido como cazadores-recolectores. Al principio, buscábamos provisiones por los parajes de África (incluida la región donde Rosy y yo nos esforzamos por seguir el ritmo a Thaa mientras caza); con el tiempo nos extendimos por todos los continentes en los que podíamos establecernos. Hace unos doce mil años, algunos empezaron a vivir de cultivar la tierra y criar animales. Más tarde, hace menos de dos siglos, la agricultura y la ganadería alcanzaron tal grado de desarrollo que en la actualidad necesitamos tractores, motosierras y robots para producir nuestra ración diaria de calorías.

Para comprender el pasado de nuestra especie, disponemos esencialmente de dos herramientas: el estudio de los huesos enterrados por pueblos antiguos y el de las comunidades contemporáneas de cazadores-recolectores. Como ya he mencionado, estas últimas no son «fósiles vivientes» ni «reliquias del pasado». No nos muestran cómo vivían los humanos hace miles de años. Pero constituyen, eso sí, un ejemplo de cómo los humanos pueden salir adelante como cazadores-recolectores. Por otro lado, su estilo de vida es mucho más próximo al de nuestros ancestros que, por ejemplo, el que llevo yo en San Francisco, y conservan muchas tradiciones educativas antiguas que la cultura occidental ha perdido. Hablando en plata, numerosas comunidades de cazadores-recolectores tienen mucho que enseñarnos a las madres y los padres occidentales.

Cuando los periodistas escriben sobre cazadores-recolectores como los hadza, a menudo emplean palabras como «poco comunes» y «últimos». Sin embargo, estas expresiones dan una impresión equivocada. Para empezar, es probable que millones de personas en el mundo vivan de la caza y la recolección. En el año 2000, unos antropólogos calcularon que su número rondaba los cinco millones.[2] Estas comunidades habitan en zonas muy diversas del mundo. Cazan varanos en Australia Occidental, rastrean caribús en la tundra ártica, y en la India, donde vive casi un millón de cazadores-recolectores, recolectan plantas medicinales muy preciadas y miel silvestre.

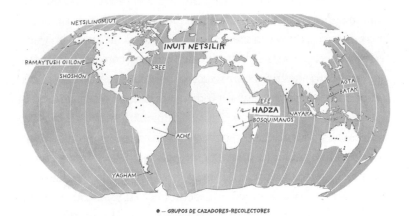

● — GRUPOS DE CAZADORES-RECOLECTORES

En 1995, el arqueólogo Robert Kelly recopiló y resumió en un volumen los conocimientos occidentales sobre sociedades de este tipo de muchas partes del mundo.[3] El libro, titulado *The Lifeways of Hunter-Gatherers* [Estilos de vida de los cazadores-recolectores], describe a decenas de culturas de distintas regiones, entre ellas más de una docena que habitan en lo que hoy llamamos Estados Unidos. Hace no mucho tiempo, los cazadores-recolectores poblaban grandes zonas de América del Norte, desde los shoshón y los kiowa de las montañas Rocosas hasta los cree del Medio Oeste.

De hecho, mientras escribo estas palabras me encuentro en una península que, hace unos doscientos años, pertenecía a un grupo de cazadores-recolectores muy hábiles conocidos como ramaytush ohlone.[4] Pescaban en la bahía, recogían bellotas en los robledales y mejillones en la costa. Era el pueblo originario de San Francisco. Tras la llegada de los misioneros españoles a finales del siglo xviii, casi todas las familias murieron a causa del hambre o las enfermedades.

El libro de Robert ilustra de manera muy acertada no solo lo «comunes» que son las culturas de cazadores-recolectores, sino también su increíble diversidad pasada, presente y futura. Algunas de estas sociedades dependen sobre todo de la caza o la pesca; otras, de la recolección. Unas viven en grupos grandes y sedentarios; otras, en pequeños campamentos nómadas. El sistema moral de muchos de ellos está basado en la igualdad de todas las personas; el de otros, no tanto. En algunas culturas, las familias tienden a ser grandes y prolíficas; en otras, tienden a ser como la de Matt y yo, con solo uno o dos hijos. Y, en esencia, todas las sociedades de cazadores-recolectores viven de otras actividades aparte de la caza, la recolección y la pesca. «El lector debería saber que muchos de los "cazadores-recolectores" cultivan parte de sus alimentos, practican el trueque con otros agricultores o participan en la economía monetaria —escribe Robert—. ¡Que el cazador-recolector auténtico se ponga en pie, por favor!»[5]

Por si fuera poco, ninguna de esas culturas permanece «intacta», «pura» o «aislada» del resto del mundo. Todos los pueblos se comunican y comercian con pueblos vecinos e incluso con algunos más alejados. Cada uno de ellos enseña y aprende de los demás. Cada sociedad está interconectada con las otras. Los hadza del norte de Tanzania no son una excepción.[6] Llevan miles de años viviendo en una sabana boscosa con una superficie equivalente a la de Rhode Island, en cuyo centro hay un extenso lago de agua salada. Desde los primeros tiempos, se dedican a la caza, tanto mayor (jirafas, hipopótamos, antílopes eland) como menor (conejos, gatos monteses, antílopes pequeños, ardillas, ratones). Hurtan carne fresca a los leones («comida fácil»), recogen miel de los árboles (el «oro de la vida»), escarban en busca de unos tubérculos semejantes a los boniatos y comen los crujientes y ácidos frutos de los baobabs a manera de tentempié. Viven en chozas en forma de cúpula que las mujeres construyen con facilidad en un par de horas a partir de ramas y hierbas.

En otras palabras, los hadza llevan una existencia similar a la de sus antepasados de hace miles de años, no porque vivan aislados o desconozcan otros estilos de vida, sino porque consideran que el suyo es óptimo para el inhóspito entorno en el que habitan.[7] Y es cierto: los hadza han salido adelante durante mucho mucho tiempo. ¿Qué necesidad hay de modificar lo que funciona?

Su éxito se debe, en gran parte, a su duradera relación con la tierra. Los occidentales la calificaríamos de «sostenible». Las familias colaboran con las plantas y los animales que los rodean de un modo que les ha permitido coexistir y desarrollarse a lo largo de milenios. Es una relación basada en la interferencia mínima y el respeto, en vez de en el control y la transformación, como los que tendemos a practicar los occidentales.* La ecóloga

---

* Occidente mantiene con la tierra una relación de dominación. La gente transforma el terreno y agota sus recursos a una velocidad de vértigo, dejando muy poco a las generaciones futuras. Los regalos van en una sola dirección: los humanos se apropian, controlan y alteran el paisaje y la fauna.

vegetal Robin Wall Kimmerer denomina este enfoque vital «economía del regalo». La tierra regala pequeños antílopes, babuinos y tubérculos a las familias hadza, que, a cambio, asumen la responsabilidad de cuidar de ella y protegerla. Se trata de una relación de reciprocidad, bidireccional.

En su extraordinario libro *Una trenza de hierba sagrada*, Robin escribe:

> En la economía del regalo, los dones no son gratuitos.[8] La esencia del regalo es que crea una serie de relaciones. La moneda de cambio sobre la que se cimenta esta economía es la reciprocidad [...]. En una economía del regalo, la propiedad privada de la tierra se sustenta en una «lista de derechos».

Dicho de otro modo, los obsequios fluyen en ambas direcciones, de la tierra a los humanos y viceversa. Lo mismo ocurre con los derechos, con las responsabilidades. Por cada regalo que la tierra ofrece a los humanos, se espera de ellos que correspondan con un regalo para la tierra.

Durante mi breve estancia entre las familias hadza, veo la economía del regalo reflejada por todas partes: en el modo en que tratan a los animales que cazan, en cómo comparten hasta la última planta que han recolectado, en lo poco que desperdician los alimentos, en la casi inexistente basura que generan. La economía del regalo también está presente en su relación con sus hijos. Los padres no intentan moldear a los hijos según su ideal, lo más rápidamente posible, por medio del control y la dominación. En vez de ello, se centran en dar y recibir. El adulto ofrece al hijo regalos de cariño, compañerismo y comida; a cambio, espera que este asuma una «lista de derechos». Nuestra coexistencia se fundamenta en la interferencia mínima y el respeto mutuo, y al amar y relacionarnos nos regimos por la reciprocidad. A mi torpe estilo occidental, he acuñado un lema que ilustra esta forma de relacionarse: Tú te ocupas de tus asuntos, y yo de los míos, pero siempre buscamos la manera de prestarnos la mayor ayuda posible unos a otros.

Este modo de tratar —y considerar— a los hijos no es exclusivo de los hadza. Encontramos ejemplos parecidos en muchísimas comunidades de cazadores-recolectores, así como en otras culturas indígenas. Esta característica compartida es lo que hace que este enfoque educativo sea tan extraordinario e importante: pese a la enorme diversidad que existe entre las culturas de cazadores-recolectores, se aprecia una forma compartida de criar a los hijos e interactuar con ellos, un sistema que, con toda seguridad, ha pervivido a lo largo de miles, quizá decenas de miles de años (o incluso más). Como veremos más adelante, este sistema se ajusta a las necesidades —tanto mentales como físicas— de los niños como un guante hecho a medida. O, mejor aún, como dos piezas de Nejire kumi tsugi, el arte japonés de las uniones en madera, que encajan entre sí sin clavos ni tornillos. Es precioso.

Durante la cacería en Tanzania, recibo mi primera lección sobre este sistema de crianza de los hijos. Rosy y yo nos hemos quedado rezagadas, a casi medio kilómetro de Thaa y sus amigos. No veo posible alcanzarlos, y menos aún con Rosy a la espalda. Empiezo a temer que nos perdamos en la maleza. Rosy está al borde del llanto.

—Mamá, estoy incómoda. ¡Ay, ay! Prefiero andar —chilla.

Déjala libre. Que camine delante mientras tú la sigues. No le pasará nada.

DAVID MARK MAKIA

—De acuerdo. Baja —le indico arrodillándome—. Dame la mano.

La agarro de la muñeca y apretamos el paso para reunirnos con los chicos. Sujetándola con fuerza, la ayudo a pasar por encima de las piedras. Le bajo la cabeza para que no se golpee con las ramas espinosas.

—¡Cuidado con las espinas! —grito varias veces.

Le tiro del brazo para que camine más deprisa. En cierto momento, tengo la impresión de que la arrastro literalmente por la maleza, como a un perro rebelde con una correa.

Rosy rompe a llorar, y entonces pienso que deberíamos darnos por vencidas y regresar al campamento. Llamo a voces a David, el intérprete, para que regrese y nos ayude. Tiene dos hijas, una de ellas de cuatro años. Identifica de inmediato mi problema parental. Sin vacilar, me da un consejo que condensa buena parte de lo que los padres y las madres del lugar me han enseñado durante mi viaje, de la esencia del estilo de crianza basado en el concepto de regalo.

—Suéltale la mano. Déjala libre —me dice David sin el menor atisbo de exasperación—. Que camine delante mientras tú la sigues. No le pasará nada.

—¿En serio? ¿Tú crees? —pregunto, poco convencida.

—Sí, no le pasará nada —repite.

—De acuerdo, pero... No creo que... —Antes de que pueda terminar la frase, Rosy se va corriendo y se encarama a los peñascos como una cría de babuino.

Resulta que David ha acertado de lleno. En cuanto la «dejo libre», Rosy hace muy buen papel en la cacería, andando y descansando a intervalos durante tres horas.

En ese momento, descubro en primera persona lo que un poco de autonomía puede hacer por una niña pequeña... y su relación con su madre.

14

Los niños más seguros del mundo

Durante nuestro tercer día en Tanzania, conozco a una chiquilla que me enseña lo independientes y amables que pueden ser los niños, incluso los muy pequeños. También me lleva a preguntarme si interfiero demasiado en las decisiones de Rosy... y si, a causa de eso, se está volviendo más inquieta y mandona.

Llevamos ya varios días acampadas cerca de las familias hadza, y nos hemos formado una idea del ritmo de vida del lugar, un tempo tranquilo determinado, en esencia, por dos elementos: el fuego y la amistad.

Todos los días empiezan igual. Justo antes del amanecer, cuando el cielo aún está cuajado de estrellas que se resisten a marcharse, Thaa pasa por delante de nuestra tienda, trepa a un árbol cercano y corta una rama más o menos tan grande como mi cuerpo. La lleva hasta un círculo formado por piedras, donde enciende la hoguera matinal.

Hace mucho frío a estas horas. El aliento casi resulta visible en el aire. Rosy y yo nos sentimos tentadas de quedarnos acurrucadas en los sacos de dormir, calentitas. Sin embargo, unos minutos después, varios hombres se sientan en torno al fuego, junto a Thaa. El suave rumor de su conversación nos mueve a salir de la tienda. «Vamos, Rosy —digo quitándonos de encima los sacos—. Vamos a ver de qué hablan.» La ayudo a ponerse un

jersey y nos dirigimos hacia la hoguera circular, que arde debajo de uno de los árboles más majestuosos que he visto jamás.

Todas las mañanas, durante cerca de una hora, los padres permanecen sentados al pie de un descomunal baobab milenario. El vetusto árbol, del tamaño de una casa adosada de dos plantas, es una maravilla de la naturaleza. Parece un cirio gigantesco pegado por la base a la ladera. En la copa, unos frutos aterciopelados y verdes penden de las ramas, que semejan brazos extendidos en un gentil gesto de ofrenda a los hadza. El fruto y las semillas del baobab, ricos en grasa y vitaminas, proporciona a las familias una buena parte de las calorías que necesitan a lo largo de todo el año, más que ninguna otra planta o animal.

Me encanta este árbol. Sentada debajo, notando el calor del fuego en el rostro y los dedos, casi siento como si me abrazara.

A mi lado, Rosy, arrebujada en una manta de cuadros rojos, mordisquea una magdalena amarilla que yo guardaba del vuelo que nos trajo aquí. Ima, uno de los jóvenes del grupo, se acerca a la hoguera con un animal pequeño y peludo a la espalda, el trofeo de su cacería de madrugada. Parece un cruce de mapache con gato doméstico. Los hombres colaboran en la tarea de despellejarlo, despiezarlo y luego asar los trozos sobre las llamas. Comparten la carne y lanzan las sobras a un puñado de perros ávidos que holgazanean cerca del fuego.

Desde nuestra posición elevada en esta vertiente de la montaña, disfrutamos de una vista espectacular del valle, en el que se divisan varios campos de cebolletas y un reluciente lago de agua salada. «Qué lugar tan asombroso para criar a los hijos», pienso. El hecho de amanecer a diario en un paraje como este debe de ser bueno para la salud mental. También fabuloso. En ciertos momentos del día, las madres y los padres interrumpen sus actividades y pasan una hora simplemente sentados juntos o a solas, en silencio. «¿Por qué me siento obligada a hablar o a hacer algo todo el rato?», me pregunto.

De pronto, vislumbro una figura diminuta que se aproxima desde la falda de la montaña por el sendero: una niña pequeña. Su cabecita sube y baja cuando ella pasa por encima de unos peñascos del camino. Conforme se acerca, advierto que va encorvada y lleva algo a la espalda.

La chiquilla, de cabello negro corto y facciones delicadas, debe de tener cinco o seis años. Va vestida con una rebeca de lana roja, chancletas grises y una falda de rayas blancas y negras, a juego con el pantalón corto de Thaa. Lleva en torno a los hombros un manto estampado con flores de color marrón y naranja con el que sostiene a la espalda a un bebé de unos seis meses.

—Es mi hija —dice Thaa, y David me traduce sus palabras.

Le pregunto cómo se llama.

—Belie. El bebé también es mío —añade Thaa haciendo un gesto hacia la espalda de la niña.

«Ah, lleva a cuestas a su hermanito», pienso.

Belie se sienta delante de la fogata, entre su padre y yo. Al contemplarla de cerca, caigo en la cuenta de que ya la había visto en varias ocasiones. Llevaba unos días merodeando en torno a Rosy y a mí, observándonos. Aunque en ningún momento se había acercado a menos de dos metros de nosotras, saltaba a la vista que sentía una enorme curiosidad. No quitaba ojo a Rosy.

Hoy parece haberse envalentonado, como si tuviera ganas de hablar y saber más cosas sobre nosotras. Le ofrezco una de las magdalenas del avión.

—¿Te apetece? —le pregunto.

Con movimientos lentos, Belie la coge, la estudia y, sin vacilar, arranca un trocito del bizcocho esponjoso y lo lleva a la boca de su hermano menor. El bebé me mira y sonríe.

«Vaya, qué generosa», me digo. Luego, durante los siguientes cinco minutos, Belie le da toda la madalena a su hermanito, sin comerse ella un solo bocado. Nadie le ha pedido que la comparta. Lo ha hecho por iniciativa propia. Este acto voluntario de altruismo por parte de una persona tan joven me parece tan hermoso que por poco se me saltan las lágrimas. ¿Habría hecho Rosy lo mismo? ¿Habría hecho yo lo mismo a esa edad... o incluso ahora que soy adulta?

Aún no soy consciente de todo lo que me queda por aprender sobre la bondad y el respeto durante mi estancia entre los hadza.

La jornada de los hadza no solo comienza con una hoguera; también termina con una. Todas las noches, justo después del ocaso, Thaa y otros hombres se reúnen debajo del baobab para charlar un poco más, contarse historias y cantar. Esta noche el cielo está tan despejado y negro que incluso vemos la Vía Láctea, una pincelada blanca y borrosa que se cruza con el horizonte, al sudeste.

Uno de los jóvenes, de veintipocos años, va a buscar un *zeze*, un instrumento de cuerda hecho a mano a partir de una calabaza, y nos enseña una canción en lengua hadza. Narra las andanzas de un babuino que visita a las mujeres de un campamento mientras los hombres están cazando. El idioma hadza es uno de los pocos que quedan en el mundo en los que utilizan los llamados «clics», sonidos que se articulan chascando la lengua contra el paladar de diversas maneras. El hadza distingue tres tipos de clics en función del grado de abertura de la boca y el movimiento de la lengua. Los hablantes los modifican a su vez de tres modos distintos, lo que da como resultado nueve sonidos diferentes, que me suenan prácticamente iguales (como el golpeteo de los cascos de un caballo). Aunque apenas soy capaz de pronunciar dos versos de la canción, Rosy parece no tener la menor dificultad y canta a pleno pulmón al pie del baobab.

Entonces uno de los padres jóvenes, Pu//iupu//iu (los «//» representan clics), decide ponernos nombres en hadza a Rosy y a mí. Aunque Pu//iupu//iu tiene poco más de veinte años, es un progenitor increíble. Se pasa casi todas las tardes y muchos anocheceres abrazado y acurrucado con su hijo mayor, de solo un año. Le habla en voz baja, frota la nariz contra la suya y le canta durante horas junto al fuego. ¡Y al niño le encanta! Da la impresión de que nunca se aburren de pasar el rato sentados juntos... sin necesidad de iPads.

Pu//iupu//iu señala a Rosy.

—Ella se llamará Tok'oko —dice mientras hace rebotar a su bebé sobre la rodilla—. Un *tok'oko* es un pequeño felino salvaje —explica—. Y ella corretea a todas horas por el campamento, como un gato.

«Y también chilla como un gato —pienso—. El nombre le queda que ni pintado.»

Pu//iupu//iu se vuelve hacia mí, sonriente.

—Tú te llamarás Hon!o!oko.

—¿Qué? —exclamo con una carcajada.

—Hon!o!oko —repite una y otra vez—. Hon!o!oko, Hon! o!oko, Hon!o!oko.

Los dos signos de exclamación representan chasquidos fuertes. Luego hay que añadir un «oko» rotundo y sonoro al final. En la práctica, no tengo idea de cómo emitir esos sonidos con la boca y la lengua. Cada vez que lo intento, los hombres se desternillan. Todos se tronchan de risa.

De pronto, algunos hombres se ponen a cantar de nuevo y, poco después, todos coreamos la canción del babuino, una y otra vez, sonriendo y moviendo la cabeza al compás. El ambiente se llena de una jovialidad extraordinaria. Empiezo a comprender que para pasar una velada estupenda solo hace falta una hoguera, un puñado de canciones favoritas y unos amigos a los que conoces como la palma de la mano.

Los cantos y las risas se van apagando, y pregunto a Pu// iupu//iu qué significa el nombre Hon!o!oko.

—Quiere decir «Espera-un-poco» —responde él con una sonrisa que deja al descubierto unos dientes de un blanco radiante, perfectamente rectos y alineados.

—¿«Espera-un-poco»? ¿Y eso por qué? —inquiero.

En este momento, Pu//iupu//iu y David, el intérprete, se enfrascan en una larga conversación a voces sobre mi nombre, acompañada de gesticulaciones y expresiones faciales exageradas. De pronto, estallan en carcajadas. Algunos hombres incluso reanudan los cánticos. Tengo la sensación de que el blanco de los chistes soy yo.

—«Espera-un-poco» es el nombre de las acacias —explica David, risueño—. Ya sabes, esos árboles con grandes espinas en las ramas. Los llamamos así porque, si te quedas enganchada en una espina, solo tienes que «esperar un poco» para liberarte.

—¿Así que me habéis puesto el nombre de las acacias? —digo, bastante contenta. ¿A quién no le gustaría llamarse igual que esos preciosos árboles?

—Sí —responde David riéndose—, porque, durante la cacería, el jersey se te enganchaba todo el rato en las espinas de las acacias. Por eso te llama Espera-un-poco. Tienes que esperar un poco.

«Mmm —pienso—. Rosy y yo nos quedamos muy rezagadas durante la caza. ¿Cómo sabían que me enganchaba en las espinas? ¿Había alguien mirándome sin que me diera cuenta?»

Casi me da la impresión de que los hombres intentan enseñarme algo con ese nombre, algo más que la conveniencia de hacer una pausa durante la cacería.

Sonrío y suelto una carcajada, pero se me presenta un nuevo reto: averiguar por qué me han bautizado como Espera-un-poco.

A la mañana siguiente, Rosy y yo nos levantamos un poco tarde. El sol, que ya brilla sobre las montañas del este, caldea con rapidez el aire de la noche. Nos envuelven los aromas del humo y la hoguera.

Bajo con mi hija por la ladera hasta las cabañas de las familias, donde algunas madres se preparan para ir en busca de tubérculos. Todas llevan unos vestidos estilo sarong cruzados sobre los hombros, un despliegue de colores primarios: azul con flores amarillas, rojo con hojas doradas, cuadros rojos y azules.

Primero nos sentamos en torno al fuego a charlar un poco. No hay ninguna prisa, los tubérculos no se irán a ningún sitio. Como comprobaré más tarde, a las mujeres les basta con un par de horas para recolectar todas las raíces que necesitan.

De repente, sin previo aviso, algunas se ponen de pie, se quitan el polvo del sarong y se encaminan hacia la maleza. Cojo a Rosy de la mano y las sigo. Cuando miro hacia atrás por encima del hombro derecho, ¿quién está allí, corriendo para alcanzarnos? La dulce Belie. Ya no lleva al bebé a la espalda. Y no veo a su madre cerca. «Mmm, interesante —pienso—. Ha venido hasta aquí sola.»

Caminamos durante unos quince minutos, hasta que Kwachacha, una de las mujeres, se detiene y señala un agujerito en el suelo, no más grande que una moneda de veinticinco centavos.

—¿Ves cómo está la tierra aquí? —dice al tiempo que se levanta la larga falda roja y se arrodilla delante del agujero.

Kwachacha, una joven madre de poco más de veinte años, tiene la postura más elegante que he visto jamás. Desde la cabeza hasta los pies, mantiene el cuerpo recto como una flecha. Resulta que, además, es una cazadora excepcional.

Con un palo de un metro de largo, se pone a escarbar alrededor del agujero. Partículas de tierra marrón salen despedidas por el aire. Belie la observa con una concentración absoluta. Al cabo de un rato, Kwachacha ha excavado una zanja de unos sesenta centímetros de longitud. Se detiene, hace una señal con las manos a otra mujer y comienza a escarbar de nuevo, aunque en dirección perpendicular, creando una fosa en forma de «L» en el suelo. Estoy perpleja. No entiendo qué hace.

De pronto, al fondo de la zanja asoma de la tierra marrón algo parecido a un hilo blanco. Kwachacha deja de cavar, tira del hilo ¡y saca un ratón blanco!

—¿Qué? —chillo, estupefacta. Me esperaba que extrajera un tubérculo, no un roedor—. ¿Cómo narices sabías que estaba ahí, debajo del suelo? —pregunto con ingenuidad.

La caza de un ratón bajo tierra es una de las hazañas más asombrosas que he presenciado. Kwachacha entrega el animalillo a un niño pequeño antes de alejarse con aire despreocupado.

Mientras tanto, las otras mujeres se han trasladado hasta el pie de un árbol cercano, donde remueven la tierra con afilados palos de madera en busca de tubérculos. Esas cosas rojas y abultadas semejantes a patatas se van apilando a un lado. Una de las mujeres me tiende un palo y señala una zanja profunda. Acepto la invitación, me arrodillo en el suelo e intento imitar sus movimientos. Las madres cuentan con que todo el mundo arrime el hombro en todas las tareas, incluida esta periodista en baja forma.

Miro alrededor para localizar a Belie y descubro que se ha hecho cargo de tres niños más pequeños que han seguido al grupo desde las chozas. Coloca bien los cierres de velcro de las zapatillas a un chiquillo al que se le habían desabrochado. Acaricia la carita con la nariz a otro para que deje de llorar. Luego les da de comer. Coge un tubérculo, lo pela y se lo ofrece a los chicos. Se aleja, recolecta unos frutos de baobab, recoge una piedra del tamaño de un melón pequeño, la levanta por encima de la cabeza y golpea con ella una de esas cápsulas verdes y aterciopeladas. ¡Pam! La cáscara se agrieta y deja al descubierto unos trozos de pulpa blanca. Belie los reparte entre los pequeños. A continuación, se acerca y nos entrega el resto a Rosy y a mí. Los blancos grumos tienen la consistencia del helado liofilizado y la acidez del 7-Up.

«Caray, qué fuerte eres, chica —pienso—. Y qué responsable.»

Unos días después, Rosy y yo volvemos a reunirnos con las mujeres. Esta vez vamos al río a buscar agua para beber. No se trata de un paseo. Tenemos que recorrer más de tres kilómetros a pie por un terreno pedregoso y abrupto. Casi todos los bebés y niños pequeños se quedan en casa con las mujeres mayores, pues serían una carga. En el camino de vuelta, las mujeres transportan cubos de agua de diez kilos sobre la cabeza, una tarea nada fácil, incluso cuando no llevan un bebé a cuestas.

Rosy nos acompaña, pero está tan cansada de todo el ejercicio que hemos hecho que la llevo a cuestas durante casi toda la excursión, mientras se queja y gimotea: «Mamá, ¿cuándo llegaremos?» o «Mamá, ¿falta mucho?».

Belie no. Ella se ata una botella de agua vacía a la espalda, alarga otra a Rosy para que cargue con una también y echa a andar cuesta abajo hacia el río con las mujeres. En esta ocasión, sus padres tampoco nos acompañan. Sin nadie que cuide de ella, Belie destila independencia y tenacidad.

Después de una hora de caminata, avistamos el desfiladero del río más abajo. Tras descender por una pendiente empinada, cruzamos un lecho seco y por fin llegamos a la charca. Las mujeres jóvenes proceden a llenar los cubos de agua dulce. Belie y Rosy echan una mano. Sin embargo, cuando llevamos cinco minutos metidas en faena, advierto que Belie se aparta del grupo y comienza a escalar una pared del desfiladero. Tiene una inclinación extrema y mide unos treinta metros de altura.

«Ajá —pienso—. Por fin se escaquea para jugar, para hacer algo solo por diversión.»

Pero ¡qué equivocada estoy!

En lo alto del precipicio crece un baobab. Belie se acerca y se pone a recoger los nutritivos frutos, que deja caer en un gigantesco cuenco plateado.

No está jugando. ¡Está recolectando!

Cuando regresamos al campamento, varias mujeres cascan los frutos de baobab, extraen las semillas y las muelen sin más utensilios que unas cuantas piedras. Mezclan el polvo blanco con agua, remueven hasta obtener una masa espesa y cremosa que sirven en unas tazas pequeñas hechas con calabazas. Este es el almuerzo. Tomo un sorbo. Está delicioso. Además, me da la sensación de que es de lo más sustancioso.

Dirijo la mirada hacia la pequeña Belie. Está sentada en un peñasco, no muy lejos, con las delgadas piernas estiradas hacia delante y el cuerpo en equilibrio. Si estamos comiendo estas ricas y nutritivas gachas es gracias a su intrepidez ydeterminación; ha trepado por el precipicio para recoger los frutos, ella sola. En ese momento caigo en la cuenta de lo extraordinaria que es. No solo cuida de sí misma y echa una mano con los más pequeños, sino que ayuda a dar de comer al campamento entero. Aporta mucho a su comunidad, y eso que aún no va a preescolar. Además, no parece agobiada por la responsabilidad. Al contrario, le gusta. Le infunde seguridad en sí misma y serenidad.

¿Cómo le enseñaron los padres y las madres hadza a colaborar tanto? Entonces me viene a la memoria mi nombre hadza: Espera-un-poco. Empiezo a preguntarme si los hombres, al llamarme así, intentan enseñarme algo acerca del modo en que educo a mi hija. ¿Me hace falta «esperar un poco» como madre?

Un antiguo antídoto contra la ansiedad y el estrés

Durante nuestra estancia en Tanzania, no deja de sorprenderme la libertad de la que parecen gozar los críos. Tengo la impresión de que los niños de todas las edades van a donde quieren, hacen lo que quieren y dicen lo que les viene en gana.

En comparación, Rosy parece llevar una vida constreñida, incluso recluida. Se pasa los días en nuestro apartamento o en el colegio; está en todo momento bajo mi atenta mirada, la de Matt o la de sus maestros, y mientras tanto recibe una retahíla ininterrumpida de instrucciones.

Los niños hadza incluso disfrutan de libertad emocional. Si uno de ellos necesita montar una pataleta, lo dejan en paz. Nadie acude corriendo a hacerlo callar, nadie le pide que «se calme», nadie le indica lo que debe sentir. Al cabo de un rato, un progenitor u otro niño acaba por consolar al enrabietado, pero nadie muestra la menor sensación de urgencia.

Los padres conceden esa libertad incluso a los más pequeños. Por ejemplo, está el caso de Tetite (se pronuncia «Ti-ti-te»). A sus casi dieciocho meses, es una de las niñitas más monas que he conocido. Tiene grandes ojos redondos, mofletes rechonchos de querubín y una sonrisilla traviesa. Tambaleándose con su vestidito de guinga amarilla como de muñeca, se pasea por el campamento como una adolescente. Si un niño mayor le quita

algo que lleva en las manos, ella
suelta un grito y se lo arrebata. No
cabe duda de que Tetite es miembro
de pleno derecho de la comunidad
y que decide su actividad diaria.*

Una tarde, Belie nos lleva a Rosy y a
mí a un mirador situado en lo alto de
la montaña, a unos cuatrocientos metros
del campamento. Subimos con
dificultad por los peñascos, y Rosy
está a punto de caerse varias veces.
Cuando por fin llegamos a la cima,
nos encontramos a tal altura que
casi me siento mareada.
Cuando bajo la mirada,
¿a quién veo allí parada, al pie de
las peñas, sin compañía? ¡A Tetite! Ha venido andando desde el
campamento por su cuenta. «¿Cómo es que la dejan ir tan lejos
sola?», me pregunto. (Más tarde descubriré que no está sola en
absoluto.)

Al principio, me digo que lo que los adultos conceden a Tetite y los otros niños hadza es «independencia», una independencia absoluta. Sin embargo, con el tiempo, conforme observo
y escucho con más atención, descubro que estoy equivocada. Lo

---

* El mismo pensamiento me asaltaba una y otra vez en la aldea maya de
Chan Kajaal. Allí, niños de solo cinco o seis años podían ir en bici por todo el
pueblo o ir al parque infantil cuando les apetecía y establecer sus propios
horarios... cuando no estaban en el colegio. Hasta las criaturas de dos años
podían jugar en el patio trasero solas, pese a que el peligro parecía acechar por
todas partes: rescoldos de hogueras de la noche anterior, machetes tirados
por el suelo, y numerosos agujeros y hondonadas en donde los niños pequeños podían caerse.

que conceden a los chiquillos hadza no es independencia, sino algo más valioso.

En general, las comunidades de cazadores-recolectores valoran en gran medida el derecho de las personas a tomar sus propias decisiones; es decir, su autonomía personal.[1] Consideran perjudicial controlar a otros. Esta idea constituye una piedra angular de su sistema de creencias, incluidas las relacionadas con la educación de los hijos.

El mismo planteamiento se aplica a los niños, a quienes se les permite decidir sus actos en cada momento y fijar su propia lista de actividades. No hay un aluvión de ofertas de ayuda, órdenes ni sermones. Los padres no sienten la necesidad imperiosa de «llenar» el tiempo de sus hijos ni de mantenerlos ocupados. En vez de ello, confían en la capacidad —y la voluntad— de los niños de sacar estas conclusiones por sí mismos. ¿Por qué habrían de interferir?

«Decidir lo que debe hacer otra persona, sea cual sea su edad, no forma parte del vocabulario de conductas de los yekuanas —escribe Jean Liedloff acerca de la tribu yekuana de Venezuela—. La voluntad de un niño es su fuerza vital.»[2]

De hecho, muchos padres de las comunidades de cazadores-recolectores se esfuerzan al máximo por no decir a los niños (o a otros adultos) lo que deben hacer. Esto no significa que no se fijen en lo que los niños hacen o que no les importe. ¡En absoluto! Al contrario: siempre hay un padre —o algún otro cuidador— vigilándolos. (De hecho, los progenitores hadza suelen observar a sus hijos con mucha más atención que yo, incluso cuando doy una larga lista de instrucciones a Rosy, porque, pensándolo bien, ¿de verdad se puede observar a un niño mientras se le habla?) Ellos practican la crianza desde una perspectiva distinta: creen que los niños saben mejor que nadie cómo aprender y madurar. Todo lo que el progenitor diga no será más que un obstáculo para el hijo, en la inmensa mayoría de los casos.

«Así que una criatura de un año puede pasar una hora la mar de contenta haciendo lo que le apetezca —afirma Suzanne Gaskins, etnopsiquiatra especializada en los mayas—. El progenitor u otro cuidador permanece alerta para asegurarse de que el niño no se haga daño, pero no lo estimula. Nadie interviene para alterar sus planes. Los padres respetan y consideran legítimos los objetivos de ese niño de un año, y su único propósito es ayudarlo a cumplirlos.»[3]

En el idioma de los !kung, pueblo cazador-recolector de África meridional, los verbos «aprender» y «enseñar» se designan con la misma palabra (*n!garo*).[4] Los padres emplean a menudo la frase «está aprendiendo/enseñándose a sí mismo» cuando un niño intenta descubrir cómo hacer algo. ¿Por qué interrumpir ese proceso de aprendizaje?

Deja que el crío haga lo que quiera;
no eres quién para inmiscuirte.
Déjalo tranquilo.

Las supermadres y los superpadres hadza solo ejercen el control sobre un niño como último recurso. Prueban casi todo antes de decir a un pequeño lo que debe hacer.

Este principio está tan arraigado entre los cazadores-recolectores bayaka, del África central, que los progenitores incluso abordan y avergüenzan a los padres a los que pillan intentando controlar a un niño. «Fue una de las pocas ocasiones en que vimos a unos padres entrometerse en la labor de crianza de otras personas —dice la psicóloga Sheina Lew-Levy—. Cuando un progenitor se esfuerza mucho por modificar el comportamiento de un niño y obligarlo a hacer algo que no quiere, otro progenitor le dice: "Deja que el crío haga lo que quiera; no eres quién para inmiscuirte. Déjalo tranquilo".»[5] (No está de más recordar que eso fue justo lo que David me aconsejó durante nuestra primera cacería con los papás hadza.)

En un estudio, Sheina contó cuántas órdenes daban los padres a los niños cada hora.[6] Los resultados ofrecen un retrato vívido de cómo los cazadores-recolectores educan a sus hijos. Sheina siguió a niños y adultos por su casa y su barrio durante nueve horas. Tomó nota de cuántas veces el adulto asignaba una tarea al niño (como «Ve a buscar el fuego», «Coge el vaso de agua» o «Ve a lavarte las manos»), le explicaba el funcionamiento de algo, lo felicitaba o lo criticaba por algo. (Porque, bien mirado, elogiar a un niño es una manera de controlarlo.)

¿A que no adivinas cuántas órdenes emiten los padres bayaka en promedio cada hora? Tres. Esto significa, en esencia, que a lo largo de una hora permanecen callados durante más de cincuenta y siete minutos. Por otro lado, más de la mitad de esas órdenes son indicaciones para que los niños ayuden al adulto o a la comunidad. En otras palabras, los adultos solo optan por dar instrucciones cuando estas ayudan a transmitir el valor de la colaboración.

Cuando a los padres no les queda otro remedio que recordar al niño una norma o influir en sus actos, lo hacen de manera sutil e indirecta, reduciendo al máximo los conflictos. El adulto permite que el niño conserve el sentido de la iniciativa, de modo que no se sienta controlado o dominado. Para ello se vale de preguntas, acertijos y explicaciones sobre las posibles consecuencias. Además, puede modificar su propio comportamiento (por ejemplo, alejarse de un niño que le pega en vez de pedirle que no lo haga), cambiar el entorno que rodea al niño (por ejemplo, sacar un iPad de la habitación si no lo utiliza de manera responsable, en vez de decirle que no lo use) o ayudarlo en silencio a enfrentarse a una situación poco segura (por ejemplo, ponerse a su lado mientras trepa por un muro y darle la mano con suavidad o sujetarlo para que no se caiga, en vez de ordenarle que baje).

Esta política de «cero autoritarismo» tiene consecuencias sobre la relación del niño con sus padres. Para empezar, implica menos conflictos..., muchos menos.

Una tarde, sentados junto al fuego, Thaa y Belie ilustran este aspecto con una escena preciosa. Delante de mí, padre e hija se hacen compañía durante unas dos horas mientras él afila una flecha para la cacería del día siguiente y Belie lo observa. De vez en cuando charlan un poco, pero guardan silencio casi todo el rato. Durante las dos horas, ninguno de los dos intenta imponerse al otro. Ninguno le dice al otro lo que debe hacer. O lo que no debe hacer. Al parecer, ambos se rigen por una regla implícita: tú te controlas y yo me controlo.

Como consecuencia, no discuten. No surge entre ellos la tensión ni la ansiedad que hay entre Rosy y yo. Simplemente parecen disfrutar de la compañía mutua.

Al contemplar a Thaa y Belie juntos, cobro conciencia de lo distinto y conflictivo que es mi comportamiento con Rosy. Cuando regreso a nuestra tienda, donde ella está durmiendo la siesta, intento recordar si alguna vez he pasado dos horas sin decirle lo que debe hacer. ¿Y diez minutos, al menos? ¿Podría ser esta una fuente de estrés para las dos?

¿Cada vez que doy una orden a Rosy, estoy buscando pelea con ella?

Creo que, para ser una madre estadounidense, soy relativamente despreocupada. Tanto Matt como yo intentamos conceder una gran libertad a Rosy. Valoro sin reservas la independencia y la autonomía, y quiero que mi hija goce de ambas. Sin embargo, en comparación con las madres hadza y mayas, soy una pánfila cargante. No, eso es quedarme corta: soy una auténtica marimandona. Mis intenciones son admirables; intento enseñarle a ser una buena persona y a hacer las cosas como es debido. Pero empiezo a preguntarme si tal vez este estilo de crianza esté produciendo el efecto contrario en Rosy: convertirla en una niña con más necesidades, más exigente y dependiente.

Al observar a los padres hadza en acción, me percato de que me paso el día dictando órdenes. De hecho, voy buscando excusas para darlas: «Rosy, vigila el fuego», «No trepes demasiado alto en esos peñascos», «Deja de agitar ese palo», «No comas demasiadas magdalenas», «Límpiate la cara», «¡Párate antes de cruzar!». Incluso indico a Rosy lo que debe decir («Da las gracias»), dónde colocar las partes del cuerpo («Rosy, no te chupes el dedo») y qué debe sentir («Rosy, deja de llorar. No estés enfadada»). No solo le llamo la atención cuando infringe una regla o se porta mal, sino también cuando simplemente intenta ayudar o tomar parte en una actividad. Y, para mantenerla a salvo, restrinjo sus movimientos a un diminuto espacio de pocos metros cuadrados en torno a mí: «Rosy, baja de ese muro», «Rosy, no corras por la acera». Rosy, Rosy, Rosy, Rosy. Es una letanía interminable de órdenes.*

Ahora que lo pienso, incluso cuando doy «opciones» a Rosy —o le formulo preguntas que empiezan por «¿Quieres...?»— estoy limitando su experiencia al dirigir su atención o gestionar su comportamiento. No dejo de intentar controlarla.

---

* Tras regresar a San Francisco, conté cuántas órdenes doy a Rosy cada hora. Interrumpí el experimento pronto, porque, al cabo de diez minutos, estaba registrando entre una y dos órdenes por minuto, es decir, más de cien órdenes por hora.

Durante nuestra estancia en Tanzania y México, nunca oí a los padres hadza o mayas preguntar a sus hijos «¿Quieres...?». Y, desde luego, no les ofrecían «opciones». En cambio, yo hago ambas cosas a todas horas.

¿Por qué? ¿Por qué siento una necesidad tan fuerte de dominar el comportamiento de Rosy? ¿Para guiar sus pasos y reducir los caminos que puede elegir en la vida? Me lo pregunto todas las noches en Tanzania mientras le froto la espalda en la tienda de campaña para que se duerma. Llego a una conclusión sencilla: creo que esa es la misión de un buen progenitor. Creo que cuantas más cosas digo a Rosy —cuantas más instrucciones le doy—, mejor madre soy. Creo que todas estas órdenes la mantienen a salvo y le enseñan a ser una persona respetuosa y amable.

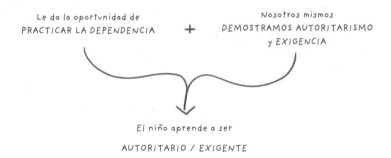

LO QUE NUESTRO AUTORITARISMO / EXIGENCIA ENSEÑA AL NIÑO

Le da la oportunidad de
PRACTICAR LA DEPENDENCIA
+
Nosotros mismos
DEMOSTRAMOS AUTORITARISMO
y EXIGENCIA

El niño aprende a ser
AUTORITARIO / EXIGENTE

Pero ¿sirven de algo esas órdenes, o resultan contraproducentes? Recordemos la fórmula para educar al niño: practicar, demostrar, reconocer. Con estas órdenes, ¿qué practica Rosy y qué ejemplo ofrezco yo?

Conceder a los niños una libertad y una independencia muy

amplias tiene un precio, ¿no? Cuestiones de seguridad aparte, dejar que decidan en cada momento lo que deben hacer sin duda tiene consecuencias sobre la conducta. Si doy órdenes a mi hija, no es solo para oír el sonido de mi voz. Si dejara de impartirle directrices claras y explicaciones coherentes sobre las consecuencias de sus actos, ¿acaso no estaría criando a una mocosa autocomplaciente?

En palabras de un psicólogo, otorgar mucha libertad a un pequeño parece una «fórmula para el desastre..., para crear niños mimados y exigentes que se convertirán en adultos mimados y exigentes».[7] Algo así como el personaje de Veruca Salt en *Charlie y la fábrica de chocolate*: «¿Y mi billete dorado? ¡Quiero mi billete dorado!».

Pero, en realidad, durante el tiempo que pasé en Tanzania no vi a un solo crío comportarse como Veruca Salt. Tampoco en la aldea maya. De hecho, en ambos lugares fui testigo de lo contrario. Vi a niños que lloriqueaban, exigían y gritaban mucho menos que los occidentales. Niños que trataban a los demás con consideración, con ganas de ayudar a sus familiares y amigos, que derrochaban iniciativa, curiosidad y seguridad en sí mismos.

No soy ni mucho menos la primera que ha reparado en esta paradoja. Numerosos antropólogos, psicólogos y periodistas han escrito sobre esto. Después de convivir con los cazadores-recolectores Ju/'hoansi en el desierto del Kalahari, la escritora Elizabeth Marshall Thomas resumía esta idea de forma elocuente: «Libres de frustraciones y ansiedad [...], los niños ju/'hoansi son el sueño de cualquier padre. Dudo que ninguna otra cultura haya educado a niños mejores, más inteligentes, simpáticos y decididos».[8]

¿Qué ocurre aquí? ¿Cómo es posible que una vida exenta de castigos y normas dé como resultado niños hadza seguros de sí mismos y colaboradores, mientras que en nuestra cultura se la relaciona con la autocomplacencia y el egoísmo?

La respuesta es indudablemente compleja. Los niños son como botellas de vino: el producto final no solo depende de lo que haga el vitivinicultor (el padre) durante el proceso de fermentación (crianza), sino también del entorno en el que se cultiva la vid (los valores de la comunidad). Dicho esto, al parecer hay un factor especialmente crítico a la hora de educar hijos resueltos y atentos: los niños hadza no gozan simplemente de libertad o independencia, sino de autonomía. Y esto marca una enorme diferencia.

Me crie en una pequeña población rural encajonada entre las montañas Blue Ridge y el límite de los barrios de las afueras de la ciudad de Washington. En general, tuve una típica infancia estadounidense (con todo el conflicto y la rabia que eso conlleva). Vivíamos rodeados de ranchos de caballos y maizales, en una calle sin salida bordeada de árboles. Unos jóvenes pasaban zumbando por el asfalto en pequeñas «bandas de moteros» y varios adolescentes jugaban al fútbol americano en nuestro patio delantero, con placajes y todo. Cuando no estaba en el colegio, centraba toda mi vida en una cosa: la aventura. En verano, me levantaba, me comía un bol de cereales, me enfundaba unos vaqueros recortados y me dirigía hacia la puerta. ¡Me encantaba aquello! Me encantaba explorar el arroyo que discurría por detrás de casa, a menudo descalza y con la parte de arriba del biquini. Cuando nos daba hambre, mis amigos y yo atravesábamos un prado donde pastaban las vacas hasta un 7-Eleven cercano y comprábamos perritos calientes gigantes.

Mi madre no sabía dónde me pasaba toda la mañana, hasta la hora de comer. Tampoco parecía importarle mucho. Nunca me instaba a regresar a casa para ayudarla a guardar la compra o doblar la colada. Y yo desde luego no buscaba maneras de echarle una mano. Sentada en el bordillo delante de la tienda, dando bocados al perrito caliente, ni se me pasaba por la cabeza comprar leche o cereales para el desayuno del día siguiente. Era independiente, sí, pero no autónoma..., al menos no como lo es Belie.

Es fácil confundir autonomía con independencia. Antes de escribir este libro, yo misma creía que eran sinónimos. Pero, en realidad, los dos conceptos tienen significados distintos, y esta diferencia es fundamental para entender cómo se las arreglan los padres cazadores-recolectores para criar a niños tan autosuficientes y a la vez tan atentos. También es clave para comprender un enfoque educativo que no se basa en el control, sino en una colaboración con los hijos que lima las asperezas de la relación y ayuda a los niños a sentirse menos inquietos.

AUTONOMÍA

Intenta limitar las órdenes, peticiones o preguntas a tres cada hora.	Espera-un-poco antes de dar instrucciones a un niño: pregúntate si es realmente necesario.	Reserva las peticiones y las órdenes para las relaciones del niño con la familia (por ejemplo, para enseñarle a ser atento y generoso).

La diferencia estriba en la conectividad. Independencia significa no necesitar ni dejarse influir por nadie. Un niño independiente funciona como un planeta solitario. Vive desconectado de los demás. No tiene obligaciones para con su familia o la comunidad que lo rodea. La familia y la comunidad, por su parte, no esperan nada de él. Independencia es un gato callejero que solo responde ante sí mismo, o la Michaeleen de diez años, descalza durante los cálidos días de verano.

No es Belie de Tanzania ni Ángela de Yucatán.

Los niños hadza y mayas tienen una gran cantidad de conexiones y obligaciones para con otras personas, jóvenes, mayores o de edades intermedias. Estas conexiones están presentes en casi todos los momentos de su vida. Incluso cuando los niños van en bici por el pueblo, escalan peñascos en lo más recóndito de la maleza o corren aventuras, como yo cuando tenía su edad, siguen estrechamente conectados con sus familias y comunidades. Esos niños no son planetas solitarios. Forman parte de un sistema solar y giran unos alrededor de otros, experimentando los efectos de la gravedad de los demás, que los estabiliza.

Dichas conexiones adoptan dos formas: las responsabilidades hacia los demás y una red de seguridad invisible.

Empezaremos por la primera.

Responsabilidades hacia los demás

Cuando los niños hadza salen a jugar o pasan el rato en el campamento, disfrutan de libertad. No cabe la menor duda. Sin embargo, sus padres complementan esa libertad con otra cosa: la expectativa de que ayuden a su familia.

Esta expectativa se hace patente durante todo el rato que pasamos con Belie. Para empezar, las mamás y las abuelas la llaman a menudo para que les eche una mano. Le encargan tareas pequeñas, como vimos en la parte anterior del libro. «Belie, ve a buscar un cuenco», dice una de las abuelas después de moler semillas de baobab con una piedra. «Belie, tráemelo», le pide una madre cuando su bebé rompe a llorar y hay que darle de comer. Cada vez que llega la hora de adentrarse en la maleza, una mamá o una prima mayor indica a Belie que cargue con algo (leña o una botella de agua, por ejemplo), que recolecte algo (como frutos de baobab) o cuide de alguien (de Tetite, por ejemplo). Y cada vez que se sientan a comer, no solo cuentan con que Belie comparta su comida con los más pequeños, sino también con que los alimente a ellos primero. (De hecho, las madres y los padres de la comunidad le han enseñado a actuar así desde su más tierna infancia, por medio de la fórmula de practicar, demostrar y reconocer).

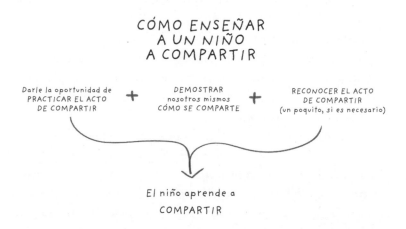

CÓMO ENSEÑAR
A UN NIÑO
A COMPARTIR

Darle la oportunidad de PRACTICAR EL ACTO DE COMPARTIR **+** DEMOSTRAR nosotros mismos CÓMO SE COMPARTE **+** RECONOCER EL ACTO DE COMPARTIR (un poquito, si es necesario)

El niño aprende a COMPARTIR

En esencia, cada vez que las mujeres realizan una tarea, piden a Belie que colabore, que ponga su granito de arena. No le dan muchas órdenes, tal vez solo una o dos cada hora (¡en vez de las cien que imparto yo!). Hay veces en que las mamás ni siquiera abren la boca, sino que se limitan a conectar a Belie con el grupo por medio de sus actos para asegurarse de que ella contribuya a la consecución de sus objetivos colectivos. Por ejemplo, cuando salimos en busca de tubérculos, una de ellas tiende a Belie un palo de escarbar. En otra ocasión, le pasa a un bebé para que lo sostenga. O bien señala en dirección al cubo para pedirle que lo llene de agua. Belie siempre se muestra encantada de ayudar y orgullosa de colaborar.

Incluso cuando se aleja jugando del campamento y no tiene a ningún adulto cerca, mantiene su compromiso con el grupo y la voluntad de ser útil. ¿Cómo? Vigila a Tetite y los otros niños pequeños. Los progenitores le han enseñado a echar una mano con las criaturas, labor que Belie se toma muy en serio. ¿Te acuerdas de cuando Tetite nos siguió hasta los peñascos? No reparé en ella hasta que le hizo falta ayuda. Belie, en cambio, había estado pendiente de la niñita desde el principio. Cuando descubrí a Tetite, Belie ya estaba bajando por las peñas para asegurarse de que estuviera a salvo.

Al observar a las mujeres hadza con Belie durante unos días, compruebo lo fácil que es conseguir que los niños pongan de su parte... y lo mucho que yo estaba complicando las cosas. Estaba dándole demasiadas vueltas.

Para empezar, encomendaba a Rosy tareas demasiado complejas para ella (como «Limpia el salón», «Dobla la ropa» o «Ven y ayúdame con los platos»). Obtengo muchos mejores resultados cuando le pido que se encargue de una parte muy muy pequeña de la tarea que yo ya estoy llevando a cabo (por ejemplo, le digo: «Pon este libro en el estante» mientras le alargo un libro, «Guarda esta camiseta en tu cajón» mientras le paso una camiseta o «Mete este bol en el lavavajillas» mientras le tiendo un bol). Estas órdenes tan sencillas reducen mucho las probabilidades de que Rosy se resista a cumplirlas y aumentan en gran medida sus posibilidades de ejecutarlas con éxito.

Por otro lado, yo edulcoraba demasiado mis peticiones con florituras excesivas y un lenguaje recargado (diciéndole, por ejemplo: «Rosy, ¿te importaría ayudarme a recoger la mesa de la cena?» o «Rosy, ¿serías tan amable de llevar este café a tu padre?»). En vez de eso, puedo ponerle un plato sucio en la mano y decirle: «Lleva esto a la cocina», o entregarle la taza y pedirle: «Lleva este café a papá». ¡Y ya está! Así de sencillo, así de claro. Y con muchas más posibilidades de que consiga un resultado.

Según la psicóloga Sheina Lew-Levy, al salpicar las actividades cotidianas con estas peticiones, los padres enseñan a los hijos a orientar sus ocupaciones y su atención hacia los demás. Los niños aprenden a estar atentos a las necesidades de otras personas, y luego ofrecerse a ayudar siempre que puedan.

De paso, aprenden también a tomar decisiones por sí mismos. Al mismo tiempo, sostiene Sheina, se espera que todos arrimen el hombro y participen. «Así pues, niños y adultos actúan por iniciativa propia. Nadie les dice lo que tienen que hacer. Sin embargo, a fin de cuentas, todo el mundo aporta comida al grupo. La comparten. Piensan en la comunidad.»*[9]

Este sistema es una manera preciosa de educar a los hijos, porque les proporciona dos cosas que ansían y necesitan: libertad y trabajo en equipo.

Siempre me habían parecido conceptos contradictorios, pero con este enfoque educativo las dos ideas se compensan mutuamente, y una hace aflorar las ventajas de la otra. Es como un melocotón bien maduro. Cuando lo mordemos, la boca se nos llena de dulzor. Pero, como bien señala la chef Samin Nosrat en su libro, el melocotón posee otra cualidad, la acidez, que contrarresta el sabor dulce.[11] Es gracias a esta combinación que resulta tan sabroso.

---

* Descubrí una estructura similar en la aldea maya.[10] Cuando los niños corretean y juegan por el pueblo, se espera que los chicos mayores cuiden de los más pequeños, permanezcan vigilantes, procuren que no se hagan daño y los protejan. Y se espera de los niños de todas las edades que permanezcan atentos y disponibles por si sus padres necesitan su ayuda (es decir, que sean acomedidos). Si uno de ellos oye la llamada, como dice María de los Ángeles Tun Burgos, sabe que debe acudir a casa y ayudar a la familia.

Lo mismo sucede con la educación de los hijos. La libertad (el dulzor), por sí sola, puede dar lugar a niños egoístas. Pero si se añade una pizca de trabajo en equipo (acidez), se le infunde generosidad y seguridad en sí mismo. Se obtiene el melocotón perfecto.

Una noche después de nuestro regreso a San Francisco, durante la cena, Rosy resume de manera elocuente este estilo de crianza: «Todos hacen lo que quieren, pero deben ser buenos, compartir y ayudar».

La red de seguridad invisible

Los padres mayas y hadza no se limitan a permitir que sus hijos se marchen corriendo de casa y a esperar con los dedos cruzados que no les pase nada. En vez de ello, han establecido una estructura para mantenerlos a salvo. A mi modo de ver, es como una red de seguridad invisible, porque el niño no se entera de que existe hasta que necesita ayuda.

Para empezar, los progenitores de estas culturas rara vez dejan a los pequeños totalmente solos. A mis ojos occidentales, parecía que estuvieran solos, pero cuando me fijaba un poco mejor, me percataba de que no era así en absoluto. La etnopsiquiatra Suzanne Gaskins me dijo en cierta ocasión, a propósito de Chan Kajaal: «Siempre hay alguien vigilando». Crees que estás solo, pero la gente lo observa todo.

«La imagen que tengo de un padre maya, o de un chico mayor maya, es la de alguien que se mantiene al margen, previendo la ayuda hasta que llega el momento de prestarla, de una manera tan sutil e impecable que casi no se nota —afirma Suzanne—. De este modo, el niño de menor edad a veces ni siquiera se da cuenta de que lo han ayudado.»[12]

Lo mismo ocurre con los padres hadza, especialmente con los hombres. En Tanzania, a menudo creo que estoy a solas en la maleza —haciendo «mis cosas» o simplemente tomándome un descanso de Rosy— cuando, de pronto, uno de los papás aparece en un árbol a dos metros de distancia o pasa corriendo delante de mí por un sendero cercano. «Caray —pienso—. ¿Cómo sabía que yo estaba en este sitio tan apartado?»

Cuando regreso al campamento, el hombre dice algo que pone de manifiesto que estaba velando por mí todo el rato. Incluso en aquella ocasión en que salimos a cazar con Thaa y sus amigos, estaba convencida de que Rosy y yo nos habíamos quedado tan rezagadas que nadie del grupo veía lo que hacíamos. Me equivocaba de medio a medio. Durante toda la cacería, Thaa nos rodeaba sin hacer ruido hasta situarse detrás de nosotras para asegurarse de que no nos perdiéramos. Era tan sigiloso que no reparé en su presencia en ningún momento. De hecho, fue gracias a su «red de seguridad invisible» que me gané mi nombre hadza: Espera-un-poco (Hon!o!oko).

Ahora que lo pienso, Thaa es capaz de rastrear gatos monteses e impalas en la maleza. Echar un ojo a un «*tok'oko*» —y a su madre de mediana edad— seguramente no supone el menor problema para él.

Cuando los padres no pueden encargarse en persona de «echar un ojo» a una criatura, se aseguran de que un chico mayor lo acompañe para echarle una mano. En cuanto los niños pueden caminar, los educan para que cuiden de los hermanos menores. Por consiguiente, cuando llegan a la edad de Belie, cinco o seis años, son cuidadores muy competentes. Saben cómo mantener a salvo a los críos, cómo darles de comer y cómo consolarlos cuando lloran. A su vez, los chicos mayores (hermanos y amigos) colaboran cuidando de los más pequeños. Esto da pie a una hermosa jerarquía de cariño y apoyo. Los adolescentes

ayudan a los niños medianos, que a su vez ayudan a los pequeños, y todo el mundo ayuda a los bebés.

En ocasiones, los padres encargan a uno de los chicos de
más edad (o a otro adulto) que siga, con discreción, a uno de los
pequeños cuando lo envían a hacer su primer recado. El hermano mayor permanece fuera de la vista del pequeño, para que este
tenga la sensación de estar cumpliendo con el recado sin ayuda.
En Yucatán, María me contó que utiliza esta estrategia cuando
uno de sus hijos está aprendiendo a ir a hacer la compra solo.[13]
«Alexa [que entonces tenía cuatro años] siempre quiere ir sola a
la tienda de la esquina —me dijo—. Yo la dejo, pero pido a una
de sus hermanas que vaya detrás de ella, porque me da miedo
que se pierda.»

En conclusión, conceder autonomía a los hijos no implica
sacrificar su seguridad. Simplemente significa guardar silencio y
no intervenir; observar desde lejos, para que los niños puedan
explorar y aprender por sí mismos. Si el niño se expone a un
peligro —un peligro real—, acudimos de inmediato en su auxi-
lio.

La autonomía resulta de lo más beneficiosa para los niños de
todas las edades. Innumerables estudios la relacionan con un
montón de rasgos positivos, como la motivación interna, la independencia, la seguridad en uno mismo y mejores funciones ejecutivas. En resumen, todas las cualidades que observo en Belie.
A medida que el niño se hace mayor, la autonomía se traduce en
un mejor rendimiento escolar, más posibilidades de éxito laboral y un menor riesgo de caer en el consumo de alcohol y drogas.
«Como el ejercicio y el sueño, parece tener efectos positivos en
casi todo», escriben el neuropsicólogo William Stixrud y Ned
Johnson en su libro *The Self-Driven Child* [El niño autónomo].[14]

LO QUE LA AUTONOMÍA ENSEÑA AL NIÑO

Le da la oportunidad de PRACTICAR LA AUTOSUFICIENCIA   +   Demuestra CONFIANZA en el niño

El niño aprende a tener AUTOSUFICIENCIA y CONFIANZA EN SÍ MISMO

En esencia, cuando me hago a un lado, espero-un-poco y dejo que Rosy se relacione sola con el mundo, le transmito varios mensajes importantes. Le hago saber que es competente y autosuficiente, que puede resolver problemas sin ayuda, que puede enfrentarse a todo aquello que la vida le depare. Recordemos la fórmula: al dejar que Rosy actúe según su criterio, le brindo la oportunidad de practicar la autosuficiencia y la independencia, y demuestro respeto hacia los demás.

En cambio, cuando le doy instrucciones y dirijo sus actividades sin parar, mino su autoconfianza, a pesar de que mi intención es ayudarla. Le brindo la oportunidad de practicar la dependencia y el sentimiento de carencia.[15] Y demuestro un comportamiento autoritario y exigente.

Mi autoritarismo adolece de otro inconveniente: entorpece el crecimiento tanto físico como mental de Rosy. Las familias hadza son conscientes de este efecto sobre los niños. «Como les concedemos tanta libertad y ellos participan en todas las actividades desde una edad temprana, nuestros niños aprenden a ser independientes mucho antes que los de otras sociedades», explicaba un grupo de ancianos de la tribu en el libro *Hadzabe:*

By the Light of a Million Fires [Los hadza: A la luz de un millón de hogueras].[16]

De hecho, cuando los niños no gozan de autonomía suficiente, a menudo los embarga una sensación de impotencia ante la vida. «Muchos niños [estadounidenses] se sienten así siempre», escriben Bill y Ned en *The Self-Driven Child*.[17] Esto les provoca un estrés crónico que, con el tiempo, puede dar paso a la ansiedad y la depresión. En opinión de ambos, la falta de autonomía es con toda probabilidad una de las principales razones de la elevada incidencia de ansiedad y depresión entre los niños y los adolescentes de Estados Unidos.

En la cultura occidental, no se nos da muy bien conferir autonomía a nuestros hijos. Creemos que sí. Lo intentamos. Pero, en realidad, muchos niños tienen escaso control sobre su vida diaria. Les imponemos horarios y rutinas estrictas, y procuramos que los supervise un adulto en todo momento a lo largo del día. Al final, acabamos por macrogestionar sus vidas y microgestionarlas a la vez. Por si fuera poco, generamos una enorme cantidad de estrés tanto en los niños como en nuestra relación con ellos.

La autonomía constituye el «antídoto contra este estrés», en palabras de Bill y Ned.[18] Cuando sentimos que podemos influir sobre nuestra situación inmediata y la dirección que lleva nuestra vida, el estrés se reduce, la mente se tranquiliza y las cosas se vuelven más fáciles.

«El mejor regalo que los padres pueden hacer a sus hijos es la oportunidad de tomar sus propias decisiones —afirma la psicóloga Holly Schiffrin—. Los padres que "ayudan" demasiado a sus hijos se someten a una tensión excesiva y no los preparan bien para la vida adulta.»[19]

En otras palabras, mamá Michaeleen, tienes que esperar-un-poco antes de impartir instrucciones, indicaciones u órdenes.

Simplemente espera-un-poco. Porque Rosy tiene capacidad de sobra para aprender y descubrir por sí misma cuál es el comportamiento apropiado. Y con frecuencia me sorprende todo lo que es capaz de hacer.

Consejo práctico 8: Refuerza la seguridad y la independencia

En resumen: hay dos maneras principales de ayudar a fomentar la autonomía de nuestros hijos y suavizar a la vez los conflictos y la resistencia:

1. Reducir el número de órdenes y otras intervenciones verbales (como hacer preguntas o peticiones, u ofrecer alternativas).
2. Empoderar al niño enseñándole a lidiar con obstáculos y peligros, lo que a su vez nos permite impartir menos órdenes.

Para empezar

- **Intenta dar solo tres órdenes por hora.** Programa un temporizador de veinte minutos en el móvil. Durante ese tiempo, limítate a dar una orden verbal a tu hijo. Resiste el impulso de indicar al niño lo que debe hacer, comer o decir, o cómo debe comportarse. Tampoco le hagas preguntas sobre lo que quiere o necesita. Si es absolutamente necesario corregir su conducta, hazlo de manera no verbal, por medio de acciones o expresiones faciales. Esfuérzate al máximo por dejar al niño a su aire, incluso si infringe «normas» o hace algo que no soportas. (Recuerda que son solo veinte minutos.)

Si el pequeño acaba metido en una situación poco segura,

espera un momento para ver si puede salir de ella por sí mismo antes de intervenir. Si no, acércate y aleja el peligro físico o aparta de este al niño.

Cuando hayan pasado los veinte minutos, evalúa cómo os sentís tu hijo y tú. ¿Estáis más tranquilos y relajados? ¿Él se encuentra menos estresado? ¿Se ha mitigado el conflicto?

Prueba este ejercicio con una actividad que genere estrés y conflicto en el hogar (como preparar al niño para ir al colegio o para acostarse). Al final, es posible que él no muestre el comportamiento o la actitud que tú deseas. Quizá acabe por ir al cole con el cabello enmarañado o los zapatos desparejados, pero los beneficios psicológicos para la familia compensarán con creces estas cuestiones estéticas.

Una vez que te sientas a gusto con los veinte minutos, prueba a aumentar el tiempo a cuarenta, y luego a una hora. Al cabo de un mes, más o menos, fíjate en si aprecias alguna diferencia en el comportamiento de tu hijo y su relación contigo. ¿Muestra más seguridad en sí mismo? ¿Se han reducido los conflictos?

• **Deja de ser un ventrílocuo.** No era consciente de hasta qué punto actuaba como ventrílocua de Rosy hasta que advertí que los padres hadza nunca hablan por sus hijos ni les indican lo que deben decir. Jamás.

En cambio, yo respondo continuamente a preguntas dirigidas a Rosy («¡Sí, a Rosy le encanta el cole!») o le doy instrucciones sobre lo que tiene que decir («Da las gracias, Rosy»). Le arrebato la voz.

Así que, cuando regresamos del viaje a Tanzania, simplemente dejo de hablar por ella o de indicarle lo que debe decir (o, al menos, hago todo lo posible por evitarlo). Como consecuencia, ella a veces parece maleducada con otras personas. Pero confío en que aprenderá y descubrirá cuál es el comportamiento apropiado (gracias a la fórmula). Y si creo que en algún momento es importante que demuestre gratitud, le preguntaré más tarde: «¿Qué habría hecho una chica mayor?», y no incidiré más en el asunto.

En el caso de un niño de más edad, ponte como objetivo dejar que hable siempre que sea posible y cada vez más conforme aumenten su seguridad y sus capacidades. Deja que pida sus platos en el restaurante, que programe sus actividades extraescolares, que zanje discusiones con los amigos y, siempre que surja la oportunidad, habla con sus profesores, entrenadores e instructores sobre sus éxitos y errores. Si el niño no está acostumbrado a enfrentarse a estas situaciones solo, acompáñalo para echarle una mano. Infórmale de antemano de que puede hablar por sí mismo y dile que confías en él, y luego ve con él tan solo para darle apoyo, en caso de que lo necesite. Contén el impulso de interrumpirlo. «En una tienda, o en presencia de un instructor o entrenador, una opción es mantenerte al margen físicamente y evitar el contacto visual para dejar claro al adulto que tu hijo es su interlocutor», escribe Julie Lythcott-Haims, exdecana de Stanford, en su libro *How to Raise an Adult* [Cómo criar a un adulto].[20]

Julie aclara que si tu hijo es tímido, introvertido o tiene necesidades especiales es posible que tengas que intervenir más. «Tú conoces a tu chico mejor que nadie [...]. Pero si dices algo en su nombre, ten presente que sois dos personas distintas y que no puedes hablar por él literalmente. Puedes decir: "Jasmine me comenta que se siente..." o "Jordan me cuenta que está interesado en...".»[21]

En toda circunstancia, deja que tu hijo tome la iniciativa y te demuestre en qué conversaciones puede manejarse sin ayuda.[22] Reprime el ansia de interrumpirlo, pase lo que pase, incluso si se equivoca o se olvida de puntos esenciales. Espera-un-poco antes de hablar. Julie señala que, algún día, tu hijo tendrá que desenvolverse en esas conversaciones solo. Ahora es el momento de practicar las habilidades correspondientes.

- **Deja que el niño resuelva sus discusiones solo.** Los padres inuit del Ártico me daban este consejo una y otra vez. En esencia, cuando los niños discuten entre ellos lo mejor es hacerse a un lado y no interferir. Tu intromisión solo echaría más leña al fuego e impediría a tu hijo aprender a superar las desavenencias. Solo debes intervenir si los niños empiezan a hacerse daño (daño de verdad). Si un crío acude a nosotros para quejarse de otro, lo mejor es limitarse a asentir con la cabeza diciendo: «Mmm». Los niños saben lo que deben hacer. No necesitan que valides sus sentimientos, sino autonomía.

Para profundizar

- **Sáltate una norma.** ¿Hay algo que tu hijo tenga muchas ganas de hacer solo, sin tu ayuda, pero tú siempre lo acompañas o intentas impedírselo? Puede ser ir en bicicleta al colegio o a la tienda de la esquina, o bien usar el cuchillo de cocina, asar algo en la parrilla o cocer pasta. Sigue el consejo de María, de Yucatán: ¡Deja que lo haga! Y, mientras tanto, crea una red de seguridad invisible en torno a él. Si sale de casa, espera-un-poco y luego síguelo con sigilo (o pide a un hermano mayor que lo siga). Si quiere utilizar un cuchillo o un utensilio similar, hay que modificar la situación de manera que no se haga daño. Dale un alimento fácil de cortar (como apio o fresas), ofrécele un cuchillo sin filo o deja que use uno de verdad durante unos treinta segundos, y a continuación cámbiaselo por uno romo. En todas estas situaciones, el objetivo es el mismo: otorgar un poco más de libertad al niño y dejar que practique una nueva habilidad.
- **Enseña al niño a evitar o manejar riesgos en casa y en el barrio.** En la cultura occidental, protegemos del peligro a bebés, niños

y preadolescentes. Tapamos los enchufes con plásticos; guardamos los cuchillos en los estantes más altos; cuando un crío que apenas sabe andar se acerca tambaleándose a una barbacoa, corremos hacia él gritando («¡Para! ¡Espera! ¡Está caliente!»). Al permanecer siempre en guardia, los mantenemos a salvo. Pero menudo estrés supone esto para todos.

Mientras tanto, en la mayoría de las culturas, los niños más pequeños aprenden —de forma segura— cómo usar los cuchillos, ocuparse del fuego, cocinar en los fogones e incluso cómo disparar con arco o lanzar un arpón. Los detalles concretos de esta formación dependen de la edad del niño, sus aptitudes personales y el grado de peligrosidad de la actividad. Sin embargo, la idea sigue siendo la misma en todos los casos: ¡Aplica la fórmula! Practicar, demostrar y reconocer.

¡Resulta que los niños están deseosos de adquirir esos conocimientos! Les encanta. Los más pequeños ven que los padres usan cuchillos, el calor y la electricidad para tareas tan asombrosas como trocear, cocer e iluminar. ¿Cómo no iban a querer participar en el proceso?*

• **Para bebés y niños pequeños (que gatean y andan).** Tomaremos como ejemplo el fuego y la electricidad.

Empieza por enseñar al bebé o niño pequeño qué objetos del hogar (y del barrio) están «calientes». Cuando un fogón esté

---

* Bien mirada, la idea tiene su lógica. Enseñamos a los bebés a expresar con señas palabras como «leche» o «más» cuando aún no saben hablar. ¿Por qué no enseñarles también conceptos como «caliente» o «afilado», para que aprendan a no hacerse daño? De este modo, cuando empiezan a andar, van mejor encaminados para entender lo que deben evitar y lo que deben manipular con cuidado. Y más tarde, cuando tienen tres o cuatro años, como Rosy, no solo tienen cuidado cuando hay un cuchillo o una llama encendida cerca, sino que muestran interés por aprender a utilizar los objetos peligrosos de manera adecuada.

encendido, señálalo y di algo como «¡Caliente!». Luego, dramatiza lo que ocurriría si lo tocaras. «¡Ay! Eso me dolería.» Señala
el enchufe y di lo mismo: «¡Caliente! ¡Ay!».

Luego, si un miembro de la familia o tú os quemáis por acci-
dente, mostrad al niño la quemadura para que vea lo que ocurre
cuando uno no toma precauciones con las cosas que están «calientes». Dile algo así como: «¿Ves lo que pasa cuando no se
tiene cuidado y se toca el fogón? ¡Ay! Duele».

Si un pequeño muestra interés por un utensilio que parece
demasiado peligroso para él, anímalo a mirar cómo lo utilizas.
Luego aprovecha ese interés para enseñarle nociones básicas de
seguridad. Por ejemplo, cuando tenía cerca de dos años y medio,
Rosy estaba fascinada por el fuego, así que mi esposo le enseñó a
apagar una vela soplando. A mi hija le gustaba tanto el extintor
que se pasó una semana llevándolo consigo por toda la casa, e incluso tuvimos que poner un cubierto en la mesa para «Tim Tor».

• **Para niños de aproximadamente tres años o más.** Asegúrate de
que el niño tenga muy claro lo que hay que hacer para evitar
el peligro (ver el punto anterior). En caso afirmativo, está en
condiciones de empezar a practicar el manejo del riesgo. Para el
caso del fuego, enséñale a encender un fogón o el horno, a remover una cacerola con agua hirviendo, a dar la vuelta a una tortita
en la sartén o a fundir mantequilla en un cazo. Por lo que respecta a los instrumentos cortantes, primero da a tu hijo un cuchillo de sierra para la carne, y aumenta poco a poco el grado de
peligrosidad hasta que pruebe con un cuchillo pelador romo. Se
trata de proporcionarle algo lo bastante afilado para que resulte
útil, pero no tanto como para que se haga daño. A continuación,
fíjate en cómo desarrolla su habilidad. Si maneja con soltura un
cuchillo determinado y pide uno más afilado, permite que
pruebe con algo fácil de cortar, como plátanos o pepinos pequeños. No hay ninguna necesidad de acelerar el proceso. Si el niño

está contento de cortar con un cuchillo para mantequilla, deja que siga haciéndolo.

Para perfeccionar

- **Busca zonas de autonomía.** Muchas familias estadounidenses viven cerca de vías transitadas, cruces peligrosos y barrios poblados por desconocidos. A pesar de ello, aún es posible encontrar lugares donde los niños pueden gozar de una autonomía (casi) completa y los padres pueden relajarse (mientras practican la nueva regla de las «tres órdenes por hora»).

En cada zona de autonomía, es aconsejable aplicar la misma estrategia: enseñar al niño a manejar o evitar los peligros que existan en el entorno para no tener que darle instrucciones en todo momento. Con este fin, podemos seguir tres pasos:

- **Identificar los peligros.** Para empezar, paséate cerca del niño mientras explora el entorno. Sé su red de seguridad invisible. Permanece atento a cualquier posible peligro: pendientes empinadas, charcas, objetos afilados. Cataloga esos peligros en tu mente. No digas nada a tu hijo si no repara en ellos o no muestra el menor interés. Indicar un peligro a un niño es buscarse problemas.

- **Mantente al margen.** Siéntate en algún sitio, coge un libro (o algo en lo que estés trabajando) y relájate. Deja que el niño explore por sí solo. Cuenta el número de órdenes que le das, y procura limitarlo a tres por hora.

- **Forma una red de seguridad invisible.** Si el pequeño se acerca a uno de los peligros, vigílalo con más atención. Cuanto más tiempo pase cerca de la amenaza, más pendiente debes estar de él. Resiste el impulso de correr hacia él o de lanzarle un grito de advertencia. Espera y observa. Si se muestra interesado por el peligro, acércate con paso tranquilo y procede a aleccionarlo sobre ese peligro (por ejemplo, si es un objeto afilado, dile con voz suave y serena: «Afilado. Ay. Eso dolería»). Si el niño ya conoce ese peligro, recuérdale las consecuencias (en el caso del objeto afilado, dile en tono sosegado: «Podrías cortarte. Ay, qué daño si lo pisaras»). Si sigue sin entender, cógelo de la mano con delicadeza y apártalo de la amenaza. Deja la lección para otro día.

Márcate como objetivo que el niño pase al menos tres horas cada semana en una zona de autonomía, e incrementa poco a poco ese rato hasta unas horas al día, aprovechando el tiempo libre después de las clases y durante los fines de semana.

¿Qué características tiene una buena zona de autonomía? Para niños pequeños, busca grandes espacios abiertos que te permitan verlos incluso desde lejos sin necesidad de seguirlos por todas partes. He aquí unos ejemplos:

➤ Parques con grandes extensiones despejadas
➤ Parques infantiles (me gustan los que tienen arena o tierra blanda para amortiguar las caídas)
➤ Playas (se puede enseñar al niño a evitar el mar)
➤ Jardines comunitarios
➤ Prados
➤ Patios escolares
➤ Parques para perros
➤ Tu casa y tu jardín (o tu terraza, en la ciudad)

Para los chicos mayores, las piscinas y los centros comunitarios son zonas de autonomía estupendas. Acostumbra a los niños a pasar tiempo en estos lugares (o los citados más arriba) hasta que puedas dejarlos allí y recogerlos más tarde. Enséñales a cuidar de sí mismos y de sus hermanos menores. Pídeles que vigilen a los pequeños y se aseguren de que no les pase nada.

• **Convierte tu barrio en una zona de autonomía.** En realidad, la edad ideal para esta zona de autonomía depende del barrio, el niño y la disponibilidad de la red de seguridad (como, por ejemplo, hermanos mayores que puedan cuidar de los pequeños). Dicho esto, nunca es demasiado pronto para que los niños se familiaricen con los alrededores de la casa. Empieza a enseñar al niño desde una corta edad a cruzar calles transitadas, fijarse en los coches y tomar conciencia de otros peligros del barrio. Anímalo a jugar fuera de casa lo más a menudo posible mientras tú te quedas en el porche o mirando por la ventana. Amplía gradualmente el radio en el que puede moverse solo o contigo vigilando desde lejos. Refuerza la red de seguridad invisible conociendo mejor a tus vecinos.

a. Presenta tu hijo a tus vecinos. Esto incluye a personas de todas las edades. Invítalos a comer o a tomar un café (o una cerveza). Pide a tu hijo que prepare galletas o algún otro plato para los vecinos y llevádselas juntos. (Esto también constituye una actividad estupenda para practicar el compartir y la generosidad.)

b. Organiza una fiesta vecinal. Después de conocer a todos los asistentes a la fiesta, los vecinos estarán más familiarizados con los niños de la manzana, por lo que será más probable que les echen un vistazo durante sus aventuras autónomas.

c. Anima a tus hijos a jugar con los otros niños del barrio. Invita a los críos de los vecinos a jugar o a ver una película en tu casa. Hazte amigo de sus padres y organiza cenas a las que acudan ellos y sus hijos. Incluso es razonable que un niño pequeño, de unos tres años, vaya corriendo a casa de los vecinos para jugar, por su cuenta (o protegido por la red de seguridad invisible). Como veremos en la siguiente parte del libro, los niños y los padres del vecindario pueden convertirse en alopadres importantes, lo que crea un círculo de seguridad física y emocional en torno a nuestros hijos.

Resumen del capítulo 14:
Cómo educar a un niño seguro

Ideas que recordar

➤ Como a los adultos, a los niños de todas las edades les desagrada que les digan lo que tienen que hacer. Tienen una inclinación natural a aprender de forma autónoma, sin intromisiones.

➤ Cuando damos órdenes a los niños, minamos su seguridad en sí mismos y su independencia.

➤ Cuando les concedemos autonomía y minimizamos las instrucciones que les damos, les transmitimos el mensaje de que son autosuficientes y pueden ocuparse de los problemas por sí mismos.

➤ La mejor manera de proteger a un niño de la ansiedad y el estrés es conferirle autonomía.

➤ Independencia y autonomía son conceptos distintos.

- Un niño independiente vive desconectado de los demás y no es responsable de nadie más que de sí mismo.

- Un niño autónomo es dueño de sus propios actos y toma sus propias decisiones, pero mantiene una conexión constante con familiares y amigos. Se espera de él que colabore, comparta y sea amable, que aporte algo al grupo siempre que sea posible.

Trucos y técnicas

➤ **Fíjate en la frecuencia con que das instrucciones a tu hijo.** Pon un temporizador de veinte minutos en el móvil. Cuenta cuántas preguntas, comentarios y exigencias haces al niño durante ese lapso.

➤ **Limita las órdenes a tres por hora.** Procura no impartir más de tres instrucciones verbales cada hora, sobre todo durante las actividades que se presten a conflictos y discusiones (como prepararse para ir al colegio o para acostarse). Recurre a las órdenes tan solo para enseñar al niño a ser más atento, generoso y responsable para con la familia.

➤ **Encuentra una zona de autonomía.** Identifica lugares de tu ciudad donde niños pequeños y no tan pequeños puedan practicar la autonomía mientras los vigilas de lejos e interfieres lo mínimo. Prueba en zonas verdes o parques infantiles con grandes espacios abiertos, prados y playas. Lleva una revista o material de trabajo y deja que los niños jueguen durante unas horas.

➤ **Convierte tu patio y tu barrio en zonas de autonomía.** Enseña a tu hijo a manejar los peligros que hay en torno a tu casa y tu zona. Para construir una «red de seguridad invisible», conoce a los vecinos y a sus hijos.

➤ **Deja de ser un ventrílocuo.** Plantéate como objetivo dejar de hablar por tu hijo o de indicarle lo que debe decir. Permite que responda a las preguntas que le formulen, que pida sus platos en los restaurantes, que decida cuándo decir «Por favor» y «Gracias». Oriéntalo para que se maneje solo en todas las conversaciones, incluidas las entrevistas con profesores, entrenadores e instructores.

15

Un antiguo antídoto contra la depresión

Cuando el bebé llora, la madre rara vez está sola; otras personas suelen sustituirla o acompañarla en sus intervenciones.

ANN CALE KRUGER Y MELVIN KONNER,
a propósito de su estancia entre mujeres !kung[1]

Cuando Rosy nació, nuestra vida se nos antojaba ideal. Matt y yo por fin habíamos ahorrado lo suficiente para comprar un apartamento que parecía perfecto. Tenía preciosas vistas a la bahía de San Francisco y, cuando la neblina no era demasiado densa, se podía contemplar la salida del sol sobre las colinas del este de la bahía. Además, como diría Ricitos de Oro, el apartamento no era ni demasiado grande ni demasiado pequeño. Tenía una habitación con el espacio justo para ser el cuarto del bebé. Antes de que Rosy llegara, decoré las paredes con grandes búhos amarillos y con el nombre «Rosemary» en letras rosas.

Por si fuera poco, Matt y yo conseguimos el permiso de paternidad para estar con nuestra pequeña. Nos sentíamos afortunados. Y felices.

Las primeras seis semanas de vida de Rosy transcurrieron sin la menor complicación. Matt me preparaba en la tostadora sándwiches de mantequilla de cacahuete y mermelada mientras yo aprendía a dar el pecho al bebé. La pequeña lloraba mucho, pero Matt y yo nos turnábamos para tenerla en brazos y tranquilizarla, y mi hermana tuvo el maravilloso detalle de pasar diez días con nosotros.

Entonces Matt volvió al trabajo, y nuestro mundo cambió de un modo peligroso.

Desde las ocho de la mañana hasta las seis de la tarde, más o menos —es decir, durante unas diez horas—, nos quedábamos solos en el apartamento Mango, nuestro perro, la gruñona Rosy con sus cólicos y yo. Día tras día, hora tras hora, minuto tras minuto. El tiempo empezó a transcurrir con una lentitud exasperante. ¿Qué narices haríamos durante todo el día? Ah, sí, y ¿cómo conseguiría que el bebé se echara una siesta para darme un respiro?

A ratos, sintonizaba la NPR solo para oír otra voz. De cuando en cuando, si me sentía con ánimos, pedía un Uber para asistir a las sesiones de un grupo de apoyo a la lactancia que se reunía en la otra punta de la ciudad. Una tarde, una amiga de la universidad se presentó en casa para saludar y me llevó algo de comer. Pero eso fue todo. Por lo demás, estaba sola, y, conforme los días se sucedían, nuestro apartamento perfecto se convirtió para mí en un espacio de aislamiento. Cada vez que Rosy lloraba, estaba inquieta o chillaba, no había nadie salvo yo para cogerla en brazos, achucharla y tranquilizarla. Yo le procuraba todo el alimento, la comodidad y el cariño que necesitaba. Yo era todo su mundo. Y, poco a poco, gradualmente, ella se convertía cada vez más en el mío.

Sobre el papel, una relación tan estrecha parece algo hermoso, la consolidación de un vínculo afectivo, un sueño hecho realidad. Así lo había imaginado yo. Y esa debía de ser la impresión que daban las fotos que los amigos publicaban en Facebook. La viva imagen de la venturosa y apacible baja por maternidad.

En la práctica, sin embargo, el aislamiento y la soledad tenían para mí un lado oscuro. Al tercer mes, ya no podía con mi alma. Dormía tres o cuatro horas cada noche, a lo sumo, porque no conseguía que Rosy se quedara tranquila en la cuna durante más tiempo. A causa del agotamiento, me faltaba energía para hacer cualquier otra cosa que mantener con vida a ese humano diminuto. Ya no escribía ni leía sobre ciencia. Ya no salía de excursión ni preparaba la cena. Día tras día, sentía que mi identidad se me escapaba por los poros.

Al final, caí en una depresión. Y supe que necesitaba ayuda. Pero me costó muchísimo encontrarla. Me pasé meses llamando a médicos y psicólogos, hasta que por fin sonó la flauta. Encontré un psiquiatra cuyos honorarios estaban cubiertos por nuestro seguro y que tenía un hueco en la agenda. Cuando Rosy cumplió seis meses, yo tomaba antidepresivos e iba al psicólogo una vez por semana. «Tienes que conseguir a alguien que te ayude con Rosy —me dijo una tarde—. ¿Podrías contratar a una niñera? ¿Y volver al trabajo pronto? Necesitas ayuda.»

Y tuve suerte... otra vez. Conseguimos contratar a alguien. Además, pudimos pagar a mi madre los billetes de avión para que nos visitara con regularidad. A pesar de todo, Rosy había establecido vínculos casi exclusivamente conmigo (y más tarde, con Matt y la niñera, después de mucho estrés y muchos gritos). Batallé con la depresión durante años.

Siempre me había culpado a mí misma por haber sido incapaz de sobrellevar bien la vida de madre primeriza. Arrastraba un «lastre» de mi infancia. No busqué suficiente compañía después de que Rosy naciera. No tomé las decisiones apropiadas respecto al cuidado infantil. O quizá padecía una «tara» genética o algún otro tipo de predisposición, pensaba.

Sin embargo, cuando conviví con las familias hadza, comencé a comprender que el problema no era yo. En absoluto.

Hace un millón de años, aproximadamente, algo extraordinario estaba sucediendo en África. Una especie de primates de aspecto curioso estaba evolucionando y desarrollando habilidades asombrosas.

No se trataba solo de su capacidad para andar sobre dos patas. Otras especies la compartían. Tampoco se trataba de su talento para diseñar y realizar una impresionante cantidad de utensilios como cuchillos y hachas. Esas otras especies también lo poseían. Sí, contaba con un cerebro grande..., pero eso tampoco era tan especial.

A primera vista, ese primate presentaba un aspecto bastante similar al de un puñado de especies de homínidos bípedos y de cerebro grande que vivían y vagaban por el continente africano más o menos por la misma época.[2]

Pero alguien que hubiera pasado unos días con una familia de aquellos primates habría notado que algo extraño sucedía. Para empezar, los adultos mostraban una inclinación a colaborar y una empatía fuera de lo común. Realizaban de forma conjunta tareas que otros primates tendían a hacer solos, como construir viviendas o rastrear animales. Casi daba la impresión de que se leían la mente unos a otros. Eran capaces de comprender los objetivos de otros congéneres y luego ayudarlos a alcanzarlos.

Y más curioso todavía, tal vez, era que los bebés necesitaban cuidados constantes. La pobre señora primate daba a luz criaturas que, a todos los efectos prácticos, eran seres desvalidos. Ni siquiera podían aferrarse al cuerpo de su madre. Había que prodigarles atenciones durante meses antes de que aprendieran a gatear, y durante un año más antes de que estuvieran en condiciones de huir del peligro. Pero ni siquiera entonces la señora primate quedaba libre de responsabilidades. Tenía que cuidar de cada hijo durante cerca de una década, hasta que se volviera autosuficiente y acumulara las calorías necesarias para cuidar de sí mismo.

La antropóloga Sarah Blaffer Hrdy calcula que durante esos primeros diez años de vida la cría de la primate necesitaría entre diez y trece millones de calorías de energía para madurar del todo. Eso equivale a unos cuatro mil tarros de mantequilla de cacahuete de Trader Joe's. Y no olvidemos que esa especie de primates se dedicaba a la caza y la recolección. No podían ir a la tienda de comestibles a por unos sándwiches o al súper a hacer la compra. Tenían que recoger y rastrear todos los alimentos que su prole necesitaba..., no solo durante semanas o meses, sino durante muchos muchos años.

Como afirma Sarah, era imposible que mamá primate proporcionara a su hijo incluso una pequeña parte de toda esa comida, y menos aún considerando que a buen seguro tenía otra criatura que alimentar o que ya estaba embarazada de otro futuro bebé indefenso e increíblemente exigente.

La señora primate se enfrentaba a un problema: sus vástagos necesitaban muchos más cuidados, alimentos y energía de los que ella era capaz de procurarles por sí misma, o incluso con el apoyo de un compañero competente y cariñoso. Necesitaba ayuda, no solo una visita de fin de semana de una tía lejana, sino ayuda a tiempo completo. Alguien que permaneciera a su lado noche tras noche. Necesitaba ayuda para preparar alimentos, recolectar bayas adicionales y mantener limpio el hogar. Necesitaba a alguien que jugara con los hijos mayores y cogiera a los bebés en brazos cuando ella no pudiera.

Con el tiempo, el problema no hizo más que agravarse. Conforme se sucedían miles y miles de generaciones, los bebés de la especie se volvían cada vez más indefensos, y los niños tardaban más y más en poder valerse por sí mismos.

Tras un salto de ochocientos mil años, esa especie de primates ha adquirido, en esencia, el mismo aspecto que los humanos actuales. Somos nosotros.

En cierto momento, las hembras de *Homo sapiens* empezaron a alumbrar lo que algunos científicos llaman niños «prematuros». Y no me refiero a los partos pretérmino, sino a que todos los bebés humanos nacen prematuramente en comparación con otros primates. Las criaturas humanas no solo son en gran parte unas masas blanduzcas completamente vulnerables y sin la menor coordinación motora, sino que sus cerebros apenas funcionan. De todos los primates vivientes, somos los que nacemos con el cerebro menos desarrollado, un 30 por ciento más pequeño que el cerebro adulto.[3]

Pensemos, por ejemplo, en nuestro pariente vivo más cercano, el chimpancé. Un bebé humano tendría que pasar de nueve a doce meses más en el útero materno para alcanzar el mismo desarrollo neurológico y cognitivo que el de un chimpancé recién nacido.[4]

Recuerdo que cuando Rosy tenía solo unos días no hacía más que llorar y hacer caca. Incluso le costaba agarrarse al pecho para mamar. Cuando la sujetaba sobre la pila para intentar bañarla, sentía como si estuviera cogiendo un pavo de Acción de Gracias crudo y resbaladizo. Tenía los músculos totalmente flácidos. Los brazos, las piernas y el cuello le colgaban, laxos. Temía que en cualquier momento se me resbalara entre las manos.

Nadie sabe con exactitud por qué las *Homo sapiens* damos a luz niños tan prematuros. Algunos lo achacan a nuestros enormes cerebros, que, si se desarrollaran por completo en el útero, ocasionarían serios problemas a la madre durante el parto. Los científicos tampoco saben por qué los niños tardan una barbaridad en madurar hasta convertirse en seres autosuficientes. Tal vez nuestra infancia prolongada nos proporciona tiempo suficiente para dominar las habilidades que nos hacen humanos, como el lenguaje y la capacidad de desenvolvernos en estructuras sociales complejas. Pero hay una cosa que sabemos con certeza, y es que mientras los seres humanos evolucionábamos a lo largo de miles de años, a medida que nuestra progenie empezaba a necesitar mucho más tiempo, atención y calorías, se desarrollaba otra característica de la especie: la crianza aloparental, o crianza por parte de «otros».

En palabras de la propia Sarah Hrdy: «Un primate con una prole tan costosa y de maduración tan lenta como la nuestra no habría podido evolucionar si las madres no hubieran recibido mucha ayuda».[5]

Y cuando Sarah habla de ayuda, se refiere a una cantidad ingente de ayuda.

Un alopadre es cualquier persona —salvo la madre o el padre— que ayuda a cuidar de un niño. Un pariente, un vecino, un amigo o incluso otro niño pueden ser alopadres estupendos.

Sarah cree que estos padres supletorios fueron esenciales para la evolución humana. A lo largo de su trayectoria profesional, ha recabado una impresionante cantidad de indicios que respaldan esa hipótesis. Cree que los *Homo sapiens* desarrollaron la inclinación a repartir entre los miembros del grupo las responsabilidades del cuidado infantil. Al mismo tiempo, los niños humanos desarrollaron la inclinación a conectar y establecer vínculos con un puñado de personas, no solo con dos.

En cierta ocasión oí a alguien referirse a la familia aloparental como un «círculo de afecto» y me pareció una expresión acertada. Y es que no estamos hablando de los cuidadores ocasionales que entran y salen de la vida del niño, sino de las cinco o seis personas claves que brindan apoyo a los padres y se asocian para generar una corriente constante de afecto incondicional hacia el niño mientras crece.

La crianza aloparental es con toda seguridad una de las principales razones por las que nuestra especie y nuestros antepasados han sobrevivido un millón de años mientras que otras especies de homínidos, como los neandertales y los *Homo heidelbergensis*, no tuvieron tanta suerte. En otras palabras, el «éxito» del *Homo sapiens* sobre la Tierra seguramente no es tanto mérito del «hombre que cazaba» como de la «tita que ayudaba» y el «abuelito generoso».

En última instancia, eres responsable
de tus propios hijos, pero tienes que querer
a los otros niños como a los tuyos.

SUBION

El prefijo «alo-» procede de la palabra griega que significa «otro». Sin embargo, la expresión «otro padre» no hace ni mucho menos justicia a los alopadres. No son simplemente los «otros» que asumen un papel secundario o menor en la vida de un niño. En absoluto. Son fuentes omnipresentes y fundamentales de cariño y cuidados para los niños, y se responsabilizan de mucho más que de cambiar pañales o de mecer al bebé hasta que se duerma.

Pensemos, por ejemplo, en los efé, un grupo de cazadores-recolectores que habitan desde hace miles de años en la selva tropical de África central. Cuando una mujer acaba de dar a luz, otras acuden a su vivienda y forman un comando de élite para-maternal, listo para actuar ante el menor gemido o lloriqueo del bebé. Como escribe el antropólogo Mel Konner: «Lidiar con un bebé en pleno berrinche requiere de un trabajo en equipo».[6] Al cabo de unos días, la madre puede volver a sus ocupaciones y dejar al niño al cuidado de una alomadre.

Durante sus primeras semanas de vida, el recién nacido cambia de manos cada quince minutos, en promedio. Para cuando cumple tres semanas, las alomamás se ocupan del 40 por ciento de los cuidados físicos que recibe. Para la decimosexta semana, esa proporción se dispara hasta el 60 por ciento. Dos años más tarde, el niño pasa más tiempo con otras personas que con su propia madre.

Todos estos mimos, abrazos y momentos de consuelo por parte de las alomadres tienen efectos duraderos sobre los bebés y los niños. Ellas conocen tan bien al retoño como la madre. Y el retoño se siente tan a salvo y a gusto con ellas como con su mamá. Como consecuencia, los bebés establecen lazos y se encariñan con hasta cinco o seis adultos.

Se producen situaciones parecidas en muchas comunidades de cazadores-recolectores de diferentes partes del mundo.[7] Entre los bayaka que también viven en África central, cada niño cuenta con veinte cuidadores distintos a lo largo del día. Si bien algunos solo se ocupan del bebé de forma esporádica, otros —la mitad, más o menos— prestan apoyo en tareas esenciales como darle de comer y asearlo.

«Esta situación es muy distinta de la que se da en Occidente, donde la madre es la única figura en la vida del bebé y dedica toda su energía a cuidar de él», declara la antropóloga Abigail Page, que estudia a los aeta, un grupo de cazadores-recolectores de Filipinas.[8]

En el sur de la India, los cazadores-recolectores nayaka valoran tanto a los alopadres que han acuñado un nombre especial para ellos: *sonta*, que en líneas generales designa a un grupo de personas tan unidas como hermanos.[9] Los adultos llaman *maga(n)* («hijo» o «hija») a todos los niños que viven en su casa, y *cikappa(n)* («padrecito») y *cikawa(l)* («madrecita») a todos los ancianos de su comunidad. Sin embargo, en muchas culturas las familias se desplazan con frecuencia, y a menudo acaban viviendo muy lejos de sus parientes.

Más recientemente, los investigadores empezaron a buscar alopadres fuera del círculo familiar. Y, oh, sorpresa, encontraron todo un ejército de cuidadores cuyos únicos vínculos con el niño son de proximidad y afecto. Un estudio en particular descubrió una fuente de ayuda parental inesperada, que las familias occidentales podrían devolver al redil y aprovechar con facilidad.

El estudio se llevó a cabo en la costa norte de Filipinas, una región habitada por familias aeta desde hace decenas de miles de años. Pescan con arpón en los arrecifes de coral, buscan alimentos en pozas de marea y, cuando se ven obligados a huir de la violencia (o de una epidemia de coronavirus), se refugian en lo alto de las montañas.

Abigail Page y su colega siguieron a una pandilla de chiquillos aeta de entre dos y seis años para averiguar quién velaba por ellos a lo largo del día.[10] La madre se ocupaba de ellos durante cerca del 20 por ciento del tiempo. Pero ¿quiénes los cuidaban aún más? ¡Otros niños! Me refiero a chavales menores de diez años, ansiosos por asumir responsabilidades y portarse como «chicos mayores». Me refiero a los Belie de todo el mundo (y a Rosy dentro de un par de años).

Esos minialopadres de entre seis y once años se encargaban de una cuarta parte de los cuidados de los pequeños, según Abigail. Ahorraban tanto tiempo a las madres que estas podían retomar sus ocupaciones o simplemente darse un respiro y relajarse. Los minialopadres no se limitaban a hacer de canguros, sino que se tomaban su misión aún más en serio. También oficiaban de maestros.

Abigail cree que un niño unos cinco años mayor que otro puede ser para este último el profesor ideal, mucho mejor que los propios padres.[11] Señala que los jóvenes cuentan con varias ventajas de peso sobre nosotros, los adultos. Tienen más energías que los padres. Integran de manera natural los juegos y las situaciones imaginarias en sus «ejercicios educativos», de manera que el aprendizaje resulta más divertido. Además, su nivel de habilidad en distintas tareas está más próximo al de niños de menor edad.

La cultura occidental actual subestima el valor de lo que los niños pueden aprender de otros niños, sostiene la psicóloga Sheina Lew-Levy, especializada en los cazadores-recolectores bayaka de África central.

«Creemos que la enseñanza consiste en que un adulto mejor informado instruya a un individuo más joven, pero mis investigaciones indican que no es así. He descubierto que, después de la primera infancia, es muy habitual que los niños aprendan de otros niños», afirma.[12]

A fin de cuentas, en opinión de Sheina, estos grupos de juegos multiedad no solo permiten que los padres gocen de más tiempo libre, sino que estimulan el desarrollo tanto físico como intelectual de los niños. «Estos grupos de juego son fundamentales para el aprendizaje y el desarrollo sociales. En ellos, los críos aprenden a ampliar sus horizontes; adquieren habilidades sociales y emocionales y aprenden a desenvolverse en sociedad.»

Cuando me encuentro de nuevo entre las familias hadza, veo alopadres por todas partes. De sol a sol, todos los días, cerca de una docena de mujeres y hombres se turnan para cuidar de los bebés y los niños pequeños, tanto propios como de los demás, de manera que al principio me costaba distinguir quiénes eran hijos de quiénes. Los críos parecen encontrarse tan a gusto en compañía de los adultos que se los ve igual de cómodos con cualquiera de un puñado de ellos.

Subion, que tiene cuatro hijos, resume a la perfección el concepto de la crianza aloparental: «En última instancia, eres responsable de tus propios hijos, pero tienes que querer a los otros niños como a los tuyos».

Subion, de rostro agradable y voz dulce, irradia ternura y compasión. Cuando sonríe o suelta una carcajada, cosa que ocurre a menudo, se le forman sendos hoyuelos en las regordetas mejillas. Sin embargo, es una mujer dura como el acero. Es madre soltera. Uno de sus hijos, discapacitado, no puede andar. El día anterior a nuestra conversación, la vi transportar un cubo lleno de agua sobre la cabeza a lo largo de dos kilómetros y medio, cuesta arriba por el desfiladero de un río, con un bebé a la espalda y un niño pequeño tironeándole de la falda.

— Subion, ¿crees que es difícil ser madre? —le pregunto.

—Sí —se apresura a responder, muy seria—. Porque tienes que trabajar mucho para cuidar de los hijos, pero estoy orgullosa de ser madre.

Mientras observo a Subion reírse y bromear con las otras mujeres del campamento, pasándose a los bebés unas a otras, caigo en la cuenta de que esas madres hadza no solo reciben una ingente cantidad de ayuda con el cuidado de los niños, sino que también disfrutan de largos ratos de camaradería. Yo tengo suerte si veo a mis amigas dos o tres horas a la semana. ¡Las mujeres hadza pasan juntas entre ocho y diez horas al día! Salta a la vista que tienen relaciones profundamente gratificantes y plenas.

Los expertos plantean la hipótesis de que la crianza alopa-rental se desarrolló como un sistema para ayudar a los padres a procurar sustento a los hijos. Pero ¿y si además de servir para garantizar que los niños tengan la barriga llena, proporciona a los padres algo tan esencial como la amistad?

Subion y los otros hombres y mujeres hadza poseen en abun-dancia algo que a mí me faltó como madre primeriza: apoyo so-cial. Cuentan con una nutrida red de personas a quienes pueden recurrir cuando están desanimados o necesitan ayuda. En los momentos en que la vida se pone difícil, se tienen unos a otros.

En el *Homo sapiens*, el apoyo social produce un efecto simi-lar al de un medicamento milagroso. Comporta beneficios para la salud que se extienden por todo el cuerpo, desde la mente hasta la sangre, el corazón y los huesos. En las últimas décadas, nume-rosos estudios han concluido que la amistad y la camaradería profundas producen toda clase de consecuencias positivas so-bre la salud. Reducen el riesgo de sufrir enfermedades cardio-vasculares, refuerzan el sistema inmunológico, y nos protegen del estrés, la ansiedad y la depresión. Y si, a pesar de todo, nos vemos aquejados por un problema de salud mental, cuanto más convencidos estemos de que contamos con el apoyo de familia-res y amigos, más posibilidades tendremos de superar la ansie-dad y la depresión.

«El mero hecho de pasar tiempo con otras personas, aunque no interactuemos con ellas, puede disminuir nuestra tensión arterial y tener un efecto tranquilizante», afirma el psicólogo Bert Uchino, de la Universidad de Utah, que estudia cómo afec-ta la soledad a la salud física.[13]

En cambio, según Bert, la falta de apoyo social agrava los problemas de salud mental y genera una especie de efecto bola de nieve. La soledad puede causar ansiedad, depresión e insom-nio, lo que a su vez acentúa la soledad. «Cuando las personas carecen de apoyo social, su cuerpo presenta signos de estrés físico. Se comportan como si alguien las amenazara, como si estuvieran en el punto de mira de alguien», señala Bert.

Tan importante es el apoyo social para la salud física que un estudio revela que las relaciones sólidas tienen una correlación tan estrecha con el incremento de la esperanza de vida como la práctica de actividad física o el dejar de fumar. En otras palabras, el tiempo y la energía que dediques a entablar y cultivar amistades profundas y satisfactorias es probablemente tan esencial para tu bienestar general como salir a correr por las tardes (o incluso como no fumar).

Si bien la mayor parte de estos estudios se centra en adultos, Bert considera que el apoyo social, sobre todo por parte de miembros de la familia, puede ser aún más importante para los niños. «La calidad de nuestras primeras relaciones familiares incide en la probabilidad de que suframos soledad y aislamiento social durante la edad adulta. Si un niño se siente arropado por sus padres y confía en que puede contar con ellos, esta sensación lo acompañará durante el resto de su vida.»

Si esto es así, ¿qué sucede cuando un niño se siente querido y arropado no solo por dos padres, sino además por tres, cuatro o incluso cinco alopadres?

Algunos antropólogos creen que la crianza aloparental infunde a los niños algo casi mágico: confianza en el mundo. Confianza en que su familia cuidará de ellos. Confianza en que el bosque cuidará de ellos. Confianza en que las personas con las que se encontrarán serán amables, afectuosas y atentas. Confianza en que el mundo les proveerá de lo que necesiten.

«Las relaciones estrechas entre los alopadres y el niño en la primera etapa de la vida generan un nivel elevado de confianza que se proyecta en el mundo entero», sostiene Sheina Lew-Levy.[14]

Por consiguiente, el círculo de afecto que experimenta un

niño pequeño lo prepara para desenvolverse en la vida con cariño, confianza y una sensación de seguridad.

De vuelta en San Francisco, no dejo de pensar en Subion, las otras madres hadza y los días que pasan juntas, echándose una mano unas a otras con sus respectivos bebés y niños pequeños. Empiezo a imaginar cómo habría sido mi experiencia como madre primeriza si hubiera contado con tanta ayuda. ¿Y si nuestra familia tuviera, no ya diez, sino cinco alopadres disponibles?

Qué maravilloso habría sido que una tía cercana me hubiera mostrado cómo arropar bien a Rosy o que un abuelo me hubiera enseñado a mecerla hasta que se durmiera. Que una vecina hubiera acudido las noches en que Rosy sufría cólicos y yo no podía aplacar su llanto. Que mi hermana hubiera podido quedarse con nosotros tres meses, en vez de solo una semana.

Estoy convencida de que, con todas esas manos, abrazos y corazones adicionales, Rosy habría llorado mucho menos. ¿Y qué habría pasado con mamá y papá? Yo seguramente me habría sentido más como un ser humano y menos como una máquina productora de leche y cambiadora de pañales. Tanto Matt como yo habríamos estado menos agotados y solos. El apoyo de los alopadres habría contribuido a mejorar nuestro estado físico y mental. ¿Habría padecido depresión posparto de todos modos? Lo dudo.

Quizá el problema no era yo, después de todo. Tal vez el problema reside en la cultura occidental, en la manera en que creemos que debe funcionar la paternidad y en cómo traemos niños al mundo. Al aislar a los padres primerizos y cargar sobre la familia nuclear todo el peso de ser los cuidadores principales, exponemos a las mamás y los papás a sufrir ansiedad y depresión posparto. (Y eso en una familia tan afortunada y privilegiada como la nuestra, con un hogar, ingresos estables y seguro médico. ¿Qué ocurre con las familias que carecen de esa seguridad económica? No quiero ni imaginar cuánto más difíciles deben de ser las cosas para ellos debido a las costumbres de nuestra cultura.)

Como estamos descubriendo, este estilo de crianza en aislamiento tampoco resulta ideal para los niños, por muy buenas que sean nuestras intenciones. Como padres, queremos hacer todo lo posible por dotar a nuestros hijos de todo lo que necesitarán en el futuro, pero al centrarnos tanto en el colegio, las notas y los «éxitos», ¿no estamos encerrándolos también en casa, volviéndolos vulnerables a la misma ansiedad y depresión que me aquejaron como madre primeriza?

Empiezo a comprender que quizá lo que Rosy necesita no es otra actividad extraescolar ni otra sesión de estudio los fines de semana. Por el contrario, necesita pasar tiempo con un puñado de niños y adultos claves que la conocen y la quieren tanto como su padre y yo. Lo que necesita es un círculo de afecto que la aúpe y le inspire confianza en el mundo.

Consejo práctico 9:
Construye una red de apoyo emocional para la familia (y tómate un descanso)

Un poco de crianza aloparental da mucho de sí. Basta con un par de adultos afectuosos más para marcar una enorme diferencia en la vida de un niño, sin importar su edad.[15]

Para empezar

• **Valora a las «madrecitas» y los «padrecitos» que forman parte de la vida de tu hijo.** En la cultura occidental, ya contamos con muchos alopadres que se esfuerzan por ayudar a nuestros hijos. Me refiero a niñeras, cuidadores de guarderías, maestros y canguros. Algunos de estos alopadres pasan más tiempo que nosotros con nuestros hijos. Son piedras angulares de su desarrollo emocional y su salud.

Sin embargo, durante los últimos cien años, más o menos, nuestra cultura ha arrinconado a muchos de esos alopadres hasta situarlos en el margen del panorama de la crianza.[16] No obstante, no cuesta mucho volver a poner el foco en sus contribuciones y su importancia.

Para empezar, podemos demostrarles cuánto valoramos y agradecemos la labor que llevan a cabo por nuestras familias. Podemos reconocer los esfuerzos de maestros y profesionales de las guarderías, incentivando a nuestros hijos a confeccionar tarjetas de agradecimiento para ellos o a prepararles un bocado sorpresa. Podemos felicitarlos en su cumpleaños o elaborar regalos caseros para las vacaciones. Y si un profesor o entrenador muestra un interés especial por el niño, incluso podemos invitarlo a cenar o llevarle un plato especial.

Por lo que respecta a niñeras y canguros que trabajen con regularidad en nuestra casa, no estaría mal tratarlas menos como personal remunerado y más como miembros preciados de la familia. Podemos interesarnos por su vida y sus seres queridos, mostrarnos lo más generosos posible al pagarles y ofrecer ayuda a su familia cuando la necesiten. Si la persona cuidadora parece inclinada a aceptar, podemos invitarla a comidas o fiestas. (Hay que dejarle claro que no se trata de una oferta de «trabajo extra», sino de un gesto de agradecimiento y un deseo sincero de profundizar en la amistad.)

Incluso cuando el niño sea demasiado mayor para que siga cuidando de él, estaría bien seguir cultivando esa relación, llamar a esa persona o escribirle mensajes de correo electrónico con regularidad para preguntarle cómo se encuentran ella y su familia. Si quiere, podemos concertar visitas o llevarle regalos y golosinas caseras. Y, sobre todo, debemos dispensar a los cuidadores tanto respeto y gratitud como a nuestros parientes más cercanos. Sus contribuciones a nuestra familia son igual de importantes.

Para profundizar

• **Entrena a un minialopadre.** Recluta a un hermano mayor para que cuide de los más pequeños. Empieza a instruirlo ya desde los tres o cuatro años. A esa edad, los niños están ansiosos por aprender y ayudar. Asimilará el papel de cuidador como una segunda naturaleza a medida que crezca.

Tenga la edad que tenga el niño, simplemente aplica la fórmula: bríndale la oportunidad de practicar, demuéstrale el comportamiento que quieres que adopte y asocia el cuidado con la madurez. Dile que es responsable del bebé y que tiene que «ser la mamá/el papá» o el «chico mayor». Poco a poco, con el tiempo, asígnale más responsabilidades. Proporciónale la red de seguridad invisible que se requiera según el caso.

Para perfeccionar

• **Construye una red de tíos y tías.** Suzanne Gaskins me sugirió esta idea, que me parece genial. Consiste, en esencia, en elegir a tres o cuatro amigos íntimos por cada niño. Luego, todas las familias se turnan para cuidar de ellos después de clase. Cada día, una familia distinta recoge a los chicos (en caso necesario) y les proporciona tentempiés y supervisión parental (en caso necesario). «Mis críos tenían un montón de tíos y tías», dice Suzanne.[17] Al tiempo que los niños ejercitan su autonomía, se proveen de apoyo social a través de amigos y familiares. A la larga, todos acaban por formar parte de una gran familia ampliada. ¡Y los padres pueden darse un respiro!

• **Forma un GJM.** He acuñado el acrónimo MAP (de *Multi-Age Playgroup*) para referirme a los «grupos de juegos multie-dad» o «grupos de juegos de edades variadas», es decir, los GJM (por sus siglas en español).

Los GJM ayudan a los niños a madurar emocionalmente a pasos agigantados. Los más pequeños aprenden comportamientos más complejos de los mayores, quienes a su vez aprenden enseñando a los pequeños mientras practican sus habilidades como líderes y cuidadores.[18]

Hay varias maneras de crear GJM. La más sencilla consiste en animar a los niños del barrio a jugar juntos después de clase y los fines de semana. A menudo digo a Rosy: «Ve a buscar a Marat [el vecinito de al lado]», sugerencia que alterno con «Ve a jugar a casa de Marat».

O bien puedes organizar reuniones semanales del grupo de juegos en tu patio trasero o en un parque cercano. Invita a todos los chavales del barrio a que pasen juntos unas horas del sábado o del domingo. No necesitas más que a uno o dos de los otros padres. Aquellos que asistan deben intentar formar la «red de seguridad invisible». Lo ideal es que los padres se mantengan en un segundo plano e intervengan solo si ven que un niño va a hacerse daño.

Trata de acoger al GJM todas las semanas, o bien pide a otros padres que se encarguen de ello y de supervisarlo. Al cabo de unos meses, los niños seguramente jugarán entre ellos de forma espontánea, apenas sin necesidad de organización, y tu barrio contará con una red de seguridad resistente y amplia.

• **Sé tolerante con tus parientes (o aprende a valorar sus aportaciones).** Esto puede resultar complicado en el caso de algunas familias. En la mía, a veces se producen conflictos y tensiones.

Sin embargo, me doy cuenta de lo mucho que quieren todos a Rosy..., y lo mucho que ella los quiere. Por eso decidí no ahondar en los conflictos con los parientes y aprendí a convivir en paz con ellos (casi siempre).

En general, Matt y yo hemos establecido como prioridad que nuestros familiares formen parte de la vida de Rosy en la mayor medida posible. Procuramos visitar a los parientes en días festivos, y siempre son bienvenidos en casa. Todos los veranos organizamos unas vacaciones con los hermanos de Matt y sus hijos. ¡Hasta ahora, estas reuniones han sido una pasada!

Si no te es posible acudir a la familia, céntrate en fomentar la red de «tíos y tías» con amigos y vecinos. El objetivo es forjar vínculos profundos y de calidad, no tanto forjar muchos.

Resumen del capítulo 15: Cómo proteger a los niños de la depresión

Ideas que recordar

➤ Los bebés y los niños están programados para que los eduquen muchas personas distintas. Desde los abuelos hasta las tías, pasando por las niñeras y los vecinos, todos son importantes.

➤ Esta red de afecto y apoyo ayuda al niño a ver el mundo como un entorno amable y acogedor que lo protege de la depresión y otros problemas de salud mental.

➤ Uno o dos alopadres pueden suponer una gran diferencia en la vida del niño.

➤ Otros niños son fantásticos alopadres y tienden a ser mejores maestros y compañeros de juegos que los adultos. Los niños integran de manera natural las actividades lúdicas en el aprendizaje y tienen niveles de competencia más equiparables a los de otros niños que los adultos.

➤ Las amistades profundas y estrechas son seguramente tan importantes para tu salud y la de tu hijo como el ejercicio y una dieta saludable.

Trucos y técnicas

➤ **Construye una red de tíos y tías.** Comparte el cuidado infantil de después de clase con tres o cuatro familias más. Que cada una de ellas se responsabilice de los niños un día por semana. Esta red aporta apoyo emocional a los niños y ratos de descanso a los padres.

➤ **Crea GJM (grupos de juegos multiedad).** Alienta a tu hijo a jugar con niños del barrio de todas las edades. Invita a otras familias a comer o a cócteles. Organiza grandes reuniones del grupo de juegos los fines de semana, en las que niños de edades distintas estén invitados a jugar en tu patio o en un parque cercano.

➤ **Entrena a minialopadres.** Enseña a los chicos mayores a cuidar de los hermanos pequeños desde una corta edad. Relaciona esos cuidados con su madurez creciente (diciéndoles, por ejemplo: «Estás ayudando a tu hermanito porque ya eres una chica mayor»). Recompensa su dedicación asignándole cada vez más responsabilidades.

➤ **Valora a los alopadres con los que ya cuentas.** Colabora con tu hijo en mostrar agradecimiento a niñeras, profesionales de las guarderías, maestros y entrenadores. Escribidles notas de agradecimiento, preparadles platos especiales. Trátalos como a miembros preciados de la familia. Demuéstrales generosidad y respeto.

QUINTA PARTE

Crianza occidental 2.0

T
E
A
Mínima interferencia

Un nuevo paradigma para padres occidentales

Imaginemos, por un momento, a una niña pequeña que está aprendiendo a andar. Supongamos que la madre la tiene agarrada de las manos. Es lo que suele ocurrir en Estados Unidos, observa Suzanne Gaskins. «O bien ella se coloca delante y le da instrucciones verbales como: "Ven hacia mí, ven hacia mí".»[19]

Sin embargo, en Yucatán la misma escena se desarrolla de una manera bastante distinta.

«La madre maya se sitúa justo detrás de la niña con los brazos extendidos, lista para cogerla si se cae —prosigue Suzanne—. Desde el punto de vista de la pequeña, ella está caminando sola, sin ayuda.»

Cuando comencé a escribir este libro, tenía dos grandes preguntas que responder: ¿cómo se las había arreglado María, de Yucatán, para educar a unos niños tan solícitos y respetuosos?, y ¿cómo era posible que en su relación con sus hijos hubiera tan pocos conflictos y tan poca resistencia?

Conforme avanzábamos con el libro, íbamos encajando todas las piezas necesarias para responder a estas preguntas. María valora trabajar juntos, estimular a los hijos a hacer las cosas (en vez de obligarlos), darles autonomía y ofrecer mí

nima interferencia. Practica la educación TEAM, es decir, en equipo.

Si pensamos en nuestra labor como padres, podemos dividirla en dos categorías: la macroeducación y la microeducación (un poco como hacen los economistas con su campo). La macroeducación se ocupa de los aspectos más generales: la manera en que estructuramos la jornada del niño, le programamos actividades y organizamos su tiempo. La microeducación, en cambio, es lo que hacemos en cada momento de esas actividades: lo que decimos, lo que callamos y hasta qué punto intentamos influir en el comportamiento del niño a tiempo real.

Por ejemplo, los padres «helicóptero» mantienen un control estricto sobre los horarios de su hijo (macroeducación) y sobre sus acciones durante estas actividades (microeducación). En cambio, los padres «vuelo libre» dejan que el niño fije su propio horario y decida cómo actuar durante esas actividades. Tienenuna actitud poco intervencionista tanto en el ámbito de la macroeducación como en el de la microeducación.

EDUCACIÓN
VUELO LIBRE

MACRO
- Muchas actividades centradas en el niño
- Estructura laxa
- El niño fija su horario

MICRO
- Pocas normas
- Pocas excepciones; pocas responsabilidades
- Instrucciones mínimas
- El niño está al cargo

En este libro hemos aprendido un método alternativo a los otros dos. Con la educación TEAM, en equipo, los padres establecen el orden del día y el horario general para toda la familia.

Se ocupan de sus asuntos en casa y en la comunidad, y cuen-

EDUCACIÓN
TEAM, EN EQUIPO

MACRO
- Muchas actividades centradas en la familia
- El progenitor se ocupa de sus asuntos e invita al niño a participar
- Los mundos infantil y adulto se fusionan

MICRO
- Pocas normas
- Instrucciones mínimas
- Se espera que el niño ayude, contribuya y respete
- Pocos estímulos

tan más o menos con que los niños se apunten.* Les abren las puertas de su mundo.

Así pues, en lo que respecta a la macroeducación, los padres toman las riendas.[20] La familia realiza actividades unida, y los niños influyen poco en el horario general.

Sin embargo, durante esas actividades centradas en la familia, el niño es responsable en gran parte de su comportamiento. Goza de una enorme autonomía, y el progenitor interfiere lo mínimo. Observa al niño y elige con cuidado el momento de intervenir para corregir su conducta (por ejemplo, cuando el pequeño corre algún peligro o cuando el padre desea transmitirle un valor cultural clave, como la amabilidad o la generosidad). Incluso en esos casos, el progenitor emplea un tono despreocupado. Los padres estimulan al niño, con toda una serie de herramientas, en vez de coaccionarlo con castigos o amenazas. Saben que las acciones y las demostraciones son más eficaces —y mucho menos estresantes— que las instrucciones y las órdenes. Y, siempre que pueden, canalizan el interés o el entusiasmo del niño para motivarlo.

La mínima interferencia no solo reduce los conflictos, sino que facilita que los niños adquieran un montón de práctica en divertirse y cuidar de sí mismos. Se vuelven increíblemente hábiles en el arte del ensimismamiento solitario y la diversión autogenerada. Aprenden a resolver problemas por sí mismos, a zanjar sus discusiones, a inventar sus propios juegos, a prepararse la merienda, incluso a servirse la dichosa leche solos. De paso, se vuelven mucho menos exigentes. En esencia, si un progenitor no reclama ni controla la atención del niño, este tampoco reclamará ni controlará la suya.

---

* Si el niño no quiere participar en una actividad familiar, los padres no suelen obligarlo; por el contrario, lo dejan a cargo de otro cuidador o alopadre.

MÍNIMA INTERFERENCIA

Evita la sensación de que tienes que llevar al niño a rastras o empujones.

Desarrolla el reflejo de distanciarte y observar (en vez de decir al niño lo que debe hacer).

Confía en que el niño es capaz de divertirse y ocuparse en algo por sí mismo.

No seas exigente con la atención del niño, y él no lo será con la tuya

A menudo las cosas no me salen bien —a lo largo de todo el libro, he querido dejar claro que todos nos topamos con dificultades a veces—, pero cuando he conseguido poner en práctica el método de la educación TEAM, en equipo, con Rosy, los resultados siempre han sido mágicos. Y noto que nuestra relación mejora «poco a poco», como dice María.

Una noche, mientras hago la cena, simplemente lo clavo. Mientras preparo el salmón en la cocina, Rosy baila al ritmo de la banda sonora de *El rey león* en el salón. Llevo de maravilla lo de limitarme a tres órdenes por hora. A cambio, Rosy me exige poco. Y nuestra coexistencia es pacífica (casi tanto como la de Thaa y Belie junto al fuego).

De pronto, mi hija intenta perturbar la paz. Se me acerca.

—Mamá, ¿podemos cenar haciendo un picnic en el salón? ¿Porfa, porfa, mamá? —me suplica.

La antigua Michaeleen habría respondido de inmediato: «¡Ni hablar, coleguita! El salón se quedaría hecho un asco». Rosy y yo habríamos acabado enzarzadas en un festival de gritos sobre por qué un picnic sería demasiado lío. Pero la nueva Michaeleen espera un poco y piensa: «Mmm, es una buena oportunidad para que Rosy se ejercite en poner la mesa».

—De acuerdo, Rosy. Hagámoslo. Ten, pon la mesa —le digo, y le paso los platos.

Ella los coge, regresa corriendo al salón y, unos minutos después, hay un precioso servicio completo para «picnic» en la alfombra. Rosy incluso sube a la galería, coge unas petunias moradas y confecciona con ellas un centro de mesa.

Repetimos el proceso durante cerca de una semana. Todas las noches, Rosy dispone los platos y los cubiertos para el «picnic». Luego, cuando por fin volvemos a cenar en el comedor, ¿a que no sabes quién pone la mesa sin que yo se lo pida? La pequeña Roro.

Los estadounidenses creemos tener la enorme responsabilidad de «optimizar» a nuestros hijos. A menudo, esto se traduce en que les llenamos el día de actividades o diversiones. Yo misma sentía ese impulso con Rosy (y todavía lo siento de vez en cuando). Esta sensación constituye un peso tremendo sobre nuestros hombros y nos llena la mente de una ansiedad incesante («Ay, madre, ¿qué voy a hacer con Rosy durante todo el sábado?»). Por otro lado, nos lleva a cargar demasiado las tintas sobre la macro y la microeducación. Nuestra reacción instintiva es interferir al máximo.

«Los padres han asumido todas estas obligaciones adicionales porque alguien nos ha convencido de que son esenciales para optimizar al niño», opina el antropólogo David Lancy.[21]

Pero no hay evidencia científica de que este método produzca los mejores resultados en los niños. En modo alguno es óptimo para todos (desde luego no lo es para Rosy). Podría argumentarse que este enfoque choca con la inclinación natural de los niños a la autonomía, la autoexploración y la colaboración. Y eso por no mencionar que este estilo de educación resulta agotador para todas las partes implicadas. Cada vez que un progenitor gestiona el comportamiento del niño, corre el riesgo de que este reaccione con una actitud de resistencia.

Antes de que me embarcara en la escritura de este libro, Suzanne Gaskins me advirtió que la «interferencia máxima» no solo me estaba complicando la vida, sino que estaba distanciando física y emocionalmente a Rosy.[22] «Creo que los padres estadounidenses se meten en batallas innecesarias —dijo—. En realidad, es de lo más estresante para un niño que el padre insista en empujarlo a situaciones para las que aún no está preparado o en las que aún no desea estar.»

A estas alturas del libro, espero que el lector haya comprendido que la educación de los hijos no tiene por qué ser así. En absoluto. De hecho, si queremos criar a niños seguros de sí mismos y autosuficientes, no nos interesa que sea así. No hay que llevarlos siempre de aquí para allá ni mantenerlos entretenidos y ocupados en todo momento. Y, sobre todo, no es necesario que nos esforcemos tanto siempre.

Podemos aflojar un poco las riendas. Podemos ser un poco menos severos respecto al comportamiento de nuestros hijos y las responsabilidades que creemos tener como padres. Podemos confiar en que ellos saben mejor que nosotros lo que necesitan para desarrollarse y aprender.

Podemos unirnos a los millones de padres de todo el mundo —y de todas las épocas de la historia— que se colocan detrás del niño, esperan-un-poco y dejan que él tome decisiones por sí mismo, que cometa sus propios errores y que prepare el kebab a su estilo. Nosotros, o los alopadres, estaremos detrás de él, con los brazos extendidos, listos para sujetarlo si se cae.

16

La hora de dormir

Cuando Rosy y yo concluimos por fin los viajes necesarios para este libro, regreso a San Francisco, aún presa de una duda: ¿por qué le cuesta tanto dormirse por la noche? Hace mucho ejercicio, y recibe luz y «estímulos» de sobra. Debería estar cansada. Y, sin embargo, la hora de acostarse es una batalla perpetua en el hogar de los Doucleff.

No hay una sola noche en que no estallen dramas y conflictos. A menudo, Rosy y yo acabamos gritándonos mientras Matt la persigue por la habitación y ella repite un mantra de protesta, algo parecido a «No, no, no. No me voy a dormir nunca. No, no, no».

En cambio, en ninguno de los lugares a los que viajé con ella para escribir este libro presenciamos numeritos nocturnos similares. Los niños no parecían tener ningún problema para irse a dormir. Ni una sola vez oí a uno de ellos llorar, gritar o montar una pataleta a la hora de acostarse. Algunos críos parecían estar deseando hacerlo, e incluso a algunos se les veía ilusionados con la idea.

Una noche, en el Ártico, vi a una niña de tres años acostarse por sí misma, sin la menor ayuda por parte de un adulto. Estábamos sentados en la sala de Maria, en Kugaaruk, mientras un grupo de chiquillos jugaba con algún videojuego. Hacia las siete y media de la tarde, cuando aún faltaban cinco horas largas para que se pusiera el sol, la pequeña Tessa se levantó del sofá, se alejó por el pasillo y ya no volvió.

Pregunté a Sally qué estaba haciendo Tessa en la habitación.

—Se ha ido a dormir —dijo Sally.

—¿Se ha metido ella sola en la cama?

—Sí, lo hace a menudo —respondió Sally—. Es buena para dormir.

«No me digas», pensé.

En todos los lugares a los que viajamos Rosy y yo, pregunté a los padres qué rutina seguían a la hora de acostar a los niños y qué hacían si estos no querían dormirse. Todos se encogían de hombros y se limitaban a darme a entender que no era nada del otro jueves.

—A veces Ernesto necesita una ayudita para terminar los deberes, antes de irse a la cama —me dijo Teresa, en Yucatán.

¿Y ya está? ¿Nada más?

—Nada más —contestó, impasible.

Así que a nuestro regreso a San Francisco tomo la determinación de resolver nuestro problema con la hora de dormir. Sé que Rosy no se convertirá jamás en Tessa por arte de magia, pero aún tiene margen de mejora. Mucho margen.

Tras investigar y experimentar durante semanas, topo con un muro. Rosy no muestra el menor progreso, y hay noches en que mi intromisión no hace más que empeorar las cosas. De modo que me doy prácticamente por vencida y asumo que el caos de la hora de dormir es una carga que no nos queda más remedio que sobrellevar. «Ya se le pasará con el tiempo —me digo—. Además, ¿tan terrible es, en el fondo?»

Hasta que, una noche, justo antes de que llegue el momento de acostar a Rosy, estoy sentada a la mesa de la cocina, trabajando en una ilustración para el libro. Trazo un bosquejo de la «fórmula», los tres ingredientes para enseñar a un niño a hacer cualquier cosa: 1 cucharada de práctica + 1 taza de demostración + 1 cucharadita de reconocimiento = habilidad aprendida.

Hacia las ocho y media, oigo que mi pequeño gato montés se pone a chillar arriba, en su cuarto. Respiro hondo y subo la escalera. Cuando llego al escenario de los hechos, me encuentro a Rosy saltando en la cama mientras Matt, con su pijama en las manos, intenta convencerla de que se tranquilice.

Justo cuando me dispongo a abrir la boca para soltar mi letanía habitual de órdenes («Rosy, lo decimos en serio...»), el esquema de la fórmula me viene a la mente —practicar, demostrar, reconocer—, y una certeza me asalta con la fuerza de un puñetazo en la cara. «Oh, no —pienso—. He entrenado a Rosy para la hora de acostarse. Y el entrenamiento ha funcionado bien. De maravilla. El único problema es que he estado entrenándola para hacer justo lo contrario de lo que yo quiero.»

Hace veinte años, Benjamin Reiss estaba escribiendo un libro sobre la historia de los manicomios cuando se topó con una interesante observación sobre el sueño. «En el siglo xix, los médicos de estos centros tenían una auténtica obsesión por controlar el sueño de sus pacientes», comenta Ben.[1] El facultativo dictaba indicaciones estrictas sobre las horas a las que los enfermos debían acostarse, la duración del sueño y el entorno en el que dormían. ¿Te suena de algo? Además, llevaban registros meticulosos y tablas sobre el descanso de los pacientes.

Ben, presidente del departamento de Filología Inglesa de la Universidad de Emory, es también un estupendo historiador. Le gusta investigar ideas que tomamos por «realidades biológicas» y averiguar desde cuándo las consideramos así. Luego intenta desentrañar lo que nuestro organismo nos está diciendo en realidad.

En resumidas cuentas, Ben se preguntaba por qué a los médicos y enfermeros de los manicomios les preocupaba tanto el sueño de los pacientes. ¿Por qué estaban tan obsesionados?

Se sumergió a fondo en la historia del estudio del sueño en todo el mundo y pronto descubrió que esta obsesión con el tema —la necesidad de monitorizar y controlar el proceso— no es exclusiva de los centros psiquiátricos. «Es omnipresente en toda la sociedad occidental», afirma. Y nos causa problemas gordos con los niños.

Ben sostiene que en nuestra cultura tenemos una visión extremadamente limitada de lo que es el sueño «normal», y si nos desviamos de esa «normalidad» nos creamos dificultades. «Tenemos unas normas rígidas que la gente interpreta como si las hubiera dictado Dios o nuestra biología», declara.

Creemos que, para estar sanos, tenemos que dormir unas ocho horas cada noche, del tirón. Sin embargo, hasta hace no mucho tiempo la mayoría de los occidentales tenía hábitos muy distintos. Hasta finales del siglo XIX, el sueño «normal» era segmentado.[2] Casi toda la gente dormía en dos tandas, de unas cuatro horas cada una. La primera comenzaba antes de medianoche, la segunda después. En el intervalo entre ambas, las personas realizaban toda clase de tareas. Según el historiador A. Roger Ekirch: «Se levantaban para hacer recados, atender a niños enfermos o saquear el huerto de manzanos del vecino. Otras se quedaban en la cama rezando oraciones y reflexionando sobre los sueños».

Incluso hay indicios de que el sueño segmentado se remonta a hace miles de años en la cultura occidental. En el siglo I a.C., el poeta romano Virgilio escribió acerca de la hora en que «la noche, en mitad de su carrera, ahuyenta el primer sueño» en su poema épico *Eneida*.

Así que, si tiendes a despertarte en plena noche y te cuesta volver a conciliar el sueño, tal vez no padezcas insomnio; simplemente duermes como lo hicieron tus antepasados durante miles de años. A ellos les parecería normal.

En esencia, todas las «reglas del sueño» que conocemos en la actualidad se pusieron de moda en el siglo xix. Durante la Revolución Industrial, los trabajadores tenían que llegar a las fábricas a una hora concreta de la mañana, sin importar cuándo amanecía y anochecía. Como consecuencia, «fue necesario ejercer un control cada vez más estricto sobre el sueño», afirma Ben Reiss en su libro *Wild Nights: How Taming Sleep Created Our Restless World* [Noches salvajes: Cómo la dominación del sueño dio lugar a nuestro inquieto mundo].[3]

Hasta entonces, las personas tendían a obedecer las señales que su cuerpo les enviaba: dormían cuando estaban cansadas y despertaban cuando se sentían descansadas. «Vale la pena reiterarlo: prácticamente ningún aspecto de nuestro modelo de sueño actual existía tal como lo conocemos hace dos siglos», escribe Ben.[4]

En realidad, el sueño humano es bastante flexible, adaptable y variable en función de cada persona. Las pautas de sueño cambian en gran medida según la cultura, el lugar e incluso la estación. No existen hábitos de dormir «correctos». Los investigadores pueden medir los parámetros de un régimen de sueño «promedio», pero en modo alguno puede considerarse que estos determinen lo que es «normal».

«En algunas sociedades se practica la siesta y en otras no; en algunas las personas duermen en grupos grandes y en otras lo hacen más o menos solas; en unas, desnudas, y en otras, vestidas; en unas, en público, y en otras, en privado», escribe Ben. Hay muchos regímenes distintos que pueden resultar saludables para personas diferentes, o incluso para la misma persona, según la estación del año.[5]

Si el lector cree que todo el mundo necesita dormir ocho horas al día, debería replanteárselo. En 2015, unos investigadores monitorizaron los hábitos de sueño de más de ochenta personas en tres comunidades indígenas que viven sin electricidad: los hadza de Tanzania, los san de Namibia y los tsimané de Bolivia.[6] En los tres grupos se observaron resultados muy similares: en promedio, la gente dormía entre seis y siete horas cada noche (una porción de tiempo sorprendentemente parecida a la que muchos estadounidenses dedican a planchar la oreja).

Según Ben, lo que hace que los estadounidenses tengamos hábitos de sueño tan raros, tan WEIRD, no es el número de horas que dormimos, sino más bien nuestro afán por controlar el sueño de los demás y lo rígida que es nuestra mentalidad al respecto. Nos imponemos a nosotros mismos y a nuestros hijos horarios estrictos que con frecuencia no casan con nuestra biología básica. Luego gastamos una enorme cantidad de energía intentando cumplir esos horarios. Y cuando no funcionan (o nuestros hijos no los respetan), la mente se nos llena de ansiedad. Nos preocupa no ser normales, o ser malos padres.

Por eso, cuando llega la hora de acostarse acabamos haciendo lo contrario de lo que nos habíamos propuesto, señala Ben. En vez de crear un entorno y una actitud mental tranquilos y relajados, generamos enfrentamientos y conflictos. Fabricamos caos. Y enseñamos a nuestros hijos, a lo largo de años y años, a estresarse y mostrarse inquietos a la hora de dormir.

Eso es justo lo que está sucediendo en casa de los Doucleff.

Así pues, cuando Rosy salta encima de la cama canturreando «¡No, no, no quiero dormir!», está haciendo justo aquello para lo que la he entrenado. La he entrenado para que todos los días, a las ocho y media de la noche, se desvista, chille y salte encima de la cama. En pocas palabras, ¡le he enseñado que la hora de acostarse es la hora de la fiesta!

Recordemos la fórmula: practicar, demostrar y reconocer. A la hora de dormir, he dado a Rosy la oportunidad de practicar las riñas, los gritos y las exigencias («Necesito comer», «Necesito leche», «Necesito otro libro»). He demostrado ante ella impaciencia y una actitud mandona que incluso podría considerarse exigente («Tienes que lavarte los dientes ahora mismo, Rosemary Jane»). Por último, he prestado demasiada atención a los comportamientos equivocados de Rosy. He reconocido (de forma negativa, pero enérgica) todas sus payasadas. He contrapuesto a su energía excesiva más energía excesiva. Y así, día tras día, mes tras mes y año tras año, la hora de acostarse de mi hija se ha vuelto cada vez más problemática.

«Dios mío, pero qué tonta me siento», pienso mientras Rosy baja de la cama de un salto y corretea desnuda por la habitación. Tengo la sensación de que me han tomado el pelo todos los libros sobre crianza que me aleccionaban acerca de la necesidad de ceñirse a una «hora de dormir estricta», de «mantener la rutina» y de estructurar más y más nuestra vida. Al imponerle toda esta estructura y todo este control a Rosy, nos ha salido el tiro por la culata. ¡Hemos provocado ansiedad, conflictos y ganas de fiesta! Y la hemos desconectado de su reloj biológico.

Si ves reflejada tu situación familiar en esta historia, anímate, agotado progenitor. Una de las cualidades más geniales de los niños es la rapidez con que pueden cambiar. Por muy profundo que sea el atolladero en el que te has metido, siempre podrás salir de él. Siempre puedes reentrenar a un niño, y además con bastante facilidad. ¿Cómo? Utilizando la fórmula a nuestro favor.

Volvamos a la pequeña Tessa, en Kugaaruk. Con solo tres años, ya dominaba una habilidad que yo no adquirí hasta los treinta y pico: la de reconocer las señales de su cuerpo cuando estaba cansada y saber lo que debía hacer al respecto. Se iba a la cama.

Puedo entrenar a Rosy para que tenga también esa habilidad, para que detecte las señales de cansancio y se acueste por propia iniciativa cuando las note. Sin embargo, para ello debo «dejarla libre», como me aconsejaba el intérprete David Mark Makia en Tanzania. Tengo que renunciar a (casi todo) el control sobre el horario de sueño de Rosy y desechar la rutina de la hora de acostarse a fin de dar a Rosy más espacio para desarrollar la facultad de escuchar sus mensajes biológicos. Puedo ayudarla a conseguirlo, pero debo interferir lo mínimo. A fin de cuentas y al final del día, le corresponderá a ella decidir a qué hora se irá a dormir.

Seré sincera: este plan me aterra. ¿Y si no se duerme nunca? ¿Y si no se levanta por la mañana? Me temo que vamos derechos y sin escalas al Infierno de Dante.

Así que decido probarlo durante una semana, y si no sale bien regresaremos a la rutina.

Muerta de miedo, cierro los ojos, tomo a Rosy de la mano y me lanzo al precipicio del horario de sueño.

¡Para mi enorme sorpresa, Rosy vuela!

La fórmula funciona mucho mejor —y más deprisa— de lo que había imaginado. Las primeras noches, Rosy se queda despierta hasta las diez y media o las once. Aun así, no le cuesta levantarse por la mañana. Cuando llega la cuarta noche, mi hija se acuesta a su hora, y a la séptima, se prepara para irse a la cama casi sin ayuda. Se acabaron los gritos y el correr de un lado a otro como un gato montés.

Y, al décimo día, se produce un milagro en casa de los Doucleff. Hacia las siete de la tarde, Rosy sube a su habitación sin que nadie se lo pida, se mete en la cama y se duerme.

—¿Has visto eso? —pregunta Matt.

—Sí —respondo con cautela.

—Las noches están yendo como la seda.

—Lo sé, lo sé. No seas gafe.

Desde entonces, hemos tenido prácticamente cero problemas con Rosy a la hora de acostarse. Cero. La fórmula la ha transformado en una superdurmiente.

¿Que cómo me las apañé?

Cada noche, hacia las ocho, me ponía a observar a Rosy, atenta como un halcón. Cuando detectaba señales de cansancio en Rosy (si, por ejemplo, se frotaba los ojos, se chupaba el pulgar o gimoteaba más de lo habitual), bajaba la intensidad de las luces de la casa. En Tanzania me había fijado en que la penumbra la tranquilizaba. Luego ponía en marcha el siguiente procedimiento:

1. Demostrar. «Estoy cansada —le decía en tono muy sosegado—. Mi cuerpo me está diciendo que estoy cansada. Me voy a la cama.» Subía la escalera y me preparaba para acostarme (aunque no pensaba dormirme todavía). Me lavaba los dientes. Me pasaba el hilo dental. Me ponía el pijama. Acto seguido me tendía en su cama y me ponía a leer un libro. Y a esperar.

2. Reconocer. Cuando Rosy subía y se tumbaba a mi lado, le dedicaba un poco de atención positiva. La abrazaba y le sonreía. Luego, para asociar el comportamiento deseado con la madurez, le planteaba una pregunta: «Rosy, ¿qué haría una chica mayor ahora?». Me quedaba en la cama y seguía demostrando lo que quería que ella hiciera. En vez de obligarla a prepararse para acostarse, la animaba valiéndome de las técnicas que hemos aprendido.

3. Practicar. Una vez que Rosy se había puesto el pijama y se había lavado los dientes, la ayudaba a conciliar el sueño frotándole la espalda. Mantenía la calma en todo momento, sin presionarla nunca. Simplemente decía: «Vamos a estar calladitas para que nuestra mente y nuestro cuerpo se tranquilicen y se duerman. Tengo sueño».

Noche tras noche, las dos practicábamos la tranquilidad y la percepción del cansancio en el cuerpo. En algunas ocasiones, yo misma me quedaba dormida.

Al cabo de solo tres semanas, uno de los problemas más difíciles a los que nos enfrentábamos como padres en nuestra vida diaria había quedado en nada. De paso, yo me había vuelto más diestra en el uso de la educación TEAM, en equipo.

Trabajar juntos: Rosy y yo compartíamos ratos en la cama antes de que se durmiera.

Estimular: Alentaba a Rosy a dormirse en vez de obligarla a hacerlo a una hora determinada.

Autonomía: Rosy decidía por sí misma cuándo subir a su cuarto a acostarse.

Mínima interferencia: En vez de controlar el comportamiento de Rosy, hacía lo mínimo indispensable para ayudarla a adquirir una habilidad valiosa para la vida.

Epílogo

Rosy ha cambiado mucho durante el proceso de escritura de este libro. Ha crecido a pasos agigantados, tanto física como emocionalmente, y mucho más de lo que yo esperaba. Ha pasado de ser mi «enemiga» a convertirse en una de mis personas favoritas en el mundo.

En primer lugar, ha resultado ser una compañera de viaje estupenda. De verdad. ¿Quién más, después de pasarse cuarenta horas en un avión y otras diez horas en la carretera para llegar a un lugar sin duchas ni electricidad podría hacer un comentario como «Me encanta este sitio, mamá. Es precioso»?

En segundo lugar, ha abrazado el arte de ser acomedida con entusiasmo. Se ofrece voluntaria como pinche (¿quién iba a imaginar que una criatura de tres años podría revolver huevos en una sartén?), para ayudar a hacer las camas e, incluso, a veces, para hacer la colada.

—Mamá, ¿qué hago ahora? —me preguntó un día.

—Pon una carga de ropa en la lavadora —respondí sin vacilar.

Y, oh, maravilla, la pequeñaja fue y lo hizo. «Caray, no cabe duda de que he estado devanándome demasiado los sesos con esto de la educación», pensé.

Pero, por encima de todo, Rosy se esfuerza. Vaya si se esfuerza. Se esfuerza por ser amable, por estar tranquila y, lo que es más significativo, por complacerme. Un día, hace unos meses, se enrabietó y me pegó en la pierna. No fue un golpe fuerte. No me enfadé. Aun así, se fue corriendo a otra habitación. Eché un vistazo a través de la puerta, y allí estaba ella, con sus manitas en la cara, sacudiendo la cabeza. Se notaba que estaba disgustada consigo misma por no haber controlado sus emociones. Y estaba muy concentrada, pensando qué debía hacer. Saltaba a la vista que tenía muchas ganas de madurar y convertirse en una «chica mayor». Verla tan triste me partía el corazón, así que entré en la habitación con la intención de consolarla. Para mi sorpresa, fue ella quien me consoló a mí. Me miró y me dijo: «Lo siento, mamá. ¿Podemos olvidar lo que ha pasado? Yo quiero olvidarlo».

Como yo mantenía el control sobre mis emociones, fui capaz de responder a Rosy con la misma serenidad con que ella me había hablado. Podía perdonarla por haberme pegado y, en efecto, podía olvidar lo sucedido. En ese momento, caí en la cuenta de lo mucho que había cambiado yo también mientras escribía este libro.

María, Sally, Thaa y los demás superpadres me enseñaron mucho acerca de cómo debía educar a Rosy. Me enseñaron que las acciones sencillas y un contacto suave tienen un efecto mucho más potente sobre los niños que las órdenes. Me enseñaron que si reaccionaba a los estallidos emocionales de Rosy con otro estallido emocional, no hacía más que empeorar la situación. En cambio, si contrapongo una energía tranquila a su energía inquieta, Rosy se aplacará y se acabará la pataleta.

Y, lo que es tal vez más importante, María, Sally y Thaa me enseñaron a ver algo de lo que antes no era consciente: que todos los niños, Rosy incluida, son amables y serviciales por naturaleza. De lo contrario, tal vez nuestra especie no estaría en este mundo.

En cierto modo, el comportamiento de un niño es como un vaso de agua: podemos preguntarnos si está medio lleno de amabilidad y generosidad, o medio lleno de crueldad y egoísmo. En cuanto cambié mi punto de vista y comprendí que Rosy estaba llena de buenas intenciones y ganas de ayudar, pude cultivar y potenciar esas cualidades. La ayudé a descubrirlas en su interior. En consecuencia, esas partes de su ser comenzaron a crecer, tanto en tamaño como en fuerza. Y, a partir de ahí, el contenido transparente del vaso empezó a relucir de amor y luz.

Estoy convencida de que Rosy nunca pretende «buscarme las cosquillas», «poner a prueba mis límites» o «manipularme». Creo que simplemente hace lo posible por entender las reglas de esta disparatada y rara cultura en la que nació. Y, en muchos casos, es lo mismo que intento hacer yo.

En su maravilloso libro *Cómo no hacer nada: Resistirse a la economía de la atención*, Jenny Odell describe lo que ocurre cuando las personas se inician en la actividad de observar aves. La práctica de intentar oír y ver a los pájaros les aguza los sentidos. Se vuelven más conscientes de los sonidos que las rodean. Acaban por percatarse (¡anda!) de que los cantos de las aves conforman una sinfonía constante en el exterior. «Siempre había estado allí, por supuesto —escribe Jenny—, pero ahora que me fijo en ello me doy cuenta de que estaba presente casi en todas partes, todo el día, en todo momento.»[1]

Creo que con los niños y la amabilidad ocurre lo mismo. En cuanto pisamos un poco el freno y dejamos de empeñarnos tanto en cambiar su comportamiento, nuestra sensibilidad hacia su cariño se agudiza un montón. De pronto, vemos que el niño corre a ayudar a una amiga que se ha caído de la bici, que recoge limas de un árbol para la cena, y percibimos toda la buena voluntad en su mirada cuando nos quita la espátula de las manos y dice: «Mamá, así no se da la vuelta a las tortitas. Trae, deja que te enseñe».

La amabilidad de Rosy «siempre había estado allí..., pero ahora que me fijo en ello, me doy cuenta de que estaba presente casi en todas partes, todo el día, en todo momento».

Agradecimientos

A lo largo de todo el libro, he intentado reconocer la labor de todas las personas que lo han hecho posible, entre ellas los fabulosos padres y familias que nos han abierto las puertas de sus casas, los intérpretes que nos han ayudado a conocerlos mejor y los estudiosos e investigadores que nos han explicado por qué sus métodos educativos funcionan. Estoy profundamente agradecida a todos ellos por brindarme su tiempo, sus conocimientos y sus reflexiones durante nuestras conversaciones.

Por otro lado, unas cuantas personas trabajaron muy duro entre bastidores para que este proyecto se materializara. La pericia, el espíritu y el intelecto de la editora Carrie Frye impregnan cada página del libro. La ilustradora Ella Trujillo ha insuflado vida a personas e ideas con sus hermosos y encantadores dibujos. La incomparable Corina Kramer me explicó, con una paciencia y una delicadeza fuera de serie, todos los puntos débiles de mis razonamientos... y las cosas que sigo haciendo mal como madre occidental. El editor y corrector Jofie Ferrari-Adler trabajó sin descanso para que este libro fuera lo mejor posible y luego, junto con Alexandra Primiani, para difundir estas ideas a los cuatro vientos, como la pelusa de un diente de león.

Nada de esto habría sucedido sin la ayuda del excepcional agente literario Alex Glass, que puso el proyecto en marcha con un breve correo electrónico en el que me preguntaba: «¿Has pensado en escribir un libro sobre la maternidad?». (Y luego perseveró durante meses, pese a que yo rechazaba su oferta una y otra vez.)

Por último, quiero dar las gracias a mi compañero, Matthew Doucleff, que siempre apoya mis ideas como escritora y como madre, aunque de entrada a regañadientes (y a menudo con cara de exasperación), por muy disparatadas que parezcan.

Notas

Prólogo

1. Ronald C. Kessler *et al.*, «Prevalence, severity, and comorbidity of 12-month DSM-IV disorders in the National Comorbidity», *Archives of General Psychiatry* 62, n.° 7, julio de 2005.

2. American College Health Association-National College Health Assessment II, Undergraduate Student Reference Group Data Report, otoño de 2018, <https://www.acha.org/documents/ncha/NCHA-II_Fall_2018_Undergraduate_Reference_Group_Data_Report.pdf>.

3. Cigna, «Cigna's U.S. Loneliness Index, Survey of 20,000 Americans Examining Behaviors Driving Loneliness in the United States», 2018, <https://www.multivu.com/players/English/8294451-cigna-us-loneliness-survey/>.

4. «College Students (And Their Parents) Face A Campus Mental Health "Epidemic"», NPR, *Fresh Air*, entrevista al doctor Anthony Rostain y la doctora B. Janet Hibbs realizada por Terry Gross, 20 de mayo de 2019, <https://www.npr.org/transcripts/727509438>.

5. Lucía Alcalá, Barbara Rogoff y Angélica López Fraire, «Sophisticated collaboration is common among Mexican heritage US children», *Proceedings of the National Academies of Sciences* 115, n.° 45, noviembre de 2018.

6. Daudi Peterson, *Hadzabe: By the Light of a Million Fires*, Dar es Salaam, Tanzania, Mkuki na Nyota Publishers Ltd, 2013, p. 152.

7. Jean L. Briggs, *Never in Anger: Portrait of an Eskimo Family*, Cambridge, Massachusetts, Harvard University Press, 1970.

8. Esta idea procede originalmente de una entrevista realizada a la psicóloga Barbara Rogoff, de la Universidad de California en Santa Cruz.

Capítulo 1. Los padres más raros del mundo

1. Ross H. Day y Hannelore Knuth, «The Contributions of F. C. Müller-Lyer», *Perception* 10, n.º 2, 1981.

2. Joseph Henrich, Steven J. Heine y Ana Norenzayan, «The weirdest people in the world?», *Behavioral and Brain Sciences* 33, n.º. 2-3, junio de 2010.

3. *Ibid.*

4. Marshall H. Segall, Donald T. Campbell y Melville J. Herskovits, *The Influence of Culture on Visual Perception*, Indianápolis, Bobbs-Merrill, 1966, p. 158; Robert N. McCauley y Joseph Henrich, «Susceptibility to the Müller-Lyer Illusion, Theory-Neutral Observation, and the Diachronic Penetrability of the Visual Input System», *Philosophical Psychology* 19, n.º 1, agosto de 2006.

5. *Ibid.*

6. *Ibid.*

7. *Ibid.*

8. *Ibid.*

9. Entrevista a David Lancy realizada por la autora, 9 de enero de 2018.

10. Entrevista a John Gillis realizada por la autora, 12 de abril de 2018; John R. Gillis, *A World of Their Own Making: Myth, Ritual, and the Quest for Family Values*, Cambridge, Massachusetts, Harvard University Press, 1997, p. 20.

11. Pew Research Center, «Fewer Mothers Prefer Full-time Work: From 1997 to 2007», 12 de julio de 2007, <https://www.pewsocialtrends.org/2007/07/12/fewer-mothers-prefer-full-time-work/#:~:text=Married%20mot hers%20are%20somewhat%20more,a%20decade%20ago%20(49%25)>.

12. David F. Lancy, *The Anthropology of Childhood: Cherubs, Chattel, Changelings,* Cambridge, R. U., Cambridge University Press, 2008, p. 248.

13. Gillis, *A World of Their Own Making*, p. 177.

14. Rhitu Chatterjee, «Western Individualism May Have Roots In The Medieval Church's Obsession With Incest», NPR, 7 de noviembre de 2019, <https://www.npr.org/sections/goatsandsoda/2019/11/07/777276474/western-indivi dualism-may-have-roots-in-the-medieval-churchs-obsession-with-ince>.

15. Entrevista a Michael Zuckerman realizada por la autora, 11 de abril de 2018.

16. Chatterjee, «Western Individualism May Have Roots In The Medieval Church's Obsession With Incest»; Judith Shulevitz, «A New Theory of Western Civilization», *The Atlantic*, octubre de 2020.

17. Joseph Henrich, *The WEIRDest People in the World: How the West Became Psychologically Peculiar and Particularly Prosperous*, Nueva York, Fa-

rrar, Straus and Giroux, 2020, p. 169; Shulevitz, «A New Theory of Western Civilization».

18. Jonathan Schulz *et al.*, «The church, intensive kinship and global psychological variation», *Science* 366, n.° 707, noviembre de 2009.

CAPÍTULO 2. ¿POR QUÉ EDUCAMOS COMO LO HACEMOS?

1. Christina Hardyment, *Dream Babies: Childcare Advice from John Locke to Gina Ford*, Londres, Jonathan Cape Ltd., 1983, p. xiv.

2. P. M. Dunn, «Michael Underwood, MD (1737-1820): physician-accoucheur of London», *Archives of Disease in Childhood* 91, n.° 2, abril de 2006, pp. F150-F152.

3. Hardyment, *Dream Babies*, p. 9.

4. William Cadogan, «An Essay upon Nursing and the Management of Children, from their Birth to Three Years of Age», 1749, J. Roberts, <http://www.neonatology.org/classics/cadogan.html>.

5. Hardyment, *Dream Babies*; Cadogan, «An Essay upon Nursing and the Management of Children, from their Birth to Three Years of Age».

6. Hardyment, *Dream Babies*, p. 53.

7. *Ibid.*

8. *Ibid.*

9. *Ibid.*

10. Howard P. Chudacoff, *Children at Play: An American History*, Nueva York, New York University Press, 2007, p. 59.

11. *Ibid.*, p. 44.

12. *Ibid.*, p. 74

13. *Ibid.*, pp. 74-75.

14. Barbara Ehrenreich y Deirdre English, *For Her Own Good: Two Centuries of the Experts' Advice to Women*, Nueva York, Anchor Books, 2005, p. 283. [Hay trad. cast.: *Por tu propio bien: 150 años de consejos expertos a las mujeres*, Madrid, Capitán Swing, 2010.]

15. *Ibid.*

16. *Ibid.*

17. *Ibid.*, pp. 284-285.

18. Peggy J. Miller y Grace E. Cho, *Self-Esteem in Time and Place: How American Families Imagine, Enact, and Personalize a Cultural Ideal*, Nueva York, Oxford University Press, 2018, pp. 21-51.

19. Andrew W. Mecca, Neil J. Smelser y John Vasconcello, eds., *The Social*

Importance of Self-Esteem, Berkeley, California, University of California Press, 1989.

20. Miller y Cho, *Self-Esteem in Time and Place*, p. 24.

21. *Ibid.*, p. 232.

22. *Ibid.*

23. Yuval Noah Harari, *Sapiens: A Brief History of Humankind*, Nueva York, HarperCollins, 2015, p. 88. [Hay trad. cast.: *Sapiens: de animales a dioses: Una breve historia de la humanidad*, Barcelona, Debate, 2015.]

24. Entrevista a Brian Nosek realizada por la autora, 10 de febrero de 2020.

25. *Ibid.*

26. Scott H. Sicherer, «New guidelines detail use of "infant-safe" peanut to prevent allergy», AAP News, 5 de enero de 2017, <https://www.aappublications.org/news/2017/01/05/PeanutAllergy010517>; Alessandro Fiocchi *et al.*, «Food allergy and the introduction of solid foods to infants: a consensus document. Adverse Reactions to Foods Committee, American College of Allergy, Asthma and Immunology», *Annals of Allergy, Asthma & Immunology* 97, n.º 1, julio de 2006.

27. G. Du Toit *et al.*, «Randomized Trial of Peanut Consumption in Infants at Risk for Peanut Allergy», *New England Journal of Medicine* 372, n.º 9, febrero de 2015.

28. «NIAID Addendum Guidelines for the Prevention of Peanut Allergy in the United States», National Institute of Allergy and Infectious Diseases, enero de 2017, <https://www.niaid.nih.gov/sites/default/files/peanut-allergy-prevention-guidelines-parent-summary.pdf>.

29. Ruchi S. Gupta *et al.*, «Assessment of Pediatrician Awareness and Implementation of the Addendum Guidelines for the Prevention of Peanut Allergy in the United States», *JAMA Network Open* 3, n.º 7, julio de 2020; National Academies of Sciences, Engineering, and Medicine, Maria P. Oria y Virginia A. Stallings, eds., «Finding a Path to Safety in Food Allergy: Assessment of the Global Burden, Causes, Prevention, Management, and Public Policy», The National Academies Press, Washington, 30 de noviembre de 2016, <https://www.nap.edu/catalog/23658/finding-a-path-to-safety-in-food-allergy-assessment-of>.

30. Entrevista a Brian Nosek realizada por la autora, 10 de febrero de 2020.

Capítulo 3. Los niños que más ayudan en el mundo

1. Lucía Alcalá *et al.*, «Children's Initiative in Contributions to Family Work in Indigenous-Heritage and Cosmopolitan Communities in Mexico», *Human Development* 57, n.° 2-3, 2014.

2. *Ibid.*

3. Entrevista a Barbara Rogoff realizada por la autora, 1 de febrero de 2018.

4. Entrevista a Lucía Alcalá realizada por la autora, 22 de mayo de 2019.

5. Alcalá *et al.*, «Children's Initiative in Contributions to Family Work in Indigenous-Heritage and Cosmopolitan Communities in Mexico».

6. Angélica López *et al.*, «Attentive Helping as a Cultural Practice of Mexican-heritage Families», *Mexican American Children and Families: Multidisciplinary Perspectives*, eds. Yvonne M. Caldera y Eric W. Lindsey, Nueva York, Routledge, 2015, pp. 60-75.

7. Entrevista a Andrew Coppens realizada por la autora, 23 de febrero de 2018.

8. Alcalá *et al.*, «Children's Initiative in Contributions to Family Work in Indigenous-Heritage and Cosmopolitan Communities in Mexico».

9. Entrevistas a Suzanne Gaskins realizadas por la autora entre el 4 y el 6 de abril de 2018.

Capítulo 4. Cómo enseñar a los niños a que hagan tareas domésticas voluntariamente

1. Entrevista a David Lancy realizada por la autora, 1 de junio de 2018.

2. David F. Lancy, *Anthropological Perspectives on Children as Helpers, Workers, Artisans, and Laborers*, Nueva York, Palgrave Macmillan, 2018, p. 217.

3. Felix Warneken y Michael Tomasello, «The roots of human altruism», *British Journal of Psychology* 100:3, agosto de 2009.

4. Entrevista a Rebeca Mejía-Arauz realizada por la autora, 28 de febrero de 2018.

5. *Ibid.*

6. Andrew D. Coppens *et al.*, «Beyond Behavior: Linguistic Evidence of Cultural Variation in Parental Ethnotheories of Children's Prosocial Helping», *Frontiers in Psychology* 11, 2020.

7. Mariëtte de Haan, *Learning as Cultural Practice: How Children Learn in a Mexican Mazahua Community*, West Lafayette, Indiana, Purdue University Press, 2000, pp. 77-78

8. Coppens *et al.*, «Beyond Behavior: Linguistic Evidence of Cultural Variation in Parental Ethnotheories of Children's Prosocial Helping».

9. Entrevista a Rebeca Mejía-Arauz realizada por la autora, 28 de febrero de 2018.

10. Margarita Martínez-Pérez, «Adults' Orientation of Children-And Children's Initiative to Pitch In-To Everyday Adult Activities in a Tsotsil Maya Community», *Advances in Child Development and Behavior* 49, 2015.

11. Entrevista a Andrew Coppens realizada por la autora, 23 de febrero de 2018.

12. Entrevista a Lucía Alcalá realizada por la autora, 22 de mayo de 2019.

13. Entrevista a Rebeca Mejía-Arauz realizada por la autora, 28 de febrero de 2018.

14. Margaret Mead, «Samoan children at work and play», *Natural History* 28, 1928.

15. Adam H. Boyette y Sheina Lew-Levy, «Learning Is Imperative: The Socialization of Cooperative Autonomy among BaYaka Foragers», de próxima publicación.

16. Lucía Alcalá *et al.*, «Children's Initiative in Contributions to Family Work in Indigenous-Heritage and Cosmopolitan Communities in Mexico», *Human Development* 57, n.° 2-3, 2014.

17. Entrevista a Rebeca Mejía-Arauz realizada por la autora, 23 de febrero de 2018.

18. *Ibid.*

19. Martínez-Pérez, «Adults' Orientation of Children-And Children's Initiative to Pitch In-To Everyday Adult Activities in a Tsotsil Maya Community».

20. Entrevista a Lucía Alcalá realizada por la autora, 22 de mayo de 2019.

21. David F. Lancy, *The Anthropology of Childhood: Cherubs, Chattel, Changelings*, Cambridge, R. U., Cambridge University Press, 2008, p. 264.

22. *Ibid.*, p. 265.

23. Raymond Firth, *We the Tikopia: A Sociological Study of Kinship in Primitive Polynesia*, Londres, George Allen & Unwin Ltd., 1936, p. 80.

24. Entrevista a Rebeca Mejía-Arauz realizada por la autora, 28 de febrero de 2018.

25. Alcalá *et al.*, «Children's Initiative in Contributions to Family Work in Indigenous-Heritage and Cosmopolitan Communities in Mexico».

Capítulo 5. Cómo educar niños flexibles y cooperativos

1. Entrevista a Barbara Rogoff realizada por la autora, 30 de marzo de 2018.

2. Suzanne Gaskins, «Childhood Practices Across Cultures: Play and Household Work», *The Oxford Handbook of Human Development and Culture: An Interdisciplinary Perspective*, ed. Lene Arnett Jensen, Londres, Oxford University Press, 2015, pp. 185-197.

3. Entrevista a Rebeca Mejía-Arauz realizada por la autora, 28 de febrero de 2018.

4. Entrevista a Lucía Alcalá realizada por la autora, 22 de mayo de 2018.

5. *Ibid.*

6. Michael Tomasello *et al.*, *Why We Cooperate*, Cambridge, Massachusetts, The MIT Press, 2009, p. 45. [Hay trad. cast.: *¿Por qué cooperamos?*, Madrid, Katz Editores / Katz Barpal S.L., 2011.]

7. Entrevista a Barbara Rogoff realizada por la autora, 30 de marzo de 2018.

8. *Ibid.*

9. Lucía Alcalá *et al.*, «Children's Initiative in Contributions to Family Work in Indigenous-Heritage and Cosmopolitan Communities in Mexico», *Human Development* 57, n.º 2-3, 2014.

10. *Ibid.*

11. Sarah Blaffer Hrdy, *Mothers and Others: The Evolutionary Origins of Mutual Understanding*, Cambridge, Massachusetts, The Belknap Press of Harvard University Press, 2009, p. 9.

12. Tomasello, *Why We Cooperate*.

13. Daniela Peluso, «Children's Instrumentality and Agency in Amazonia», *Tipití: Journal of the Society for the Anthropology of Lowland South America* 13, n.º 1, 2015.

Capítulo 6. Motivadores fundamentales: ¿Qué es mejor que el elogio?

1. Richard M. Ryan y Edward L. Deci, «Brick by Brick: The Origins, Development, and Future of Self-Determination Theory», capítulo de *Advances in Motivation Science*, vol. 6, ed. Andrew J. Elliot, Cambridge, Massachusetts, Academic Press, 2019, p. 118.

2. Richard M. Ryan y Edward L. Deci, «Self-Determination Theory and

the Facilitation of Intrinsic Motivation, Social Development, and Well-Being», *American Psychologist* 55, n.º 1, enero de 2000.

3. William Stixrud y Ned Johnson, *The Self-Driven Child: The Science and Sense of Giving Your Kids More Control Over Their Lives*, Nueva York, Viking, 2018, p. 107.

4. *Ibid.*, p. 175.

5. Kennon Sheldon y Mike Prentice, «Self-Determination Theory as a Foundation for Personality Researchers», *Journal of Personality* 87, n.º 1, noviembre de 2017.

6. Entrevista a Rebeca Mejía-Arauz realizada por la autora, 28 de febrero de 2018.

7. Peggy J. Miller y Grace E. Cho, *Self-Esteem in Time and Place: How American Families Imagine, Enact, and Personalize a Cultural Ideal*, Nueva York, Oxford University Press, 2018, p. 218.

8. Entrevista a Lucía Alcalá realizada por la autora, 22 de mayo de 2018.

9. Barbara Rogoff, «Collaboration as an Ensemble», vídeo de la National Science Foundation, 2019, <https://stemforall2019.videohall.com/presentations/1346>.

10. Mensaje de correo electrónico enviado por Suzanne Gaskins a la autora, 9 de diciembre de 2020.

11. Lucía Alcalá *et al.*, «Children's Initiative in Contributions to Family Work in Indigenous-Heritage and Cosmopolitan Communities in Mexico», *Human Development* 57, n.º 2-3, 2014.

12. Patricia D'Souza, «The book of Gjoa», *Nunatsiaq News*, 22 de noviembre de 2002, <https://nunatsiaq.com/stories/article/the_book_of_gjoa/>.

13. Jean L. Briggs, *Inuit Morality Play: The Emotional Education of a Three-Year-Old*, New Haven, Connecticut, Yale University Press, 1998, p. 49.

14. Alcalá *et al.*, «Children's Initiative in Contributions to Family Work in Indigenous-Heritage and Cosmopolitan Communities in Mexico».

Capítulo 7. Nunca con ira

1. Entrevista a Jean Briggs realizada por Paul Kennedy en el programa *Ideas*, Canadian Broadcasting Corporation, 2011.

2. Jean L. Briggs, *Never in Anger: Portrait of an Eskimo Family,* Cambridge, Massachusetts, Harvard University Press, 1970, p. 31.

3. Entrevista a Jean Briggs realizada por Paul Kennedy en el programa *Ideas*.

4. Briggs, *Never in Anger*, p. 4.

5. *Ibid.*, p. 258.

6. *Ibid.*

7. *Ibid.*

8. Entrevista a Jean Briggs realizada por Paul Kennedy en el programa *Ideas.*

9. Briggs, *Never in Anger*, p. 154.

10. Adele Diamond, «Executive Functions», *Annual Review of Psychology* 64, 2013, pp. 135-168.

Capítulo 8. Cómo enseñar a los niños a controlar la ira

1. Laura Markham, «7 Tips To Help Kids Learn to Control Their Emotions», Aha! Parenting, 21 de junio de 2018, <https://www.ahaparenting. com/blog/How_Kids_Learn_to_Control_Their_Emotions>.

Capítulo 9. Cómo dejar de estar enfadado con tu hijo

1. Jean L. Briggs, *Never in Anger: Portrait of an Eskimo Family,* Cambridge, Massachusetts, Harvard University Press, 1970, p. 111.

2. Richard G. Condon, *Inuit Youth: Growth and Change in the Canadian Arctic*, Nuevo Brunswick, Nueva Jersey, Rutgers University Press, 1987, p. 61.

Capítulo 10. Introducción a las técnicas de crianza

1. Entrevista a Suzanne Gaskins realizada por la autora, 23 de junio de 2019.

2. Jean L. Briggs, *Never in Anger: Portrait of an Eskimo Family*, Cambridge, Massachusetts, Harvard University Press, 1970, p. 141.

3. *Ibid.*, p. 157.

4. Entrevista a Tina Payne Bryson realizada por la autora, 8 de noviembre de 2019.

5. Lisa Feldman Barrett, *How Emotions Are Made: The Secret Life of the Brain,* Nueva York, Houghton Mifflin Harcourt, 2017, p. 178. [Hay trad. cast.: *La vida secreta del cerebro: Cómo se construyen las emociones*, Barcelona, Paidós Ibérica, 2018.]

6. Daniel J. Siegel y Tina Payne Bryson, *The Whole-Brain Child: 12 Revolutionary Strategies to Nurture Your Child's Developing Mind*, Nueva York, Random House, 2011, p. 31. [Hay trad. cast.: *El cerebro del niño: 12 estrategias revolucionarias para cultivar la mente en desarrollo de tu hijo*, Barcelona, Alba Editorial, 2012.]

7. *Ibid.*, p. 24.

8. Entrevista a Jean Briggs realizada por Paul Kennedy en el programa *Ideas*, Canadian Broadcasting Corporation, 2011.

9. *Ibid.*

CAPÍTULO 11. TÉCNICAS PARA MOLDEAR EL COMPORTAMIENTO: CUENTOS

1. Ferris Jabr, «The Story of Storytelling», *Harper's Magazine*, marzo de 2019, <https://harpers.org/archive/2019/03/the-story-of-storytelling/>.

2. Daniel Smith *et al.*, «Cooperation and the evolution of hunter-gatherer storytelling», *Nature Communications* 8, n.º 1, 5 de diciembre de 2017.

3. Entrevista a Sharon P. MacLeod realizada por la autora, 5 de noviembre de 2019; entrevista a Myna Ishulutak realizada por la autora, 8 de diciembre de 2018.

4. Marshall P. Duke, Amber Lazarus y Robyn Fivush, «Knowledge of family history as a clinically useful index of psychological well-being and prognosis: A brief report», *Psychotherapy: Theory, Research, Practice, Training* 45, n.º 2, junio de 2008.

5. Robyn Fivush, «The "Do You Know?" 20 Questions About Family Stories», *Psychology Today*, 19 de noviembre de 2016, <https://www.psycho logytoday.com/us/blog/the-stories-our-lives/201611/the-do-you-know-20-questions-about-family-stories>.

CAPÍTULO 12. TÉCNICAS PARA MOLDEAR EL COMPORTAMIENTO: DRAMATIZACIONES

1. Qikiqtani Inuit Association, *Qikiqtani Truth Commission: Thematic Reports and Special Studies, 1950- 1975*, «QTC Final Report: Achieving Saimaqatigiingniq», Iqualit, Nunavut, Inhabit Media, 2013, <https://www.qt commission.ca/sites/default/files/public/thematic_reports/thematic_re ports_english_final_report.pdf>; Sara Frizzell, «Federal government apologi-

zes to Baffin Inuit for sled dog killings, forced relocations», CBC News, 14 de agosto de 2019, <https://www.cbc.ca/news/canada/north/apology-qikiqtani-truth-commission-1.5245173>.

2. Jean L. Briggs, *Inuit Morality Play: The Emotional Education of a Three-Year-Old*, New Haven, Yale University Press, 1998, p. 6.

3. Entrevista a Peggy Miller realizada por la autora, 10 de enero de 2019.

4. Entrevista a Laura Markham realizada por la autora, 10 de enero de 2019.

5. *Ibid.*

CAPÍTULO 13. ¿CÓMO EDUCABAN A LOS HIJOS NUESTROS ANTEPASADOS REMOTOS?

1. Frank W. Marlowe, *The Hadza: Hunter-Gatherers of Tanzania,* Berkeley, California, University of California Press, 2010, p. 18.

2. Peter M. Gardner, «Understanding Anomalous Distribution of Hunter-Gatherers: The Indian Case», *Current Anthropology* 54, n.º 4, agosto de 2013; Peter P. Schweitzer, Megan Biesele y Robert K. Hitchcock, eds., *Hunters and Gatherers in the Modern World: Conflict, Resistance, and Self-Determination*, Nueva York, Berghahn Books, abril de 2000, p. 5.

3. Robert L. Kelly, *The Lifeways of Hunter-Gatherers: The Foraging Spectrum*, Nueva York, Cambridge University Press, 1995, p. 2.

4. Jonathan Cordero, «Impact of Spanish Colonization: Golden Gate National Recreation Area», National Park Service, <https://www.nps.gov/articles/impact-of-spanish-colonization.htm>.

5. Kelly, *The Lifeways of Hunter-Gatherers*, p. 2.

6. Marlowe, *The Hadza*, p. 97.

7. Daudi Pererson, *Hadzabe: By the Light of a Million Fires,* Dar es Salaam, Tanzania, Mkukina Nyota Publishers, 2013, p. 18.

8. Robin Wall Kimmerer, *Braiding Sweetgrass: Indigenous Wisdom, Scientific Knowledge, and the Teachings of Plants,* Mineápolis, Minnesota: Milkweed Editions, 2013, p. 31. [Hay trad. cast.: *Una trenza de hierba sagrada*, Madrid, Capitán Swing, 2021.]

CAPÍTULO 14. LOS NIÑOS MÁS SEGUROS DEL MUNDO

1. Daudi Peterson, *Hadzabe: By the Light of a Million Fires,* Dar es Salaam, Tanzania, Mkuki na Nyota Publishers, 2013, p. 147.

2. Jean Liedloff, *The Continuum Concept: In Search of Happiness Lost*, Cambridge, Massachusetts, Perseus Books, 1977, p. 90. [Hay trad. cast.: *El concepto del continuum: En busca del bienestar perdido*, Tegueste, Editorial Ob Stare, 2014.]

3. Entrevista a Suzanne Gaskins realizada por la autora, 23 de junio de 2019.

4. Melvin Konner, *The Evolution of Childhood: Relationships, Emotions, Mind,* Cambridge, Massachusetts, The Belknap Press of Harvard University Press, 2010, p. 637.

5. Entrevista a Sheina Lew-Levy realizada por la autora, 15 de noviembre de 2019.

6. Adam H. Boyette y Sheina Lew-Levy, «Learning Is Imperative: The Socialization of Cooperative Autonomy among BaYaka Foragers», de próxima publicación.

7. Peter Gray, «Play as a Foundation for Hunter-Gatherer Social Existence», *American Journal of Play* 1, n.º 4, primavera de 2009.

8. Elizabeth Marshall Thomas, *The Old Way: A Story of the First People*, Nueva York, Picador, 2006, p. 199.

9. Entrevista a Sheina Lew-Levy realizada por la autora, 15 de noviembre de 2019.

10. Entrevista a Suzanne Gaskins realizada por la autora, 23 de junio de 2019.

11. Samin Nosrat, *Salt, Fat, Acid, Heat: Mastering the Elements of Good Cooking,* Nueva York, Simon & Schuster, 2017, p. 126. [Hay trad. cast.: *Sal, grasa, ácido, calor: El arte de dominar los cuatro elementos de la buena cocina*, Móstoles, Neo Person, 2018.]

12. Entrevista a Suzanne Gaskins realizada por la autora, 23 de junio de 2019.

13. Entrevista a María de los Ángeles Tun Burgos realizada por la autora, 5 de abril de 2018.

14. William Stixrud y Ned Johnson, *The Self-Driven Child: The Science and Sense of Giving Your Kids More Control Over Their Lives,* Nueva York, Viking, 2018, p. 12.

15. Holly H. Schiffrin *et al.*, «Helping or Hovering? The Effects of Helicopter Parenting on College Students' Well-Being», *Journal of Child and Family Studies* 23, 2014.

16. Peterson, *Hadzabe*, p. 152.

17. Stixrud y Johnson, *The Self-Driven Child*, p. 11.

18. *Ibid.*, p. 8.

19. Holly Schiffrin, «Helping or Hovering? The Effects of Helicopter Parenting on College Students' Well-Being», Universidad de Mary Washington, 15 de agosto de 2018, <https://expertfile.com/spotlight/5983/helping-or-hovering-the-effects-of-helicopter-parenting-on-college-students-wellbeing>.

20. Julie Lythcott-Haims, *How to Raise an Adult: Break Free of the Overparenting Trap and Prepare Your Kid for Success*, Nueva York, Henry Holt and Company, 2015, p. 193.

21. *Ibid.*, pp. 196-197.

22. *Ibid.*

Capítulo 15. Un antiguo antídoto contra la depresión

1. Ann Cale Kruger y Melvin Konner, «Who Responds to Crying? Maternal Care and Allocare Among the !Kung», *Human Nature* 21, n.º 3, octubre de 2010.

2. Sarah Blaffer Hrdy, *Mothers and Others: The Evolutionary Origins of Mutual Understanding,* Cambridge, Massachusetts, The Belknap Press of Harvard University Press, 2009, pp. 7-10.

3. Holly M. Dunsworth *et al.*, «Metabolic hypothesis for human altriciality», *Proceedings of the National Academy of Sciences of the United States of America* 109, n.º 38, 18 de septiembre de 2012.

4. Adolf Portmann, *A Zoologist Looks at Humankind*, Judith Schaefer, trad., Nueva York, Columbia University Press, 1990.

5. John Poole, «Why Grandmothers May Hold The Key To Human Evolution», NPR, *All Things Considered*, blog Goats and Soda, 7 de junio de 2018, <https://www.npr.org/transcripts/617097908>.

6. Melvin Konner, *The Evolution of Childhood: Relationships, Emotions, Mind,* Cambridge, Massachusetts, The Belknap Press of Harvard University Press, 2010, p. 437.

7. Courtney L. Meehan, Robert Quinlan y Courtney D. Malcom, «Cooperative Breeding and Maternal Energy Expenditure Among Aka Foragers», *American Journal of Human Biology* 25, n.º 1, enero/febrero de 2013.

8. Entrevista a Abigail Page realizada por la autora, 22 de noviembre de 2019.

9. Nurit Bird-David, «The Giving Environment: Another Perspective on the Economic System of Gatherer-Hunters», *Current Anthropology* 31, n.º 2, abril de 1990.

10. Abigail Page *et al.*, «Children are important too: juvenile playgroups

and maternal childcare in a foraging population, the Agta», *Philosophical Transactions of the Royal Society B: Biological Sciences*, 2020.

11. Entrevista a Abigail Page realizada por la autora, 22 de noviembre de 2019.

12. Entrevista a Sheina Lew-Levy realizada por la autora, 15 de noviembre de 2019.

13. Entrevista a Bert Uchino realizada por la autora, 24 de enero de 2020.

14. Entrevista a Sheina Lew-Levy realizada por la autora, 15 de noviembre de 2019.

15. Christina Bethell, Jennifer Jones y Narangerel Gombojav, «Positive Childhood Experiences and Adult Mental and Relational Health in a Statewide Sample», *JAMA Pediatrics* 173, n.° 11, 2019; Selena Simmons-Duffin, «Positive Childhood Experiences May Buffer Against Health Effects of Adverse Ones», NPR, *All Things Considered*, Shots blog, 9 de septiembre de 2019, <https://www.npr.org/sections/health-shots/2019/09/09/759031061/positive-childhood-experiences-may-buffer-against-health-effects-of-adverse-ones>.

16. John R. Gillis, *A World of Their Own Making: Myth, Ritual, and the Quest for Family Values*, Cambridge, Massachusetts, Harvard University Press, 1997, p. 20.

17. Entrevista a Suzanne Gaskins realizada por la autora, 23 de junio de 2019.

18. Peter Gray, «The Special Value of Children's Age-Mixed Play», *American Journal of Play* 3, n.° 4, primavera de 2011.

19. Entrevista a Suzanne Gaskins realizada por la autora, 6 de abril de 2018.

20. Suzanne Gaskins, «Childhood Practices Across Cultures: Play and Household Work», *The Oxford Handbook of Human Development and Culture: An Interdisciplinary Perspective,* Lene Arnett Jensen, ed., Nueva York, Oxford University Press, 2015, pp. 185-197.

21. Entrevista a David Lancy realizada por la autora, 9 de enero de 2018.

22. Entrevista a Suzanne Gaskins realizada por la autora, 6 de abril de 2018.

Capítulo 16. La hora de dormir

1. Entrevista a Benjamin Reiss realizada por la autora, 5 de junio de 2018.

2. A. Roger Ekirch, «Segmented Sleep», *Harper's Magazine*, agosto de 2013, <https://harpers.org/archive/2013/08/segmented-sleep/>.

3. Benjamin Reiss, *Wild Nights: How Taming Sleep Created Our Restless World*, Nueva York, Basic Books, 2017, p. 12.

4. *Ibid.*, p. 24.

5. *Ibid.*, p. 11.

6. Gandhi Yetish *et al.*, «Natural Sleep and Its Seasonal Variations in Three Pre-Industrial Societies», *Current Biology* 25, n.º 21, octubre de 2015.

Epílogo

1. Jenny Odell, *How to Do Nothing: Resisting the Attention Economy*, Brooklyn, Nueva York, Melville House, 2019, p. 28. [Hay trad. cast.: *Cómo no hacer nada: Resistirse a la economía de la atención*, Barcelona, Ariel, 2021.]

«Para viajar lejos no hay mejor nave que un libro.»

EMILY DICKINSON

Gracias por tu lectura de este libro.

En **penguinlibros.club** encontrarás las mejores
recomendaciones de lectura.

Únete a nuestra comunidad y viaja con nosotros.

penguinlibros.club